成为人力资源管理师

张爱娜　张　婕　编著

图书在版编目(CIP)数据

成为人力资源管理师/张爱娜,张婕编著. —天津:天津大学出版社, 2018.7
ISBN 978-7-5618-6200-1

Ⅰ.①成… Ⅱ.①张… ②张… Ⅲ.①企业管理-人力资源管理-资格考试-自学参考资料 Ⅳ.①F272.92

中国版本图书馆 CIP 数据核字(2018)第 173314 号

成为人力资源管理师
CHENGWEI RENLI ZIYUAN GUANLI SHI

出版发行 天津大学出版社
地 址 天津市卫津路 92 号天津大学内(邮编:300072)
电 话 发行部 022-27403647
网 址 publish.tju.edu.cn
印 刷 廊坊市海涛印刷有限公司
经 销 全国各地新华书店
开 本 185mm×260mm
印 张 15
字 数 387 千
版 次 2018 年 7 月第 1 版
印 次 2018 年 7 月第 1 次
定 价 35.00 元

前　言

在现代社会,每个人都应该具备一定的人力资源管理知识。从事人力资源管理工作,考取国家人力资源管理师职业资格,是高职院校工商企业管理、人力资源管理等专业学生的心愿。

《成为人力资源管理师》一书旨在帮助高职学生熟悉企业人力资源管理工作的六大模块,掌握人力资源管理工作的基本流程和技能,把握四级人力资源管理师职业资格认证的知识和技能要求,为进入企业人力资源管理岗位奠定基础。

本书的编写融入高等职业教育教学的改革理念,结合企业人力资源管理部门常设岗位设计学习模块,基于工作过程设计学习任务,体现人力资源管理从业人员的职业成长规律。本书分为人力资源规划、招聘专员实务、培训专员实务、绩效专员实务、薪酬专员实务和员工关系专员实务六个模块,突出岗位能力和职业素质的培养。

本书的主要特点如下。

一是以“课证融合”为切入点,聚焦成果输出。人力资源管理是高职院校面向工商企业管理专业、人力资源管理专业学生开设的一门必修课程,本书将人力资源管理课程学习与国家四级人力资源管理师考试相结合,对主要的知识点和技能点进行梳理,突出了各模块工作流程,采用图表等形式,条理清晰,易于理解掌握,方便学生备考,提高资格证书的获取率。

二是以工作任务为导向,强化职业能力培养。本书的每一个模块由 3 ~ 5 个任务构成,涵盖人力资源管理岗位主要技能点,任务明确,流程清晰,实施步骤可操作性强,设有技能练习、案例分析、真题自测等环节进行能力训练。另外,还设有小提示、HR 书架等环节,丰富知识,拓展视野。

三是以山东省精品资源共享课程为载体,辅教助学。本书是“人力资源管理”山东省精品资源共享课的配套用书。课程教学资源丰富,面向社会开放使用,既有人力资源管理基本知识点和技能点的微视频,又有企业人力资源总监的专题讲座,还有 HR 常用工具箱、历年试题等资源,便于任课教师教学使用,便于在校大学生、社会人力资源管理从业人员自学使用。

本书分为六个模块,共 26 个任务。模块一、五、六由威海职业学院张爱娜老师编写,模块二、三、四由威海职业学院张婕老师编写,全书由张爱娜老师统稿。在本书的编写过程中,得到了天津大学出版社胡小捷编辑的大力支持,参阅了《国家职业资格培训教程》等相关书籍,在此表示由衷的感谢。

本书的编写断断续续有三年多时间,中间历经波折,虽得以完稿,但书中还有很多不足之处,恳请广大读者提出宝贵意见,以便及时修正。

编者

2018 年 6 月

目　　录

模块一　人力资源规划

学习目标

通过本模块的学习,掌握以下职业能力:

◎ 了解人力资源规划专员岗位职责;

◎ 掌握企业组织信息的采集和处理方法;

◎ 掌握企业劳动定额的制定依据和方法;

◎ 掌握工作岗位调查的方式和方法;

◎ 能够进行企业员工与工时统计;

◎ 掌握企业人力资源费用预算与核算的程序与方法。

导入案例

九龙云天的人力资源战略地图

上海九龙云天实业发展有限公司是一家集房地产开发、高档酒店经营、高效农业、商业百货管理、物业管理、咨询服务为一体的跨区域发展、多元化经营的全国性集团公司。公司经过十余年的发展,从一个创立于四线城市的区域性公司成长为跨入一线城市、面向全国的集团化公司,企业战略的成功转型有很大一部分要归功于人力资源管理的创新。

九龙云天绘制了一幅具有特色的人力资源管理战略地图,这张地图上一共有七个区,依次为A——人力资源规划区、B——薪酬管理区、C——招聘与配置区、D——绩效管理区、E——人才测评区、F——职业生涯发展区、G——员工关系区。每个区的功能发挥都连接到公司经营目标的实现,可以清晰地看到人力资源管理具体行动和每个环节对企业经营目标实现的影响,从而体现人力资源管理对实现企业发展战略的价值和贡献。

人力资源规划区充分考虑了企业多元化、跨区域经营的特点设计组织管理的形态和管控模式,公司以“强职能、弱矩阵式”的集团化管控模型为组织架构。总部设立了十大职能中心、四个事业部,根据组织规划、组织架构以及各职能中心和事业部的功能定位进行了人员规划和年度人员编制计划,即公司在1~3年内需要多少人,需要什么专业的人,分别在什么时候到位,公司提供什么岗位,而不同岗位到位时间根据先由中心负责人、后由中心负责组建团队的原则进行计划。为吸引人才,公司根据应聘者的发展潜力和资历综合考虑,可提供高于应聘者期望的岗位。与此同时,制定人力资源规划还要在整合梳理现有制度的基础上重新构建制度体系文件,通过制度规划制定组织中人员的行动规则和规范,建立制度和流程体系并通过ERP实现信息化管理。人力资源规划还有一个重要的规划就是制定费用规划，即在公司整体财务预算体系中制定人力资源管理预算，如工资薪酬福利预算、培训与发展预算、招聘费用等。无论是组织架构规划、人员规划还是制度和费用规划都要秉承支持公司经营目标实现的原则，分解公司发展战略指导下的行动计划并具体实施，最终实现公司战略目标。

（资料来源：《人力资源管理企业最佳实践》，刘磊、张淑芳，上海交通大学出版社出版，2016 年 6 月）

［案例思考］

从九龙云天的人力资源战略地图中能得到哪些启示？公司在人力资源规划方面有哪些特色？

广义的人力资源规划是企业所有人力资源计划的总称；狭义的人力资源规划是指为实施企业的发展战略，完成企业的生产经营目标，根据企业内外环境和条件的变化，运用科学的方法对企业人力资源的需求和供给进行预测，制定相宜的政策和措施，使企业人力资源供给和需求达到平衡，实现人力资源合理配置，有效激励员工的过程。

扫码获取课程视频

从期限上看，人力资源规划分为长期规划（五年以上的计划）和短期计划（一年以内的计划），以及介于两者之间的中期计划。

从内容上看，人力资源规划包括战略规划（是各种人力资源具体计划的核心，是事关全局的关键性规划）、组织规划（是对企业整体框架的设计）、制度规划（指人力资源管理制度体系建设）、人员规划（是对企业人员总量、构成、流动的整体规划）和费用计划（是对企业人工成本、人力资源管理费用的整体规划）。

人力资源规划是企业规划中起决定性作用的规划。人力资源规划不仅具有先导性和战略性，而且能不断调整人力资源管理的政策和措施，指导人力资源管理活动，被称为人力资源管理活动的纽带。

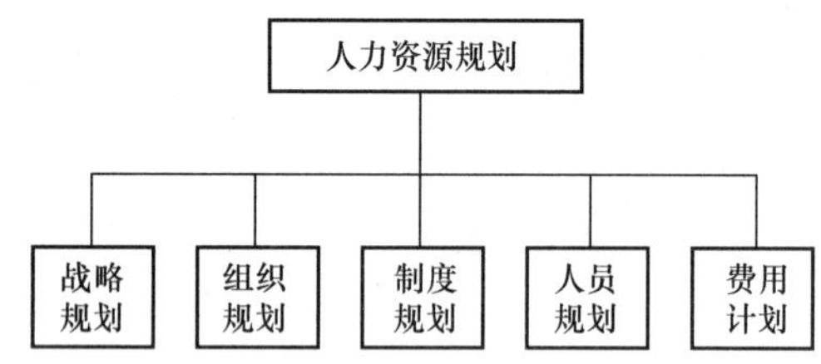

职位预览

人力资源规划专员的岗位职责

职责1	定期进行企业人力资源需求调查并进行需求分析与预测
职责2	定期提交企业人力资源需求分析与预测报告
职责3	了解企业人力资源使用状况，收集整理数据，上报人力资源规划主管
职责4	协助人力资源规划主管对企业人事规章制度等进行规划与修订
职责5	协助人力资源规划主管对员工绩效考核、激励机制等进行规划与修订
职责6	协助人力资源规划主管进行人力资源的补充、培训、晋升、配备等规划
职责7	有关企业人力资源规划的各种表单、流程的制定与修订
职责8	企业各种相关活动的规划与组织执行
职责9	负责人力资源发展、规划、管理的相关资料的收集、整理及归档
职责10	承办人力资源规划主管临时交付的事项

任务一　企业组织信息的采集与处理

【任务目标】

通过本任务的学习,学生应掌握以下职业能力:

(1)了解企业组织信息采集和处理的基本原则;

(2)掌握企业组织信息采集的工作程序和基本方法;

(3)掌握企业组织信息处理的基本程序和方法。

扫码获取课程视频

【任务描述】

组织信息的采集与处理是企业人力资源规划的一项重要的基础性工作,通过任务一的学习,了解采集、处理信息的原则,掌握信息采集和处理的工作程序和基本方法。

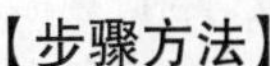

【步骤方法】

步骤一　企业组织信息采集的程序

企业组织信息采集分为调研准备阶段与正式调研阶段。信息采集具体程序如图 1－1 所示。

一、调研准备阶段

调研人员通过对企业的相关信息进行初步分析和非正式调研,确定调研的主题内容和范围。通过初步情况分析,提出假设的调研主题;通过非正式调研,探求真正的问题所在;在前两者的基础上,逐步明确调研目的,确定调查项目的重点。

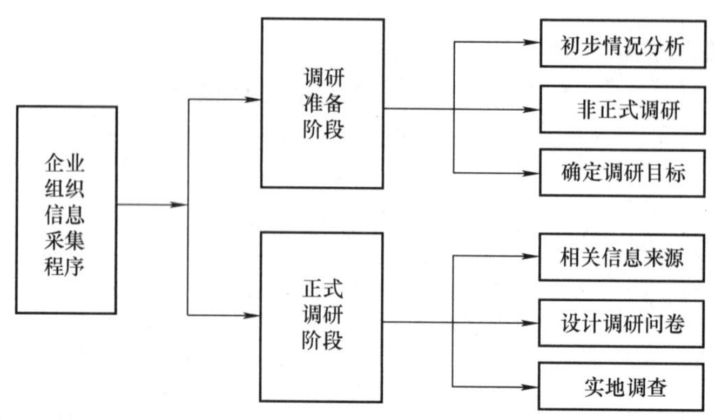

图1-1 企业组织信息采集程序

二、正式调研阶段

调研人员应确定获取相关信息的手段与方法,设计出科学合理的调查表格,并按预定计划到现场展开调查。主要步骤包括:以原始资料和二手资料作为相关信息的来源;选择抽样方法,设计调查问卷;通过实地调查获取第一手资料。

小提示

企业信息采集和处理应遵循的基本原则:

◎ 准确性原则——实事求是、客观真实;◎ 系统性原则——分类整理、系统完整;

◎ 针对性原则——有的放矢、目的明确;◎ 及时性原则——迅速采集、及时处理;

◎ 适用性原则——需求不同、类型不同;◎ 经济性原则——节约成本、提高效用。

步骤二 企业组织信息采集的方法

企业组织信息采集主要采用两大类方法:一是档案记录法,二是调查研究法。

档案记录法是指向企业的档案管理部门或档案管理人员了解组织过去的建设、运行以及关于重大事件或决策的档案,用于采集组织过去的决策机构的效率、决策效率和效果、执行效率、文件审批效率和文件传递效率。

调查研究法是指针对具体的问题,对企业内部员工进行个人访谈或问卷调查,以了解组织运行的情况及相关信息的方法,用于采集组织过去和现在的决策机构的效率、决策效率和效果、执行效率、文件审批效率和文件传递效率,各横向机构之间的协调程度、各组织内部信息传递的畅通程度以及信息自上而下或自下而上传递的速度和质量等。

调查研究法又分为询问法和观察法,具体内容如表1.1所示。

表 1.1　调查研究法具体内容

类别	名称	优点	缺点	适用
询问法	当面调查询问法	机动灵活，不受时间、地点限制；可直接了解真实观点，采集的资料较全面可靠	耗时长，成本高，结果易受主观因素影响，范围窄，采集到的信息不具代表性	适用于采集内容比较复杂、要求比较细致的信息
	电话调查法	成本低，速度快，调查面广、量大，能设置统一的调查表格，采集的数据易统计处理	受通话时间影响，询问必须简单	适用于及时采集一些简单信息，尤其是了解被调查者对某种情况的看法
	会议调查询问法	可直接倾听观点，有互动机会，花费时间少，费用较低，效率较高	受时间、地点限制，与会人员较多，不能充分发表见解，互动中易受他人影响	适用于对学者、专家或企业高层人士的调查
	邮寄调查法	成本低，不受行业和区域的限制，采集信息广泛且全面，不受时间限制	邮寄往返麻烦，耗时长，回收率低，有时会影响调查样本的代表性	适用于内容比较简单、答题要求不高、时限较长的调查
	问卷调查法	费用适中，回收率较高，效果良好	对问卷设计要求高	适用范围广
	日记调查法	请固定的被调查单位逐日逐项填写，调查者定期汇总，信息真实可靠	不能保证调查对象的代表性	适用于内容较多、答题要求不高、被调查者较集中、时限较短的调查
观察法	直接观察法	较客观地获得高准确性的第一手资料	调查面窄，耗时长，易被觉察，引起误解	适用于内容复杂多变、被调查者较集中、调查内容固定，但调查地点可变的调查
	行为记录法	借助特定的仪器、设备或工具记录被调查者的行为和反应，来采集相关信息，真实可靠	需借助仪器、设备或工具	适用于内容复杂多变、被调查者较集中、调查地点固定的调查

步骤三　企业组织信息的处理

企业组织信息的处理是指对调查研究所获得的资料进行筛选，并进行科学统计和分析的过程，包括组织信息分析、调研报告撰写和组织信息应用。

一、组织信息分析

组织信息分析包括可靠性分析、数理统计分析和经济学分析。可靠性分析主要评估信息的准确度和信息源的可靠性。评估信息准确度主要通过其他信息源来证实，单一信息源不是可靠的信息源。评估信息源可靠性的标准有过去提供信息的质量、提供信息的动因、是否拥有所提供信息的所有权以及信息源的可信度。数理统计分析是应用经济数学和统计学的工具和方法，对信息进行分类、排序、计算、比较和选择。对企业组织信息进行经济学分析，常用的方法是 SWOT 分析法，从优势（S）、劣势（W）、机会（O）和威胁（T）四个角度对组织现状进行分析。

二、调研报告撰写

调研报告指根据调查研究和数据分析的情况写出的供企业决策者使用的书面报告。

小提示

撰写调研报告必须坚持真实、完整、客观和适用的原则。

◎ 必须说明调研资料来源,以示资料的可靠性。

◎ 必须说明统计分析方法,以示资料的科学性。

◎ 必须说明被调查对象的基本情况,以示资料的可信性。

◎ 必须对企业组织信息进行分类,满足企业不同人员的信息需求。例如,把信息分为特殊情报、战略信息和战术信息,分别提供给企业高层决策者、中层管理者和一线员工。

三、组织信息的应用

企业组织信息的应用主要包括组织信息的传输、存储和检索。

任务二　企业劳动定额管理

【任务目标】

通过本任务的学习,学生应掌握以下职业能力:

(1)掌握劳动定额管理工作内容;

(2)掌握工时和产量定额的核算方法;

(3)掌握劳动定额制定的基本方法。

【任务描述】

劳动定额管理为企业经营管理提供重要依据。通过任务二的学习,要掌握劳动定额的原理、方法和内容,能够进行工时与产量定额的换算,能够根据工作要求制定劳动定额。

【步骤方法】

步骤一　劳动定额的基本形式

劳动定额是指在一定生产、技术、组织条件下,采用科学合理的方法,对生产单位合格产品或完成一定工作任务所预先规定的劳动消耗量的限额。劳动定额的对象是劳动者的劳动量。

一、劳动定额的种类

劳动定额按表现形式分类如表 1.2 所示。

表 1.2　劳动定额按表现形式分类

名称	含义	示例
时间定额（工时定额）	生产单位合格产品或完成一定工作任务的劳动时间消耗的限额	2 工时/件;3 工时/千克
产量定额	在单位时间内生产合格产品的数量或规定完成一定工作任务的限额	30 件/工日;5 千克/工时
看管定额	1 个或 1 组操作者在同一时间内照管机器设备的台数或工作岗位数所规定的限额	4 台/人;10 人/生产线
服务定额	按一定的质量要求,对服务人员在制度时间内提供某种服务所规定的限额	1 名客房服务员每天打扫 10 间客房
工作定额	采用多种指标和方法对各类人员完成技术性、管理性、公务性劳动所规定的限额	
人员定额	指在一定的生产技术组织条件下,为保证生产经营活动正常进行,对各类岗位人员的配置所规定的限额	
其他定额	如销售定额,规定经营销售人员在规定时间内应完成的销售金额等	

劳动定额按实施范围分类如表 1.3 所示。

表 1.3　劳动定额按实施范围分类

名称	含义	特点
统一定额	某部门、地区或行业对所属企业的主要产品在广泛调研的基础上制定的定额,在同行业中具有先进水平	在部门、本地区或本行业范围内实施的定额
企业定额	企业根据具体生产技术组织条件,参照统一劳动定额,由企业内部组织制定的劳动定额	在本企业范围内实施的定额
一次性定额	企业在特殊情况下,由定额人员会同生产技术主管部门根据实际情况制定,在一定时期、范围和条件下实行	只使用一次的定额

劳动定额按用途分类如表 1.4 所示。

表 1.4　劳动定额按用途分类

名称	含义	适用
现行定额	在日常生产和管理中具体实行的劳动定额	用于衡量工人的生产成绩,核算和平衡企业的生产能力,制订生产作业计划,计算计件工资和奖金,核算产品成本等
计划定额	在计划期内预计要实行的定额	用于制订生产、劳动、成本计划及计算产品价格
设计定额	设计或计划部门根据产品工艺资料和初步设计的年产量,参照技术定额标准,或通过与同类型产品的现行定额进行对比分析计算出来的定额	用于初步设计工厂的规模,组织专业化协作,核算各种设备、占地面积及劳动力的需要量;也可作为新品投入后企业逐步降低工时消耗的努力方向
不变定额	固定定额,指某个时期的现行定额固定下来,在几年或一段时期内保持不变	用于制定产品的不变价格,核算工业产值,下达有关技术经济指标,衡量各时期的企业劳动生产率水平,以便对比分析

劳动定额的其他分类如表 1.5 所示。

表 1.5 劳动定额的其他分类

种类	分类	含义
按编制综合程度分类	时间定额	分为工步、工序、零件、部件、单位产品的时间定额
	产量定额	分为单项定额,指只包括一道工序作业的定额;综合定额,指包括若干道工序作业的定额
按制定方法分类	经验估工定额	采用经验估工法制定的定额
	统计定额	运用统计资料,经过必要的统计整理和分析,制定出的劳动定额
	技术定额	运用实地观测或技术分析计算方法制定出的劳动定额
	类推比较定额	采用类推比较法制定的劳动定额
按劳动定额水平高低分类	分为先进定额、平均先进或先进合理定额、落后定额三种	
按反映的生产工艺特点分类	分为机械制造业、建筑安装业、煤炭业、冶金业、纺织业、服装业、印染业等劳动定额	

二、劳动定额的内容

劳动定额的内容包括以下方面。

(1)劳动定额的制定。采用适当的方法,“快、准、全”地制定出产品、零件、工序的各项工时定额,为企业经营管理提供基本数据,是劳动定额管理的首要环节。

(2)劳动定额的贯彻执行。评价和衡量劳动定额的贯彻实施情况,可采用的标准有:劳动定额面的大小;企业的计划、生产、财务等各职能部门是否按劳动定额组织企业的生产经营管理;企业或车间、班组是否按劳动定额对工人的劳动量进行严格考核;企业为推行新定额是否采取了有效措施。

(3)劳动定额的统计分析。劳动定额贯彻执行后,收集各种信息及数据资料,进行统计分析,说明劳动定额能否满足企业生产组织和劳动组织的需要,新定额在执行中还存在哪些问题亟待解决。

(4)劳动定额的修订。劳动定额贯彻实施、统计分析之后,对劳动定额的重新整顿和修改,将使劳动定额水平向前推进一步。

三、工时定额和产量定额的换算

工时定额和产量定额是劳动定额的两种基本表现形式。

(1)工时定额(T)和产量定额(Q)两者互为倒数,即 $T=1/Q$ 或者 $Q=1/T$。

(2)班产量定额(QB)和单件工时定额(TA)两者成反比例,即 $QB=480/TA$,$TA=480/QB$。

(3)工时定额和产量定额的变化规律:当产量定额提高时,工时定额相应降低,但两者增减的变化程度不同。

两者间关系:$X = Y/(1+Y)$,其中 X 为工时定额降低率,Y 为产量定额提高率。

小提示

在日常劳动定额管理中，经常用到工时定额和产量定额的换算。

◎ 为比较工人实际成果，在一个生产单位内，从事不同工种、工序、零件加工的工人，按产量定额无法直接对比分析，可采用工时定额换算。

◎ 为便于核算企业的劳动能力，加强定员管理，合理调配使用劳动力，需要将产量定额转换成工时定额。

◎ 为合理控制企业不同生产车间、工种、产品的劳动定额水平，达到先进合理的水平，可利用换算关系进行综合平衡。

技能练习

练习一　某企业 2018 年预生产 31.9 万个零部件，企业现有员工 460 人，定额标准为 32 个/月，由于生产技术的提高，企业预提高劳动生产率 25%。

请问该企业 2018 年是否还需要雇用工人？需要雇用多少人？

练习二　某企业平均每个工人每天生产 35 件产品，改造生产线后，平均每个工人每天生产 46 件产品。

请计算该企业产量定额的提高率和工时定额的降低率。

步骤二　劳动定额制定的方法

制定劳动定额时，要考虑到与设备工具有关的因素、与生产情况和生产过程有关的因素、与操作方法有关的因素、与劳动力的配备和组织有关的因素、与工作地有关的因素、与各种规章制度及其他有关的因素（包括本企业的作息换班制度、劳动纪律的情况、工资及奖励制度的推行效果、设备的修理制度、车间的平面布置及工作地的分布情况）。

一、制定劳动定额的科学依据和要求

制定劳动定额的科学依据有以下三个。

（1）技术依据，包括生产条件对工作地的供应服务和组织的状况，操作者的技术水平、经验和技能。

（2）经济依据，包括劳动者在一定的工作时间内工作负荷程度以及整个生产周期和产品总劳动量。

（3）心理生理依据，包括劳动环境和生产条件对操作者的影响，工作时间的长度和休息时间的比例，劳动分工和协作的状况。

“快、准、全”地制定劳动定额是企业管理对劳动定额工作提出的基本要求。

"快"是时间上的要求，即制定劳动定额要迅速及时；
"准"是质量上的要求，即制定劳动定额要先进合理；
"全"是范围上的要求，即制定劳动定额要完整齐全 。

二、制定劳动定额的基本方法

制定劳动定额的基本方法有经验估工法、统计分析法、类推比较法、技术定额法，具体内容如表1.6所示。

表1.6　劳动定额基本制定方法具体内容

名称	含义	要点
经验估工法	由定额员依照产品图纸和工艺技术要求，并考虑现有设备及生产条件，根据过去的实践经验对产品劳动消耗量进行估定的方法	优点：简便易行，工作量小，能满足定额制定的"快"和"全"的要求 不足：易受估工人员水平和经验的局限，出现定额偏高或偏低现象，准确性较差，定额水平不易平衡
统计分析法	根据过去生产同类型产品、零件、工序的实耗工时或产量的原始记录和统计资料，经整理分析，考虑今后生产组织技术条件变化，制定或修订定额的方法	
类推比较法	以现有同类型产品的零件或工序的定额为依据，经过分析比较推算出另一种产品、零件和工序定额的方法 做法：1. 根据典型零件工序制定典型定额标准；2. 根据典型定额类推比较	优点：简便易行，工作量小，便于保持定额水平的平衡，有利于提高准确性 不足：需制定一套典型定额标准，工作量大；典型零件的选择不适当，对影响劳动时间的因素考虑不充分，会影响定额质量
技术定额法	通过对生产技术条件的分析，在挖掘生产潜力以及操作合理化的基础上，采用分析计算或实地测定来制定定额的方法，比较先进科学	步骤：分解工序→分析设备状况→分析生产组织与劳动组织→现场观察和分析计算

三、统计定额的制定

统计定额是运用生产统计和劳动统计的有关资料，经过必要的整理汇总后，采用统计分析法制定出的劳动定额。统计定额主要采用简单算术平均法和加权算术平均法。

简单算术平均法是根据实耗工时的统计数据，采用简单算术平均数的基本计算公式，先求出一次平均数，然后再求出二次平均数，经过对比分析和调整后，再制定出新定额。

1. 计算平均先进值

计算平均先进工时有四种方法。

（1）先求平均数，再将平均值与完成最好的实耗工时相加，求出二次平均数。

（2）先求平均数，再将平均值与所有比平均值先进的实耗工时相加，除以项数，求出二次平均数。

（3）先求平均数，再将平均值与两个最先进和一个最落后的实耗工时相加，除以项数，求出二次平均数。

（4）先剔除已知数据中的最大的一个和最小的一个实耗工时，然后再按第（2）种方法求出二次平均数。

2. 计算先进平均值

先进平均工时指在一次平均数之外，所有先进数值的二次平均数。其计算方法是先求一次平均数，再求出先进数值的平均数。

在生产重复程度低、工作地专业化程度不高的企业，由于实耗工时资料不多，多采用简单算术平均法。

当企业积累的实耗工时统计资料比较多时，可将工时资料先进行适当的分组，然后再采用加权算术平均法，求出平均先进值。

技能练习

练习一　某家用电器厂安排具有高级、中级和初级技术水平的工人分别完成电器盒的下料工作，这三类工人在全部生产工人中的比例分别是10%、60%和30%。他们的实耗工时如下：A 高级技工为4，4.1，4.2，4.3，4.4；B 中级技工为5，5.3，5.4，5.5，5.6；C 初级技工为6，6.2，6.5，6.6，6.7。请计算总体平均实耗工时。

练习二　某零件A工序加工原定额为15工分/件，已知其实耗工时为14，13，15，12，10，9（工分/件），请根据上述资料，利用简单算术平均法，计算平均先进值和先进平均值。

任务三　工作岗位调查

【任务目标】

通过本任务的学习，学生应掌握以下职业能力：

(1)了解工作岗位研究的基本概念；

(2)掌握工作岗位调查的基本方法。

扫码获取课程视频

【任务描述】

深入进行工作岗位调查是实现工作岗位研究的各项任务，提高岗位分析、评价与分类质量的首要环节和重要保证。通过任务三的学习，能够运用面谈、书面调查等方式采集岗位信息，能够运用岗位写实、作业测时、岗位抽样等现场观测方法采集岗位信息。

【步骤方法】

步骤一　工作岗位调查方式

一、工作岗位研究认知

工作岗位研究是岗位调查、岗位分析、岗位设计、岗位评价和岗位分级等活动的总称。其主要特点如下。

(1)对象性：岗位研究的对象是企业单位中的工作岗位。

(2)系统性：岗位研究是由系统的岗位信息采集，即岗位调查、岗位分析、岗位设计、岗位评价和岗位分类五个基本环节构成的完整体系。系统性和完整性是我国岗位研究理论的鲜明特点。

(3)综合性:以多种学科知识体系为基础,综合多种学科的研究成果。

(4)应用性:岗位研究是实用性很强的学科,其基本理论与方法已普遍推广和应用。

(5)科学性:岗位研究阐明的基本原理具有科学性。

小提示

工作岗位研究的原则

◎ 系统的原则。一个系统具有整体性、目的性、相关性和环境适应性四个基本特征。应将每个岗位放在组织系统中,在总体上和相互联系上进行系统性分析研究。

◎ 能级的原则。能级是组织机构中各岗位功能的等级。在一个组织系统中,岗位能级从高到低可分为决策层、管理层、执行层和操作层。

◎ 标准化原则。岗位研究的标准化表现为岗位调查、岗位分析、岗位设计、岗位评价和岗位分类五个方面的标准化。

◎ 最优化原则。最优化原则体现在岗位研究的各项环节中,反映在岗位研究的具体方法和步骤中。

工作岗位研究的相关概念如图1-2所示。

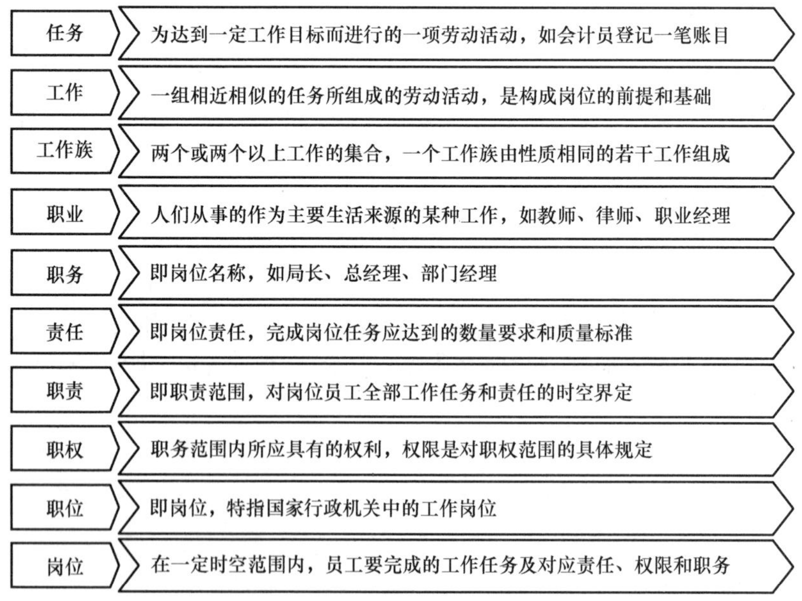

图1-2 工作岗位研究的相关概念

二、工作岗位调查方式

工作岗位调查是以工作岗位为对象、采用科学的调查方法收集岗位相关的信息和资料的过程。工作岗位调查的目的：

(1)收集各种相关数据资料，对岗位进行描述；

(2)为改进岗位设计提供信息；

(3)为制定各种人事文件和进行岗位分析提供资料；

(4)为岗位评价与岗位分类提供依据。

小提示

工作岗位调查的内容

◎ 岗位工作任务性质、内容和程序，完成任务所需时间等。

◎ 岗位名称、工作地点，担任岗位员工的职称、职务、年龄、工龄、技术、工资等级。

◎ 岗位责任。

◎ 承担岗位的资格和条件。

◎ 工作所需要的体力。

◎ 工作危险性。

◎ 劳动强度、劳动姿势、空间、操作的自由度。

◎ 使用的设备和工具的复杂程度。

◎ 工作条件和劳动环境。

◎ 其他。

工作岗位调查包括面谈、现场观测和书面调查三种方式，在进行岗位调查时，采用何种方式应视具体情况而定。在岗位数目较少的企业调查时，可采用面谈或现场观测的方式；在规模较大、岗位设置繁杂的企业调查时，可综合采用三种方式。各种方式的特点及注意事项如表 1.7 所示。

表 1.7　工作岗位调查方式

调查方式	特点	注意事项
面谈	调查人直接与员工面谈	尊重被调查人；根据调查目的布置面谈环境；应允许长篇大论；调查人对重大原则问题不发表意见，“引而不发”；避免命令式提问，采取启发式提问；调查人应先拟定调查提纲；选择的对象应尽量广泛
现场观测	调查人直接到工作现场进行实地考察和测定	对调查的工作事项多提几个为什么；调查人应在不引人注意的地方观察记录；选择多处场地对同类岗位进行观察
书面调查	利用调查表进行岗位调查	书面调查结果的可靠性和准确性的影响因素：1. 调查表本身设计的合理性；2. 被调查人文化水平的高低及填写时的诚意、兴趣和态度

步骤二　工作岗位调查方法

常用的工作岗位调查方法有工作岗位写实、作业测时、岗位抽样和其他方法，如技术会议法、结构调查表、日志法、关键事件法、设计信息法、活动记录法和档案资料法等。

小提示

填写表格应注意的问题

在工作岗位调查中，不可避免地要使用调查表格，填写调查表格应注意以下问题：

◎ 按时间先后顺序，先月初后月末，将本岗位全部工作任务一一列出；

◎ 对每一事项详细说明；

◎ 尽量避免使用含混不清的词句；

◎ 指出完成各项工作责任的大小；

◎ 指出完成各项工作事项所需时间；

◎ 指出最困难、最重要的工作，说明原因；

◎ 提出是否有监督、指挥、领导的责任；

◎ 指出本岗位与其他岗位的关系。

一、工作岗位写实

工作岗位写实是按时间顺序对某一岗位的员工在整个工作日内的工作活动情况进行观察记录和分析的调查方法。岗位写实的对象可以是员工，也可以是员工操纵的设备；写实的范围可以是个人，也可以是集体。岗位写实的主要功能、种类和原则如表 1.8 所示。

表 1.8　岗位写实的功能、种类和原则

调查方法	功能	种类	原则
工作岗位写实	全面了解被调查对象在一个工作日内工作活动情况；通过必要提问了解事件背景及产生原因；掌握员工工时利用情况，为提高工时利用率提供依据；发现企业管理工作的薄弱环节；为规定员工和设备合理的负荷量、确定劳动强度级别等提供依据；可满足岗位调查表填写要求，采集到更翔实的数据资料	个人岗位写实；工组岗位写实；多机台看管写实；特殊岗位写实；自我岗位写实	不能向被观察者任意发号施令；以真诚友好的态度和行为善待被观察者；排除干扰和阻力保证写实顺利进行，获得理想的岗位信息

岗位写实的具体步骤如图 1-3 所示。

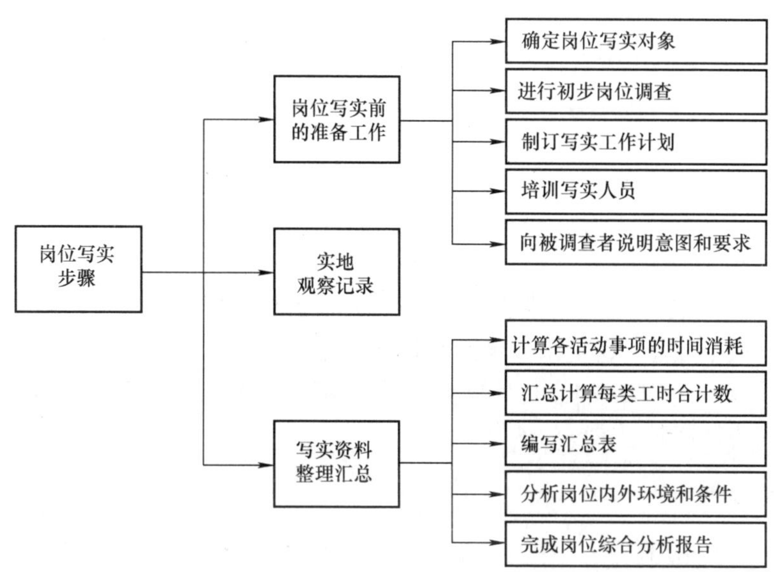

图 1－3　岗位写实的具体步骤

二、作业测时

作业测时是以工序或某一作业为对象按照操作顺序进行实地观察记录研究作业活动的调查方法。作业测时的基本功能及与岗位写实的区别如表 1.9 所示。

表 1.9　作业测时的基本功能及与岗位写实的区别

调查方法	基本功能	岗位写实与作业测时的区别
作业测时	以工序作业时间为消耗对象，进行分析研究，为制定工时定额提供资料； 总结推广先进员工的操作方法和经验，减轻员工的体力消耗和劳动强度； 研究多机台看管和流水线节拍，合理确定劳动负荷量； 为掌握劳动负荷量及体力劳动强度分级提供依据； 弥补岗位写实无法获得的工时数据资料	研究范围不同：岗位写实以整个工作日为对象，进行总体观察；作业测时只研究工作日中的一部分，即某一工序或作业活动情况。 观测的精细程度不同：岗位写实研究工时消耗，研究各类活动内容及结构比例，较“粗略”；作业测时仅研究工序中作业活动内容及其工时消耗，较“精细”。 具体作用不同：岗位写实的目的是为掌握与岗位工作活动有关的数据资料，为岗位分析和设计提供依据；作业测时主要是为了改进工序作业活动内容，确定先进的劳动定额

作业测时的步骤如下。

1. 测时前的准备

(1)根据测时目的选择测时对象。

(2)了解被测对象和加工作业方面的情况。

(3)根据实际情况，将工序划分为操作或操作组。划分原则：基本时间和辅助时间要分开；机动时间、手动时间和手工操作时间要分开。

(4)最好在上班 1～2 小时后，待生产稳定后进行。观察次数根据生产类型、作业性质和工序延续时间长短确定。

2. 实地测时观察

实地测时观察通常采用连续测时法,按操作顺序,连续记录每个操作的起止时间。也可采用整体法,反复记录全部操作的延续时间。如工序中延续时间短,不易连续记录,也可采用反复测时法。

3. 测时资料整理分析

(1)删去不正常数值,以便求出正常条件下操作的延续时间。

(2)计算有效观察次数,求出每一操作的平均延续时间。

(3)计算稳定系数,检验每一操作平均延续时间的准确和可靠程度。稳定系数 = 测时数列中最大数值/最小数值。稳定系数越接近 1,结果越可靠。

(4)由每个操作平均延续时间,计算出工序作业时间,再经过工时评定,得到符合定额水平的时间值,作为制定时间定额的依据。

三、岗位抽样

岗位抽样是统计抽样法在工作岗位调查中的具体运用,是根据概率论和数理统计学的原理,对工作岗位随机地进行抽样调查,利用抽样调查得到的数据资料对总体状况做出推断的一种调查方法。其作用与特点如表 1.10 所示。

表 1.10　岗位抽样的作用与特点

调查方法	作用	特点
岗位抽样	调查各类员工在工作班内的工作活动情况;掌握岗位各类工时消耗,为制定和衡量劳动定员定额标准水平提供依据;研究机械设备的运转情况,调查设备的利用率、故障率;改进工作程序和操作方法	使用范围广,可用于各类单位的岗位研究;节省时间,节约费用;取得的数据真实可靠,消除被观测人员在生理心理上的影响;测定人员不必整天连续在工作现场进行观察,减少了工作量

四、工作岗位调查的其他方法

工作岗位调查的其他方法有技术会议法、结构调查法、日志法等多种形式,具体详见表 1.11。

表 1.11　工作岗位调查的其他方法

名称	内容要点	备注
技术会议法	召集对调查岗位有深入了解和研究的专家开展专题讨论,围绕岗位调查项目发表意见,取得共识,以获得岗位信息的方法	亦称专家讨论法,包括技术设计、工艺施工、一线主管及有岗位长期实践经验的操作者
结构调查法	预先设计结构完整、项目齐全的岗位调查表,由被调查岗位的员工及相关人员填写,整理汇总采集岗位信息的方法	
日志法	由操作者对其一天或连续几天内工作活动的情况进行登记记录的信息采集方法,日志一般包括本岗位各种具体活动事项、耗时、涉及的人员和物品等	日志的登记必须当日完成,不能在第二天以后再补记

续表

名称	内容要点	备注
关键事件法	由岗位调查者对承担本岗位工作的操作者的劳动行为进行观察,将其“最好”和“最差”或“有效”和“无效”的行为进行登记记录。可延续观察一段时间,以掌握本岗位的关键信息	有助于鉴别出本岗位工作的中心内容和重要项目
设计信息法	根据岗位原有的设计文件、蓝图和设计参数,对人—机系统进行全面深入调查分析,掌握劳动者与劳动资料、劳动对象间的配置关系,采集相关信息	有助于掌握现有人—机系统的性质和特征,也有利于对岗位进行再设计
活动记录法	采用摄像机、录音机等现代数字工具,记录岗位相关信息	采集的信息真实可靠,但投入费用很高
档案资料法	查阅现存的各种与岗位活动有关的档案资料,采集相关信息	如员工岗位操作训练记录、生产中的安全事故记录、设备故障率的记录、班组工时统计记录、员工劳动纪律执行情况记录、员工定员定额完成程度的统计等

技能练习

Z企业是一家中型运输机械制造企业。为了制定先进合理的劳动定额,该企业拟开展一次全面的岗位调查,具体工作由人力资源等部门相关人员组成的项目小组全面负责。在决定进行工作岗位调查时,项目小组成员出现了分歧,有的倾向于采用岗位写实法,有的倾向于作业测时法。请结合该企业的情况,回答以下问题:

(1)岗位写实法与作业测时法有哪些区别?

(2)根据岗位调查对象的不同,岗位写实法可区分为哪几种写实方法?

(3)作业测时法有哪些基本功能?

任务四　企业员工与工时统计

【任务目标】

通过本任务的学习,学生应掌握以下职业能力:

(1)掌握企业员工分类与统计基本方法;

(2)掌握工时统计方法。

【任务描述】

企业员工统计和工时统计是从事人力资源管理工作的一项重要技能,通过任务四的学习,能够对员工的人数及结构进行统计分析,能够核算员工工时消耗并分析工时利用情况。

【步骤方法】

步骤一　企业员工统计

企业员工统计包括人数统计和结构统计。人数统计是指一定时期内对整个企业或某个部门在职员工总人数的统计，又称平均人数统计；结构统计是指一定时期对整个企业或某个部门在职员工按照一定标准所进行的构成统计。企业员工分类形式主要有性别构成、年龄构成、学历构成、职业资格构成、专业构成和职业类别构成。

一、员工平均人数统计

员工平均人数统计主要包括月平均人数、季平均人数和年平均人数的统计。

(1)月平均人数是指计算月内平均每天拥有的人数。计算公式：

月平均人数 = 计算月内每天实际人数之和/计算月内的日历日数

人员增减变动很小的企业，月平均人数的计算公式：

月平均人数 =（月初人数 + 月末人数）/2

(2)季平均人数是指计算季内平均每天拥有的人数。计算公式：

季平均人数 = 计算季内各月平均人数之和/3

(3)年平均人数是指计算年内平均每天拥有的人数。计算公式：

年平均人数 = 计算年内 12 个月平均人数之和/12

或者

年平均人数 = 计算年内 4 个季度平均人数之和/4

小提示

计算月平均人数时的注意事项

◎ 公休日、节假日的人数按前一天的人数计算。

◎ 新建立不满全月的单位，在计算该月平均人数时，应以其建立后各天实际人数之和除以计算月内的日历日数。

技能练习

练习一 某单位 5 月份员工变动情况为 5 月 1 日 56 人，6 日 2 人调出，15 日调进 3 人，22 日又招进 1 人，26 日 4 人退休，计算全月平均人数。

练习二 某单位 5 月 12 日建立，在职员工人数为 80 人，5 月份以后各日人数没有变动。求该单位 5 月份的平均人数。

二、员工结构统计

(1)员工性别构成统计。主要指标有女性员工占全部员工的比例、男性员工占全部员工的比例、员工性别比例。计算公式：

女性比例 = 女性员工人数/员工总数 × 100%

男性比例 = 男性员工人数/员工总数 × 100%

性别比 = 男性员工人数/女性员工人数 × 100% = 男性比例/女性比例 × 100%

(2)员工年龄构成统计。针对特定的岗位或部门,按年龄对员工进行分组;对员工分组结果转换比值,绘制员工年龄结构比值表。

(3)员工学历构成统计。计算公式:

$$员工平均受教育年限 = \sum(受教育年限 \times 员工人数)/员工总人数$$

(4)员工职业资格构成统计。以技术工人为例,计算其平均技术等级是分析员工技术素质的通行方法。计算公式:

$$员工平均技术等级 = \sum(技术等级 \times 员工人数)/员工总人数$$

技能练习

练习一　某工业公司2014—2018年全体员工性别的构成情况如表1所示。请计算出各年度的性别比指标,填入表1的空栏中,并通过计算说明在过去的5年中,该公司女性员工比例的变化情况。

表1　某工业公司2014—2018年全体员工性别构成

年份	2014	2015	2016	2017	2018
女性员工(人)	150	180	200	220	260
男性员工(人)	195	207	220	209	208
性别比					

练习二　某企业员工的统计资料如表2所示。请计算:

(1)各年龄组以及企业员工平均技术等级;

(2)企业员工技术等级的构成比例,并说明其特点。

表2　某企业员工技术等级构成表

企业员工年龄分组	具有不同等级国家职业资格的人数						
	员工人数合计	初级工(国家职业资格五级)	中级工(国家职业资格四级)	高级工(国家职业资格三级)	技师(国家职业资格二级)	高级技师(国家职业资格一级)	平均技术等级
≤25	360	300	60	0	0	0	
26~35	280	115	100	60	5	0	
36~45	130	0	20	80	25	5	
≥46	80	0	0	40	30	10	
总计	850	415	180	180	60	15	
比例(%)							

步骤二　工时利用统计

工作时间统计具有重要意义,能为合理安排作业计划和定岗定员提供依据,为企业产品成本核算提供依据，为合理发放工作报酬、考核、奖励、晋升提供依据，为提高工作效率提供依据。工作时间构成如表 1.12 所示。

表 1.12　工作时间构成

工作时间	含义	备注
日历时间	整个时间资源的总量，是员工工作时间的自然极限	
制度公休时间	法定的公休时和节假日	我国制度公休时间
制度工作时间	指法定工作时间，能利用的工作时间最大值，考核企业工作时间利用程度充分与否的标准	
缺勤时间	在制度工作时间内由于个人原因没有上班的时间	
停工时间	在制度工作时间内由于企业原因造成员工上班但没有从事生产活动的时间，分为停工被利用时间和停工损失时间	前者指停工后员工从事非本职的其他生产性工作所占用时间
非生产时间	在制度工作时间内员工出勤后由于行政原因安排其从事非生产性活动时间	
制度内实际工作时间	在规定时间内员工出勤后实际从事生产作业活动的时间，是工作时间的核心部分，是制度内从事本职工作时间与停工被利用时间之和	
加班时间	在规定工作时间以外，由于生产经营活动需要，企业安排员工实际从事生产作业活动的时间	
全部实际工作时间	员工在规定工作内外，实际从事生产作业活动的时间总和	

以上各种工作时间指标之间的关系如图 1－4 所示。

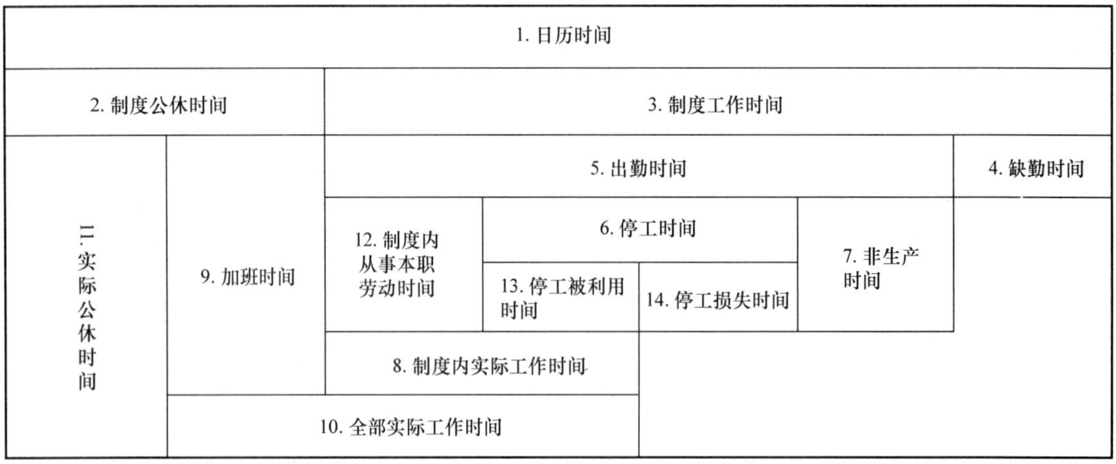

<table>
<tr><td colspan="7">1. 日历时间</td></tr>
<tr><td colspan="2">2. 制度公休时间</td><td colspan="5">3. 制度工作时间</td></tr>
<tr><td rowspan="5">11. 实际公休时间</td><td rowspan="3">9. 加班时间</td><td colspan="4">5. 出勤时间</td><td>4. 缺勤时间</td></tr>
<tr><td rowspan="2">12. 制度内从事本职劳动时间</td><td colspan="2">6. 停工时间</td><td rowspan="2">7. 非生产时间</td><td rowspan="4"></td></tr>
<tr><td>13. 停工被利用时间</td><td>14. 停工损失时间</td></tr>
<tr><td></td><td colspan="2">8. 制度内实际工作时间</td><td colspan="2" rowspan="2"></td></tr>
<tr><td colspan="3">10. 全部实际工作时间</td></tr>
</table>

图 1－4　工作时间构成

各工作时间指标的计算关系如表 1.13 所示。

表 1.13　工作时间核算公式

名称	计算公式
日历工日数与工时	日历工日＝计算期的日历天数×计算期平均人数 日历工时＝日历工日×制度工作日长度
制度公休工日与工时	制度公休工日＝计算期制度公休天数×计算期平均人数 制度公休工时＝制度公休工日×制度工作日长度

续表

名称	计算公式
制度工作工日与工时	制度工作工日 = 计算期制度工作天数 × 计算期平均人数 = 日历工日 - 制度公休工日 = 出勤工日 + 缺勤工日 制度工作工时 = 制度工作工日 × 制度工作日长度 = 日历工时 - 制度公休工时
缺勤工日与工时	缺勤工日 = 计算期缺勤天数 × 计算期平均人数 缺勤工时 = 缺勤工日 × 制度工作日长度 + 非全日缺勤工时
出勤工日与工时	出勤工日 = 制度工作工日 - 缺勤工日 出勤工时 = 制度工作工时 - 缺勤工时 = 全日出勤工日 × 制度工作日长度 - 非全日缺勤工时
停工工日与工时	停工工日 = 全日停工工日 停工工时 = 全日停工工日 × 制度工作日长度 + 非全日停工工时
非生产工日与工时	非生产工日 = 全日非生产工日 非生产工时 = 全日非生产工日 × 制度工作日长度 + 非全日非生产工时
制度内实际工作工日与工时	制度内实际工作工日(时) = 制度工作工日(时) - 缺勤工日(时) - 停工工日(时) - 非生产工日(时) + 停工被利用工日(时) = 出勤工日(时) - 停工工日(时) - 非生产工日(时) + 停工被利用工日(时)
加班工日与工时	加班工日 = 全日加班工日 加班工时 = 全日加班工日 × 制度工作日长度 + 非全日加班工时
全部实际工作工日与工时	全部实际工作工日 = 制度内实际工作工日 + 加班工日 全部实际工作工时 = 制度内实际工作工时 + 加班工时

工作时间利用程度分析常用指标及计算公式如表 1.14 所示。

表 1.14　工作时间利用程度分析常用指标及计算公式

类型	分析指标	计算公式
工作时间利用程度基本分析	出勤率指标	出勤率 = 实际出勤工时 ÷ 制度工作工时 ×100%
	缺勤率指标	缺勤率 = 实际缺勤工时 ÷ 制度工作工时 ×100%
	出勤时间利用率指标	出勤时间利用率指标 = 实际工作工时 ÷ 出勤工作工时 ×100%
	制度工时利用率指标	制度工时利用率 = 制度内实际工作时间 ÷ 制度工作时间 ×100% = 出勤率 × 出勤时间利用率
	工作负荷率	工作负荷率 = 全部实际工作时间 ÷ 制度工作时间 ×100%
工作时间利用其他分析	工作日利用率指标	工作日利用率 = 制度工作日实际长度 ÷ 制度工作日长度 ×100% 制度工作日实际长度 = 制度内实际工作工时 ÷ 制度内实际工作工日
	工作月利用率指标	工作月利用率 = 制度工作月实际长度(天数) ÷ 制度工作月规定长度 ×100% 工作月实际长度 = 制度内实际工作日 ÷ 全月平均人数 制度工作月长度 = 全月制度工作工日 ÷ 生产工人月平均数
加班时间分析	加班比例指标	加班比例 = 计算期加班工时 ÷ 计算期全部实际工作工时
	加班强度指标	加班强度 = 计算期加班工时 ÷ 计算期制度内实际工作工时 ×100%
	平均加班长度指标	平均加班长度 = 计算期加班工时 ÷ 计算期制度内实际工作工日

技能练习

练习一 张先生4月份实际出勤天数为20天(该月制度工作时间为22天)。此外,4月10日,由于参加工会主席的换届选举活动,占用了4个小时;4月20日,因跟随领导外出参观,占用了6个小时。

请计算张先生该月的缺勤率、出勤时间利用率和制度工时利用率。

练习二 李某是某大型国有企业的职工,他7月份实际上班天数为25天(制度工作时间为20.83天),其中有10天时间由于业务繁忙,每天工作时间为11个小时,法定日工作时间按8个小时计算。

请计算李某7月份的加班强度指标、加班比例指标、平均加班长度指标。

任务五 人力资源费用预算与核算

【任务目标】

通过本任务的学习,学生应掌握以下职业能力:

(1)掌握人力资源费用的构成;

(2)掌握人力资源费用的预算程序与方法;

(3)掌握人力资源费用的核算程序与方法。

【任务描述】

人力资源费用预算与核算是人力资源管理从业人员必须掌握的重要技能之一,通过任务五的学习,要掌握人力资源费用的构成,能够填报人工成本预算,能够填报人力资源管理费用预算,能够进行人力资源管理费用核算。

【步骤方法】

步骤一 人力资源费用的预算

企业人力资源费用包括人工成本和人力资源管理费用。人工成本是指企业在一个生产经营周期(一般为一年)内,支付给员工的全部费用,主要包括工资项目、保险福利项目和其他项目,如表1.15所示。

表1.15 人工成本构成

人工成本	主要构成
工资项目	计时工资、基础工资、职务工资、计件工资、奖金、津贴和补贴、加班工资
保险福利项目	基本养老和补充养老、医疗、失业、工伤、生育等保险费,员工福利费、员工教育经费、员工住房基金及其他费用(如工会基金)
其他项目	其他社会费用、非奖励基金的奖金、其他退休费用等

人力资源管理费用是指企业在一个生产经营周期内,人力资源部门的全部管理活动的费用支出,是计划期内人力资源管理活动得以正常运行的资金保证,主要内容如表1.16所示。

表 1.16　人力资源管理费用

名称		费用明细
招聘费用	招聘前	调研费、广告费、招聘会经费、高校奖学金等
	招聘中	选拔测试方案制定与实施的经费、获取测试工具的经费等
	招聘后	通知录取结果的费用、分析招聘结果的经费、签订劳动合同的经费等
培训费用	培训前	绩效考核经费和制定培训方案的经费，前者包括考评方案制定与实施的经费、获取考评工具的经费、处理考评结果的经费等
	培训中	教材费、教员劳务费、培训费（差旅费）等
	培训后	评价培训结果的经费等
劳动争议处理费用		法律咨询费等

小提示

人力资源费用预算应遵循的原则

◎ 合法合理原则：关注国家相关部门发布的各种相关政策和法律法规信息。

◎ 客观准确原则：防止人为加大加宽，出现预算未执行的情况。

◎ 整体兼顾原则：注意不同项目之间的内在联系，确保整体预算平衡。

◎ 严肃认真原则：实事求是，缜密分析测算。

一、人工成本预算编制的程序和方法

1. 工资项目预算的前期工作

工资项目预算的前期工作主要包括：

（1）分析当地政府部门本年度发布的最低工资标准；

（2）分析当年同比的消费者物价指数；

（3）领会企业高层领导对下一年度工资调整的意向；

（4）考察对比上一年度各子项目的预算和结算情况，分析工资费用的发展趋势以及公司的生产经营状况；

（5）考察对比本年度各子项目的预算和结算情况，分析工资费用的发展趋势以及公司的生产经营状况。

2. 工资预算的步骤

（1）单纯从工资费用预算、结算结果的发展趋势进行预测。分析上一年度和本年度的工资费用预算和结算情况，分析二者之间的规律，预测下一年度工资费用的变化趋势，提出下一年度预算方案一。

（2）从公司的生产经营发展趋势进行预测。根据上一年度和本年度工资费用的发展趋势和公司的生产经营状况，预测下一年度工资费用的发展趋势和公司的生产经营状况；根据工资费用的发展趋势和公司的生产经营状况，预测下一年度的工资费用的变化趋势；在此基础上，按工资总额的项目进行测算汇总，提出预算方案二。

（3）结合最低工资标准、消费者物价指数、工资指导线和企业高层领导的工资调整意向，对比分析并调整预算方案一和方案二,形成最终工资费用预算方案,并制作工资费用预算流程图。

3. 社会保险费与其他项目的预算

社会保险费与其他项目的预算,具有较强连续性,相对容易预测。要进行如下准备工作:

(1)分析检查和对照国家相关规定有无变化;

(2)掌握本地区上年度工资水平的数据资料;

(3)掌握本企业上年度工资及社会保险等统计数据和资料。

二、编制人力资源管理费用的预算

人力资源管理费用是人力资源部门自身活动和建设的需要和保障,在编制人力资源管理费用预算时,要做到以下两个方面。

(1)认真分析人力资源管理各方面的活动及过程,确定所需的费用项目,按财务科目分类并统计核实,纳入会计科目。

(2)根据企业实际情况,为各个费用项目进行预算。遵循"分头预算,总体控制,个案执行"的原则,公司根据上一年度预算与结算比较情况给出一个控制额度。预算大部分由人力资源部门掌握,若项目之间有余缺,在经过批准后,可调剂使用。

步骤二　人力资源管理费用的核算

小提示

人力资源管理费用核算要求

◎加强费用开支的审核和控制。

◎正确划分各种费用的界限。

◎适应企业特点、管理要求,采用适当的核算方法。

一、人力资源管理行为不当导致的成本

人力资源管理行为不当导致的成本是指由于人力资源管理人员的行为对员工的工作行为乃至工作绩效产生副作用而导致的人力资源浪费或管理成本支出,具体表现如表1.17所示。

表1.17　人力资源管理行为不当导致的成本

成本类型	涉及方面	具体表现
直接成本	纪律和监控	人员缺勤率高、离职率高、消极怠工现象多、申诉频繁、停工乃至罢工等
	工作绩效	生产或服务质量达不到预定标准
	设备仪器	设备仪器用具等的超损耗、原料超用等
	生产安全	事故多发、事故造成生产或服务停止,直接损失、医疗费和赔偿费用高
间接成本	工作态度	员工工作热情不高,缺乏工作积极主动性,得过且过,不满情绪积累等
	交流方面	员工不愿与管理人员交流,不愿提供真实的反馈而导致管理者决策失误
	工作关系	员工与管理人员缺乏相互信任和尊重,工作上不配合、互相防范

二、人力资源管理费用的核算

人力资源管理费用的核算程序如下。

1. 分析人力资源管理费用的项目，建立成本核算账目

根据人力资源管理活动的实际内容和范围，确定进行成本核算的主要项目（招聘、培训、劳动争议处理费用等），将项目细化，分类排列，形成人力资源管理成本账目。

2. 确定具体项目的核算办法

核算时应注意以下三点。

（1）人员招募与选拔的成本应按实际录用人数分摊。

（2）某些直接成本项目中也包括间接成本，在核算时，间接成本需折算合并入账。对在人力资源管理活动中参与具体工作的管理人员的时间成本，应按其涉及具体工作时间，根据其工资标准折合为具体金额。

（3）某些成本项目部分交叉，在核算时，要注意鉴别成本交叉部分，避免重复核算。

技能练习

为宜旅馆是一家老字号的旅馆，过去旅馆的经营主要靠老板金某及其家属，人力资源管理费用预算按传统经验方法制定。随着经济的发展，旅馆的经营规模不断扩大，现已发展成为一家四星级的商务酒店，按原来的经验估算法无法有效控制费用支出，加之酒店规模的扩大、工作人员的增加，人力资源费用成为酒店的一项重要财务内容。人力资源部为有效节约费用、控制成本，拟编制2018年度人力资源管理费用预算。

（1）请说明为宜酒店人力资源管理费用包括哪些基本项目？

（2）该酒店编制人力资源管理费用预算的基本程序和方法是什么？

知识网络图

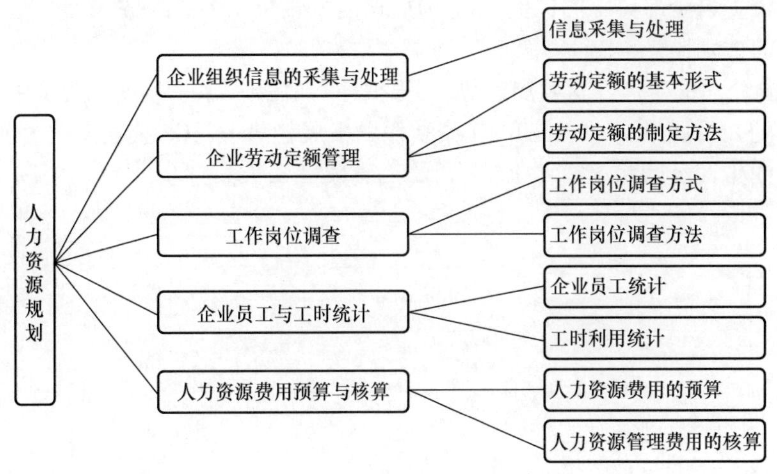

真题自测

一、单选题

1. 下列各项属于企业人力资源中期规划的是(　　)。

A. 1 年期规划　B. 4 年期规划　C. 6 年期规划　D. 10 年期规划

2. (　　)适用于对学者、专家或企业高层人士的调查。

A. 行为记录法　B. 当面调查询问法　C. 问卷调查法　D. 会议调查询问法

3. 下列具有双道命令系统的企业组织机构类型为(　　)。

A. 直线制　B. 直线职能制　C. 矩阵制　D. 事业部制

4. (　　)亦称出勤时间利用率,它反映了员工在出勤时间内实际工作工时及其被利用情况。

A. 作业率　B. 制度工时利用率　C. 工作日利用率　D. 生产工时利用率

5. 人力资源管理人员在对工资调整提出建议时,不需要考虑的指标有(　　)。

A. 最低工资标准　B. 物价指数　C. 员工家庭收入　D. 工资指导线

二、多选题

1. 工作岗位调查的内容主要应包括(　　)。

A. 本岗位工作任务的性质　B. 本岗位劳动强度　C. 本岗位在职人员的姓名
D. 本岗位责任　E. 担任本岗位所需要的体力

2. 劳动定额按制定方法可分为(　　)。

A. 经验估工定额　B. 统计定额　C. 类推比较定额　D. 技术定额
E. 看管定额

3. 在(　　)组织结构内,职能部门只能起到参谋和助手的作用。

A. 职能制　B. 超事业部制　C. 直线制　D. 直线职能制
E. 事业部制

4. 反映员工性别构成的主要指标有(　　)。

A. 女性员工占全部员工的比例　B. 所有男性员工的总人数
C. 男性员工占全部员工的比例　D. 所有女性员工的总人数
E. 员工的性别比

5. 在预测公司的生产经营发展趋势时,根据(　　)预测下一年度工资费用的变化趋势。

A. 公司的人员质量　B. 工资费用的发展趋势　C. 公司的技术创新
D. 公司的生产经营状况　E. 公司的人员数量

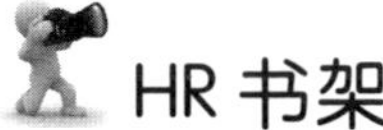

HR 书架

《职场路线图》　汪漪

汪漪，中国资深人力资源总监。历任中国平安集团公司、TCL 信息产业集团、中国普天股份(集团)公司人力资源主管、经理、总监。多年来，跟随、发现众多优秀职业经理人，所招聘的人才在华为、大唐、网易、搜狐、联想、方正、贝尔实验室、惠普、IBM、英特尔、微软、UT 斯达康、速 8 中国等国内外数十家著名公司担任要职。多年来所实践的经典案例在业界广为传扬，被媒体誉为“身边的传奇”。

《职场路线图》是国内首部资深人力资源总监透视职场的真实之作。书中随处可见作者亲身经历的案例，可读性非常强；通过对职场案例的评析向读者传授技巧、法则、经验、智慧，非常有说服力和实战性。

模块二　招聘专员实务

学习目标

通过本模块的学习，掌握以下职业能力：

◎ 了解招聘专员岗位职责；
◎ 掌握招聘信息收集与整理的方法；
◎ 熟悉内部和外部招聘渠道的具体方法；
◎ 能够组织实施招聘洽谈会和校园招聘；
◎ 能够设计招聘广告；
◎ 能够编写公司简介；
◎ 能够通过分析个人简历和应聘申请表进行初步挑选；
◎ 掌握笔试、面试和心理测试方法；
◎ 掌握对应聘者背景调查的方法和内容；
◎ 掌握办理员工录用的具体手续和方法；
◎ 掌握企业员工信息管理方法；
◎ 掌握员工招聘评估指标，能够对招聘活动进行评估。

导入案例

丰田公司的全面招聘体系

丰田公司采用全面招聘体系的目的就是招聘最优秀的有责任感的员工，为此公司做出了极大的努力。丰田公司全面招聘体系大体上可以分成6大阶段，前5个阶段招聘要持续5~6天。

第一阶段，丰田公司通常会委托专业的职业招聘机构进行初步的筛选。应聘人员一般会观看丰田公司的工作环境和工作内容的录像资料，同时了解丰田公司的全面招聘体系，随后填写工作申请表。1个小时的录像可以使应聘人员对丰田公司的具体工作情况有概括了解，初步感受工作岗位的要求，同时也是应聘人员自我评估和选择的过程，许多应聘人员知难而退。专业招聘机构也会根据应聘人员的工作申请表和具体的能力和经验做初步筛选。

第二阶段，评估员工的技术知识和工作潜能。通常会要求员工进行基本能力和职业态度心理测试，评估员工解决问题的能力、学习能力和潜能以及职业兴趣爱好。如果是技术岗位工作的应聘人员，需要进行6个小时的现场实际机器和工具操作测试。

第三阶段，丰田公司接手有关的招聘工作。本阶段主要是评价员工的人际关系能力和决策能力。应聘人员在公司的评估中心参加一个4小时的小组讨论，讨论的过程由丰田公司的招聘专家即时观察评估，比较典型的小组讨论可能是应聘人员组成一个小组，讨论未来几年汽车的主要特征是什么。实际问题的解决可以考察应聘者的洞察力、灵活性和创造力。同样，在第三阶段应聘者需要参加5个小时的实际汽车生产线的模拟操作。在模拟过程中，应聘人员需要组成项目小组，担负计划和管理的职能，如如何生产一种零配件，人员分工、材料采购、资金运用、计划管理、生产过程等一系列生产考虑因素如何有效运用。

第四阶段，应聘人员需要参加1小时的集体面试，分别向丰田的招聘专家谈论自己取得过的成就，这样可以使丰田的招聘专家更加全面地了解应聘人员的兴趣和爱好，他们以什么为荣，什么样的事业才能使应聘的员工兴奋，更好地做出工作岗位安排和职业生涯计划。在此阶段也可以进一步了解员工的小组互动能力。

第五阶段，新员工需要接受6个月的工作表现和发展潜能评估，新员工会接受监控、观察、督导等方面严密的关注和严格的培训。

（资料来源：《中国人才》，杨益，2013年3月）

[案例思考]

结合案例，说明丰田公司全面招聘体系主要包括哪些流程。

职位预览

招聘专员岗位说明书

<table>
<tr><td colspan="3">岗位名称</td><td>招聘专员</td><td>岗位编号</td><td>HR-002</td></tr>
<tr><td colspan="3">所属部门</td><td>人力资源部</td><td>岗位编制</td><td>1人</td></tr>
<tr><td colspan="3">直接上级</td><td>人力资源经理</td><td>直接下级</td><td></td></tr>
<tr><td colspan="6">本职工作：负责维护和开发招聘渠道、发布和管理招聘信息、筛选简历、组织招聘、办理员工入职手续等与招聘相关的工作</td></tr>
<tr><td colspan="6">职责与工作任务</td></tr>
<tr><td rowspan="4">职责一</td><td colspan="5">职责表述：招聘准备</td></tr>
<tr><td rowspan="3">任务</td><td colspan="4">招聘需求分析：明确哪些岗位需要补充人员</td></tr>
<tr><td colspan="4">收集招聘信息：对招聘信息进行分类、记录、保存、打印、报送、审批</td></tr>
<tr><td colspan="4">制订招聘计划：根据现有编制及业务发展需求，协助上级确定招聘目标，汇总岗位需求数目和人员需求数目，制订并执行招聘计划</td></tr>
<tr><td rowspan="7">职责二</td><td colspan="5">职责表述：招聘实施</td></tr>
<tr><td rowspan="6">任务</td><td rowspan="4">招募</td><td colspan="3">确定招聘渠道和方法：调查分析所需人才外部人力资源存量与分布状况，对招聘渠道实施规划、开发、维护、扩展</td></tr>
<tr><td colspan="3">发布招聘信息：负责招聘宣传计划和招聘宣传材料的设计和制作，招聘网站的维护和更新以及招聘网站的信息发布</td></tr>
<tr><td colspan="3">编写公司简介：正确选择公司简介的形式和内容，满足招聘工作的需要</td></tr>
<tr><td colspan="3">组织实施招聘洽谈会和校园招聘</td></tr>
<tr><td>筛选</td><td colspan="3">筛选简历、设计应聘申请表、笔试、面试、情景模拟测试、心理测试、背景调查、体检</td></tr>
<tr><td>录用</td><td colspan="3">做出录用决策、通知录用者、劳动合同签订、新员工培训、员工信息管理</td></tr>
</table>

续表

<table>
<tr><td rowspan="4">职责三</td><td colspan="2">职责表述:效果评估</td></tr>
<tr><td rowspan="3">任务</td><td>招聘成本:核算招聘成本,进行成本效益、招聘数量与质量的评估</td></tr>
<tr><td>招聘过程:对招募环节、甄选环节、录用环节进行效果分析</td></tr>
<tr><td>评估报告:定期提交分析报告</td></tr>
<tr><td rowspan="3">职责四</td><td colspan="2">职责表述:其他工作</td></tr>
<tr><td rowspan="2">任务</td><td>内部举荐:定期更新内网职位信息,并做好内部举荐宣传工作</td></tr>
<tr><td>离职管理:安排人力资源业务合作伙伴(HRBP)与离职员工进行面谈,通过了解辞职原因,找出公司管理方面存在的综合问题,并向部门第一负责人反馈</td></tr>
<tr><td colspan="3">工作关系</td></tr>
<tr><td rowspan="5">内部工作关系</td><td rowspan="3">汇报</td><td>每周周末、每月月末向直接上级递交《周工作汇报》《月度工作总结》</td></tr>
<tr><td>每一期招聘后向直接上级递交《招聘工作总结》</td></tr>
<tr><td>随时向直接上级进行口头工作汇报</td></tr>
<tr><td>协调</td><td>与各部门就招聘问题进行沟通协调</td></tr>
<tr><td>支持</td><td>与各部门负责人沟通企业在招聘过程中的间接成本,建立成本意识</td></tr>
<tr><td rowspan="2">外部工作关系</td><td colspan="2">与各招聘机构进行沟通,了解最新市场行情和信息等</td></tr>
<tr><td colspan="2">公司各招聘渠道的关系维护、建立和开发</td></tr>
<tr><td colspan="3">任职资格</td></tr>
<tr><td colspan="2">教育水平</td><td>大学专科(含)以上</td></tr>
<tr><td colspan="2">专业要求</td><td>管理类或经济类</td></tr>
<tr><td colspan="2">岗前培训</td><td>公司管理规定、公司人力资源工作流程、招聘工作相关培训</td></tr>
<tr><td colspan="2">工作经验</td><td>2 年以上招聘工作经验</td></tr>
<tr><td colspan="2">知识要求</td><td>熟知《中华人民共和国劳动合同法》中关于招聘与录用方面的法律</td></tr>
<tr><td colspan="2">能力及个性要求</td><td>良好的沟通协调能力,熟练使用办公自动化软件,具备基本的网络知识,责任心强,有团队精神,服从管理</td></tr>
<tr><td colspan="3">本岗位职业发展路线</td></tr>
<tr><td colspan="3">专业发展方向:职业规划专家
管理路线:人力资源助理、人力资源经理</td></tr>
<tr><td colspan="3">工作条件</td></tr>
<tr><td colspan="3">工作时间:8:00—17:30 为正常工作时间,有时加班
工作环境:办公条件舒适,无职业病危险,偶尔室外
办公设备:计算机、一般办公设备(电话、传真机、打印机、Internet 网络)</td></tr>
<tr><td colspan="3">考核指标</td></tr>
<tr><td colspan="3">1. 人力资源需求调查;2. 招聘成本控制;3. 被招聘者到职所需的平均天数;4. 招聘渠道畅通;5. 招聘人员的数量;6. 招聘人员的质量;7. 事务性工作完成率</td></tr>
</table>

任务一　收集招聘需求信息

【任务目标】

通过本任务的学习,学生应掌握以下职业能力:

(1)了解招聘需求信息产生的原因;

(2)掌握招聘需求信息收集的内容;

(3)掌握招聘需求信息整理的方法。

【任务描述】

人员招聘是指组织为了发展的需要,根据人力资源规划和工作分析的要求,寻找、吸引那些有能力又有兴趣到本组织任职的人员,并从中选出适宜人员予以录用的过程。收集招聘信息,掌握招聘员工的岗位、数量、任职要求等方面的信息,是人员招聘的第一步。通过任务一的学习了解组织环境和人力资源状况需求分析,掌握招聘需求信息的收集和整理的方法。

【步骤方法】

步骤一　了解企业招聘需求

招聘工作一般从招聘需求的提出和确定开始,是制订招聘计划的重要内容,也是确保招聘成功的必要准备工作。企业所处内外部环境变化会导致人员需求的变化,需要用人部门根据对实际情况的分析来做人员招聘需求分析,如图2-1所示。

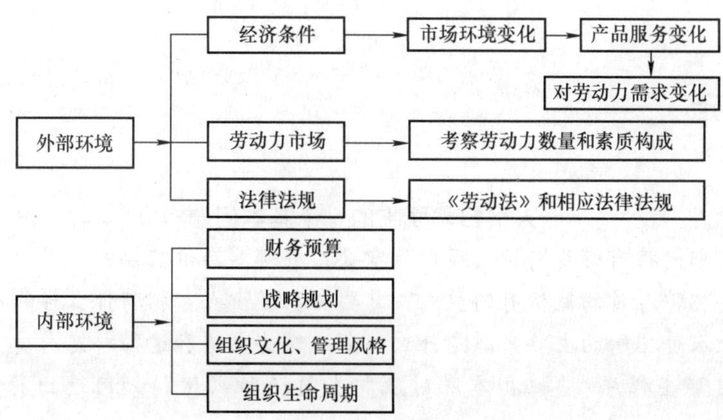

图2-1　组织环境需求分析

另外,企业自然减员,如员工离职、调动、退休、长期休假等产生岗位空缺,企业业务量的变化导致现有人员无法满足需求,现有人力资源配置不合理等因素,都会导致企业人员需求的变化。

步骤二　收集招聘需求信息

招聘需求信息的收集是从用人部门收集空缺职务信息,主要从过去的在职人员、直接上级、相关同事那里收集有关内容。人员招聘信息的主要种类如表2.1所示。

表 2.1　人员招聘信息主要种类

空缺岗位	通过岗位分析找出空缺岗位相关因素，包括空缺岗位的职责、述职关系（此岗位的上级）和其他联系形式（如与平级和下级的关系）、需招聘的人数
工作描述	通过工作描述可以了解工作信息的具体说明，包括工作职责、工作内容、工作要求、工作权限以及工作条件
任职资格	通过工作规范可以明确具备什么样条件的人才能担任此项工作，包括资历、工作经验、学历要求、身体条件、心理品质和能力要求、所需知识和技能、必须接受过的培训等

步骤三　整理招聘需求信息

对招聘需求信息的整理是对信息进行分类、记录、保存、打印、报送、审批，具体内容如表2.2所示。

表 2.2　招聘需求信息整理方法

分类	按招聘人员的岗位进行分类，如经理岗位、经理助理岗位、一般员工岗位； 按空缺岗位的部门进行分类，如销售部门招聘1名销售经理和2名销售助理，可归为一类
记录、保存	建立人员招聘资料库，将收集的人员信息包括人员需求申请表、招聘岗位调查表等汇总归档保存
打印、报送、审批	由人力资源部门审批用人部门的招聘信息，将人员招聘信息归纳整理并以书面形式打印，向上级主管人员或部门报送审批

小提示

人员招聘面临的6个基本问题

（1）计划期内将有哪些岗位出现人员空缺？有哪些岗位需要补充或储备人才？

（2）需要招聘人员的岗位有何要求？需要招聘多少人？招聘什么样的人？

（3）企业人员招聘的主要来源是什么？通过哪些渠道和途径补充人员？如何补充？

（4）采用哪些程序、步骤和方法对应聘人员进行初选？如何选出符合条件的候选人？

（5）在人员选拔的各阶段，面试、笔试等人事测量如何组织？分别起到哪些作用？

（6）企业各类岗位员工调配、升迁将如何合理安排？

任务二　选择招聘渠道

【任务目标】

通过本任务的学习，学生应掌握以下职业能力：

（1）熟悉人员招聘的基本程序；

(2)掌握内部招聘渠道及方法;

(3)掌握外部招聘渠道及方法;

(4)了解竞聘上岗的人员选拔流程。

扫码获取课程视频

【任务描述】

企业人员的补充有内部补充和外部补充两方面的来源,即通过内部和外部两个方面招聘员工。通过任务二的学习,熟悉人员招聘的基本程序,掌握内外部招聘的优势与局限性,学会综合运用内外部招聘的各自优势,并能在一定程度上避免其不足,提高招聘效率和效果。

【步骤方法】

步骤一　熟悉人员招聘的基本程序

人员招聘可分为招聘准备、招聘实施和招聘评估三个阶段,如图 2-2 所示。

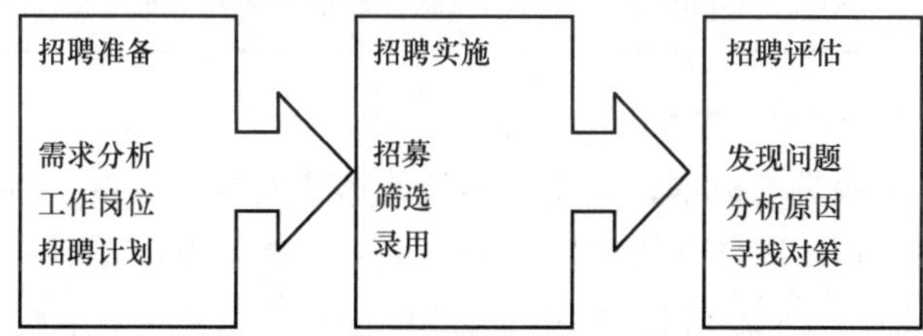

图 2-2　人员招聘的基本程序

1. 准备阶段

(1)进行人员招聘的需求分析,明确哪些岗位需要补充人员。

(2)明确掌握需要补充人员的工作岗位的性质、特征和要求。

(3)制订各类人员的招聘计划,提出切实可行的人员招聘策略。

2. 实施阶段

招聘实施是整个招聘活动的核心,也是最关键的一环,先后经历如下三个步骤。

(1)招募阶段:根据招聘计划确定的策略和用人条件与标准进行决策,采用适宜的招聘渠道和相应的招聘方法,吸引合格的应聘者,以达到适当的效果。

(2)筛选阶段:在吸引到众多符合标准的应聘者之后,还必须善于使用恰当的方法,挑选出最合适的人员。

(3)录用阶段:在这个阶段,招聘者和求职者都要做出自己的决策,以便达成个人和工作的最终匹配。

3. 评估阶段

进行招聘评估,及时发现问题、分析原因、寻找对策,有利于及时调整有关计划,并为下次招聘提供经验教训。

步骤二　掌握内部招聘及方法

内部招聘是通过内部晋升、工作调换、工作轮换、人员重聘等方法,从企业内部人力资源储备中选拔出合适的人员补充到空缺或新增的岗位上的活动,给员工提供发展的机会,强化员工为组织工作的动机。

内部招聘细分为内部提拔、工作调换、工作轮换、重新聘用、公开招聘五个来源，如表 2.3 所示。

表 2.3　内部招聘来源

内部招聘来源	内容要点
内部提拔	给员工以升职机会，有利于激励员工；内部提拔人员对业务熟悉，能较快适应新工作，但内部提拔人员不一定是最优秀的，易导致部分员工的嫉妒与不平衡
工作调换	又称“平调”，是在内部寻找合适人选的基本方法，目的是填补空缺，有利于员工今后的提拔，增进上级对下级的了解
工作轮换	短期的，两人以上、有计划地进行，有利于了解企业内部的不同工作，为有潜力的人员提供可能晋升的条件，减少部分人员因长期从事某项工作带来的烦躁和厌倦等情绪
重新聘用	下岗人员、长期休假人员、停薪留职人员中素质较高的，内部空缺需要可重聘；可以尽快上岗，同时减少培训等费用
公开招聘	面向企业全体人员，企业在内部公开空缺岗位，吸引员工应聘，使员工有公平合理、公开竞争的平等感觉

内部招聘主要采用推荐法、布告法和档案法三种方法。

（1）推荐法：由本企业员工根据企业需要推荐其熟悉的合适人员，供用人部门和人力资源部门进行选择和考核，方法较为有效，成功概率较大。企业内部最常见的推荐法是主管推荐法。

（2）布告法：确定了空缺岗位的性质、职责及所要求的条件等情况后，将这些信息以布告的形式，公布在企业一切可利用的墙报、布告栏、内部报刊、企业内网上，尽可能使全体员工都能获得信息，所有对此感兴趣并具有岗位任职能力的员工均可申请此岗位。布告法常用于非管理层人员的招聘，特别适合于普通职员招聘。

（3）档案法：从员工档案中了解员工在教育、培训、经验、技能、绩效等方面的信息，帮助用人部门与人力资源部门寻找合适的人员补充岗位空缺。

三种方法各有特点，具体如表 2.4 所示。

表 2.4　内部招聘方法特点

方法	优点	缺点
推荐法	1. 主管了解候选人的能力； 2. 主管提名的人选具有可靠性； 3. 主管满意度高	1. 比较主观，易受个人因素影响； 2. 提拔亲信； 3. 不希望下属被调离岗位
布告法	1. 更为广泛的人员了解招聘信息，为员工职业生涯发展提供机会； 2. 使员工脱离原本不满意的工作环境，促使主管有效管理	1. 花费时间长，可能导致岗位较长时期的空缺，影响正常运营； 2. 员工可能因盲目变换工作而丧失原有的工作机会
档案法	建立人员信息系统，将过去重“死材料”的防范型档案转变为重“活材料”的开发型思路，为内部有效管理和用人做好准备	

步骤三　竞聘上岗

竞聘上岗是采用科学的选拔方法，对企业内部应聘人员层层筛选，由专家小组集体做出评判,从应聘者当中选拔出较为合格人员的活动过程。竞聘上岗是企业从内部劳动力市场选拔人才的主要方法之一,具有创新性、竞争性和科学性,体现了公平、公开和公正的人事原则,其理论依据是能岗匹配原理。

竞聘上岗的程序和步骤如下。

(1)必须事先公布竞聘上岗的岗位,特别强调聘任的公开性。

(2)必须成立竞聘上岗领导小组,组内应至少有一个是企业外部专家,指导竞聘选拔工作,同时监督其公正性。

(3)所有竞聘岗位不能有选定对象,领导不能参与推荐、暗示或个别谈话。

(4)竞聘岗位要有科学完整的工作说明书,应聘条件设计具有普遍性,应结合企业实际情况,确定合适的基本条件,并向全体员工公示。

(5)确保应聘岗位合理的候选人数,一个岗位一般不应低于1:6的比例。

(6)企业组织竞聘的步骤合理。

具体实施步骤:发布竞聘公告→对应聘人员初步筛选→组织文化或技能考试→对候选人进行情景模拟测试→进行综合全面的诊断性面试→组织考核,并按1:3的比例选拔最终候选人→对后备人选全面衡量做出最终人事决策→公布竞聘上岗结果。

小提示

内部招聘与选拔时应注意的4个问题

(1)避免长官意志的影响:打破各种界限,在全企业范围内广纳贤才,实事求是、科学地考察和鉴别人才。

(2)不求全责备:对人才不能脱离实际地拔高要求,其缺点不妨害所担任的工作,即可选用。

(3)不要将人才固定化:人才有不同的类型和层次之分,企业需要各种人才,能为企业发展出谋划策、积极贡献力量的,都在选择之列。

(4)全方位地发现人才:如考察员工的工作态度、实践活动、群众议论、部门推荐、历史档案、考核记录等,通过多途径和多种方式方法全面考察了解人才,克服盲目性,提高选人用人的科学性。

步骤四 了解外部招聘及方法

外部招聘是面向社会公开招聘选拔出合适的人员补充到空缺或新增的岗位上的活动。

外部招聘的具体来源有各级劳动力市场、人力市场和职业介绍机构,学校招聘,竞争对手与其他企业,下岗失业者,退伍军人,退休人员六种。

外部招聘通常采用的方法有发布广告、借助中介、校园招聘、网络招聘和熟人推荐五种方法,具体特点如表2.5所示。

表 2.5 外部招聘方法

招聘方法	主要特点
发布广告	1. 信息传播范围广,速度快;2. 应聘人员数量大,层次丰富;3. 单位选择余地大
借助中介	1. 人才交流中心,针对性强、费用低廉,对专业的热门人才或高级人才招聘效果不太理想; 2. 招聘洽谈会,可直接进行接洽和交流,节省单位和应聘者时间,应聘者集中,单位选择的余地较大,但难以招聘到高级人才; 3. 猎头,推荐的人才素质高,对单位需求有较详细的了解,对求职者信息掌握全面,在供需匹配上较慎重,成功率比较高,需要支付昂贵的服务费(25% ~35%)
校园招聘	学校毕业生成为企业技术人才和管理人才的最主要来源,主要优点是学生可塑性强,选择余地大,候选人专业多样化,可满足企业多方面的需求,招募成本较低,有助于宣传企业形象; 校园招聘用于招聘专业化初级水平人员,招聘方式包括招聘海报张贴、招聘讲座、毕业分配办公室推荐
网络招聘	1. 成本较低,方便快捷,选择余地大,涉及范围广; 2. 不受地点和时间限制; 3. 应聘者重要资料的存贮、分类、处理和检索,更加便捷化和规范化
熟人推荐	1. 对候选人的了解比较准确; 2. 顾及介绍人关系,工作更加努力; 3. 招募成本很低; 4. 适用于一般人员,也适合于专业人才的招聘

内部招聘和外部招聘两种渠道相比,都存在自身的优势和明显的不足,主要表现如表 2.6 所示。

表 2.6 内部招聘与外部招聘对比

渠道	内部招聘	外部招聘
优势	1. 准确性高; 2. 适应速度较快; 3. 激励性强; 4. 费用较低	1. 带来新思想、新方法; 2. 有利于招到一流人才; 3. 起到树立形象的作用
不足	1. 因处理不公、方法不当或员工个人原因,可能会在组织中造成一些矛盾,产生不利的影响; 2. 容易造成“近亲繁殖”,思维意识趋于僵化,不利于组织长期发展	1. 筛选难度大,时间长; 2. 进入角色慢; 3. 招募成本大; 4. 决策风险大; 5. 影响内部员工的积极性

小提示

选择人员招聘来源的方法与步骤

(1)根据年度人员招聘计划,明确各类岗位人员的招聘资格条件和具体要求。

(2)分析全国及本地区人力资源供求状况,掌握劳动力市场或人才市场人员供给的基本情况。

(3)分析以往企业主要招聘来源,对现有人员的专业素质、忠诚度、稳定性等指标进行系统的比较分析,选择可靠性较高的人员补充渠道和途径。

(4)对具体的招聘方式进行成本收益分析,选择适当的招聘方法。

任务三　发布招聘信息

【任务目标】

通过本任务的学习,学生应掌握以下职业能力:

(1)了解企业发布招聘广告的特点;

(2)掌握招聘需求信息收集的内容;

(3)掌握招聘需求信息整理的方法。

【任务描述】

人员招聘广告是企业单位补充各类岗位空缺人员应用最为普遍、最为广泛的人员招募方法之一。通过任务三的学习,了解招聘广告的特点及设计原则,能够撰写招聘广告,并能够选择招聘信息发布途径,能设计应聘申请表,掌握公司简介的编写步骤。

【步骤方法】

步骤一　了解招聘广告的设计原则与内容

一、企业采用广告形式招聘人才的主要优点

(1) 工作岗位空缺的信息发布迅速,能够在一两天之内就传达给外界。

(2) 与其他方式相比,广告的成本比较低。

(3) 可以同时发布多种类别工作岗位的招聘信息。

(4) 可以给企业留出足够的时间、机会和空间,挑选公司所需要的各类人才。

(5) 对于招募初级、中级水平的一般员工来说,分类广告是富有成效的招聘手段。

(6) 利用广告渠道发布遮蔽广告。

小提示

什么是遮蔽广告?

遮蔽广告是在招募广告中不出现招聘企业名称的广告,这种广告通常要求申请人将自己的求职信和简历寄到一个特定的信箱。主要原因是企业不愿意暴露自己的业务区域扩展计划,不想让竞争对手过早地发现自己在某一个地区开始招聘人才,不愿意让在职员工发现公司正在试图由外部人员来补充某些岗位的空缺。

二、招聘广告的设计原则

一份招聘广告一定要吸引广大读者,使他们对广告内容产生兴趣,继而产生应聘的欲望,并采取实际的应聘行动,其设计原则如图 2－3 所示。

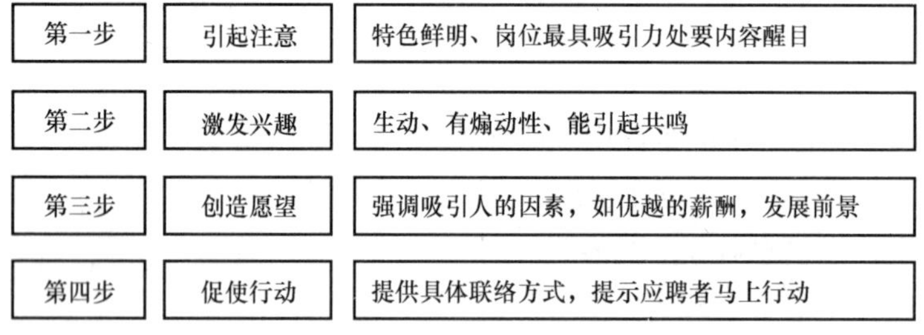

图 2－3　广告设计原则

三、招聘广告设计内容

招聘广告样本如图 2－4 所示。

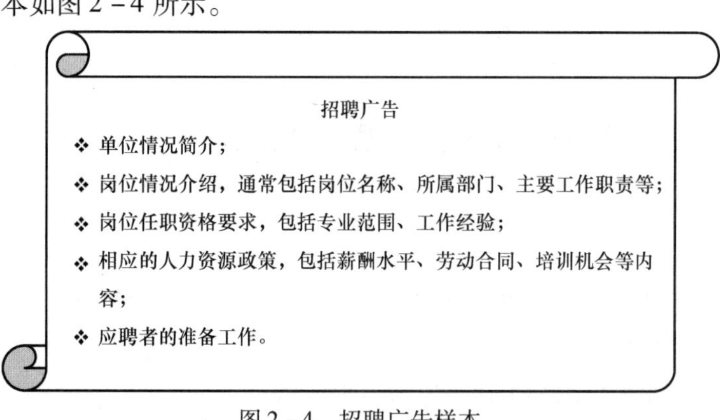

图 2－4　招聘广告样本

步骤二　选择招聘信息发布渠道

发布招聘广告信息的渠道很多,可以采用的广告媒体主要包括报纸、杂志、广播电视、互联网等,各具不同的优缺点和适用范围,如表2.7所示。

表2.7　招聘广告信息发布渠道

	优点	局限	适用情况
报纸	发行量大,信息传达快; 大小可以灵活选择	阅读对象杂,很多读者不是寻找的候选人; 保留时间较短; 纸质和印刷质量对广告设计造成限制	在某个特定地区的招聘; 适合候选人数量较大的岗位; 适合流失率较高的行业或职业
杂志	接触目标群体概率较大; 便于保存; 纸质印刷质量比报纸好	预约期较长,申请岗位的期限较长; 发行的地域可能较分散	岗位候选人相对集中在某个专业领域内; 适合空缺岗位并非迫切需要; 地区分布较广的行业或职业
广播电视	有较强冲击力的视听效果,容易给人留下深刻的印象	时间较短; 不便保留; 费用一般比较高	单位迅速扩大影响、需要招聘大量人员; 引起求职者关注,将单位形象宣传与招聘同时进行
互联网	范围广、信息量大; 可挑选余地大; 应聘者素质高; 招聘效果好; 费用低	简历海选费时费力; 信息真实度较低; 信息处理难度大	广泛采用 常用招聘网站有 www.zhaopin.com, www.51job.com, www.chinahr.com
其他印刷品	海报、公告、招贴、传单、宣传旗帜、小册子等	作用非常有限,必须与其他招聘方法相结合方能产生良好的效果	特殊场合,如就业交流会、公开招聘会上,布置海报、标语、旗帜等

步骤三　参加招聘洽谈会

招聘洽谈会流程如图2-5所示。

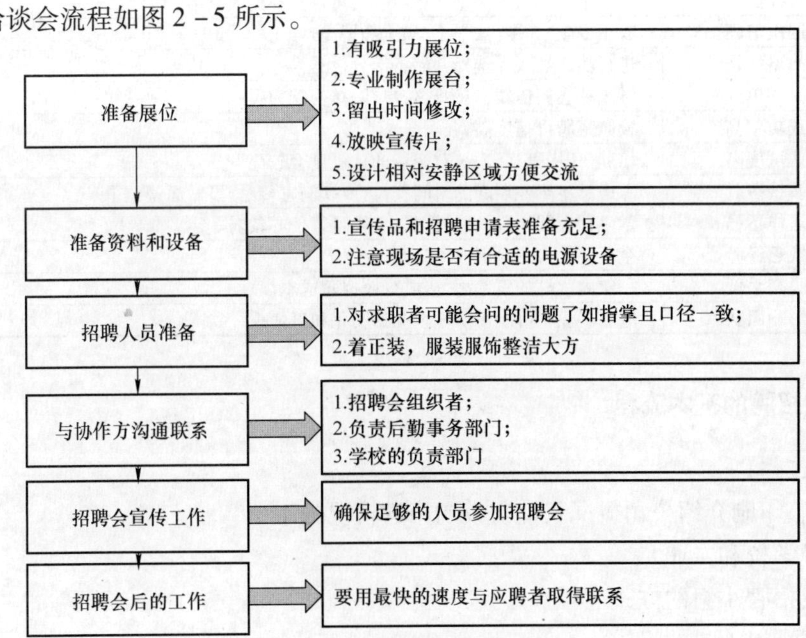

图2-5　招聘洽谈会流程

小提示

参加招聘洽谈会应注意的问题

(1)通过收集信息,了解招聘会档次。如规模多大、有哪些单位参加、场地在哪里等。

(2)了解招聘会面对的对象,以判断是否有所要招聘的岗位。

(3)注意招聘会组织者的组织能力与社会影响力。

(4)注意招聘会的信息宣传。

步骤四　组织实施校园招聘

校园招聘通常是指企业直接从应届本科生、硕士研究生、博士研究生(也包括少数专科生)中招聘企业所需的人才。它是一种两点式招聘,即在学校与企业两点间进行。校园招聘的特点如表2.8所示。

校园招聘主要有三种方式。

(1)企业到校园招聘:企业直接派出招聘人员到校园进行公开招聘。

(2)学生提前到企业实习:企业可有针对性地邀请部分大学生在毕业前到企业实习,参加企业的部分工作。

(3)企业和学校联手培养:企业针对其所需专门人才,与学校联手培养,学生毕业后全部到参与培养的企业工作。

表2.8　校园招聘的特点

优点	针对性强	根据企业的需要,选择学校,选择专业,选择性别,选择特殊的专长
	选择面大	学校是培养人才的基地,专业广,可供选择的人数多
	层次清晰	有中专生、大专生,学士、硕士和博士
	战略性强	进行战略性人才选择并储备部分优秀人才
	人才单纯	学生社会阅历浅,思想比较单纯,接受能力强
	成功率高	校园招聘可信度高
	认可度高	培养、任用得当,人才对企业的认可度会较高
不足	费钱费时	考虑学生毕业期间的时间安排,要印制宣传品,要做面谈记录
	运作不畅	学生社会阅历浅,可塑性强,年轻且责任心较弱
	缺乏经验	企业要投入的培训成本高
	眼高手低	一年内跳槽的概率高,造成企业招聘成本高
	影响团队	应届毕业生可能不认可企业的文化和价值观

一、校园招聘的基本流程

1. 准备工作

(1)编制、印刷介绍公司概况及此次校园招聘情况的手册。

(2)选择学校和专业。

(3)组成招聘小组的方式。

(4)招聘小组人员的组成。

校园招聘组成人员及职责如表 2.9 所示。

表 2.9　校园招聘组成人员及职责

组成人员	主要职责
企业人力资源部人员	控制招聘流程,安排细节
需求人才部门的主管人员	着重于考察应聘者的能力、解疑等
了解学校情况的人员	能对人才做出较为准确的判断

2. 校园面试题目设计

校园招聘时,可采用单独的校园内面试形式。面试考题可测试学生的知识面、应变能力、素质和潜力,对于社会阅历、工作经验、组织和领导能力等可以暂不加考察。

校园面试常见题目示例如下。

(1)你最喜欢的格言是什么？它给你什么样的人生启迪？

(2)你课余时间怎么安排？

(3)你喜欢的休闲活动是什么？为什么喜欢？

(4)你最崇敬的人是谁？为什么？

(5)你参加过社会实践么？参加过的话,你学到了什么？没参加的话,原因是什么？

(6)你是班干部么？如果不是,那你觉得你适合当什么班干部？为什么？

(7)你在校所学课程里,最喜欢的是哪一门？为什么？

(8)你觉得自己学习能力强吗？你的实际学习能力和学习成绩一致吗？

(9)你最满意的事是什么？

(10)使你最受挫折的事是什么？你是如何解决的？

(11)如果仅用一个词来概括你的性格,那将是什么词？

(12)你对自己的职业生涯是怎么规划的？

3. 校园招聘具体实施

(1) 向学校相关部门的领导、老师了解应聘学生的在校表现。

(2) 初步筛选,确定初步入选的应聘者的联系方式,并决定招聘意向。

(3) 进行讨论、比较,初步确定录用人选。

二、校园招聘可能面临的困难和问题

校园招聘过程中,可能会面临各种不同的困难和问题,如表 2.10 所示。

表 2.10　校园招聘不同阶段可能面临的困难和问题

招聘阶段	问题
组织校园招聘时	1. 领导不重视; 2. 招聘人员有错误观念; 3. 招聘人员素质不高
筛选应聘人员相关材料时	1. 淘汰大多数投档者; 2. 过分看重专业、分数及学历; 3. 可能出现的某种歧视,主要有性别歧视、生源歧视等
组织笔试时	1. 简单地把笔试成绩作为筛选依据; 2. 对笔试题目的难度把握不准
进行面试时	1. 招聘人员无法胜任面谈工作; 2. 面试内容不确定; 3. 滥用压力式面试; 4. 不切实际地自夸

三、选择学校应考虑因素

在设计校园招聘活动时，需要考虑学校的选择和对应聘者的吸引两个问题。在选择学校时，主要考虑以下因素：

(1)在本企业关键技术领域的学术水平；
(2)符合本企业所需专业的毕业生人数；
(3)该校往届毕业生在本企业的业绩和服务年限；
(4)在本企业关键技术领域的师资水平；
(5)该校毕业生过去录用数量与实际报到数量的比值；
(6)学生的质量；
(7)学校的地理位置。

小提示

编写校园招聘记录表的内容

校园招聘记录表是招聘者在进行校园招聘面试时，通过提问等形式得到应聘者的相关信息，对此作专门记录，具体内容包括：

◎ 一是应聘者的基本信息，如姓名、专业、成绩等；
◎ 二是招聘者通过面试，经考察分析得到的应聘者所具备的能力情况。

技能练习

TS集团公司在刚刚起步时，曾在报纸上公开刊登向社会招聘高级技术管理人才的广告，在一周内就有200余名专业技术人员前来报名，自荐担任TS集团的经理、部门主管、总工程师等。

公司专门从某大学聘请了人力资源管理方面的专家组成招聘团，集团总裁也亲自参加。随后，招聘团对应聘者进行了笔试、面试等选拔测试，挑选出一批优秀的人才。这次向社会公开招聘人才的尝试，给TS集团带来了生机和活力，使其发展成为当地知名的公司。

随着知名度的提高，该公司开始从组织内部寻找人才。公司决策层认为：寻找人才非常困难，但是组织内部机构健全，管理上了轨道，单位主管有知人之明，有伯乐人才自然会被挖掘出。基于这个思想，每当人员缺少时，该公司不立即对外招聘，而是先看本公司内部其他部门有没有合适的人员可调任，如果有先在内部解决，各部门间可互通有无进行人才交流，只要是部门需要的人才，双方部门领导同意就可以向人力资源部提出调动申请。

请回答：

(1)在起步阶段，TS集团公司为什么采用外部招聘的方式？
(2)随着企业知名度越来越高，TS集团为什么优先从组织内部寻找人才？

步骤五　编写公司简介

公司简介又称公司概览或公司工作预览，是企业为了使社会公众了解自己的经营理念、服务宗旨、营业范围、内部组织、公司历史以及未来发展，专门设计编制的图文并茂的公关文件。

一、编写公司简介的作用

(1)可以传达其价值观，展示真实的公司概况和工作情景，使应聘者首先进行一次自我筛选，判断自己与这家公司的要求是否匹配。另外，还可以进一步决定自己可以申请哪些岗位，不申请哪些岗位，这就为日后减少离职奠定了良好的基础。

(2)可以使应聘者清楚地知道什么是可以在这个组织中期望的，什么是不可以期望的。

(3)公司向应聘者全面、真实地介绍公司概况及工作情景会使应聘者感到公司是真诚的，值得信赖的。

(4)公司简介所呈现出的工作概况以及对具体环境和条件的描述，可以使应聘者对未来发展可能面临的困难和问题有一定的思想准备，即使将来在工作中遇到一些困难和问题，他们也不至于退缩和回避，而是采取积极的态度面对困难，想方设法去解决问题。

二、公司简介的编写原则

公司简介的编写原则如表 2. 11 所示。

表 2. 11　公司简介的编写原则及其说明

感召性	注意内容选取、语言修饰，注意采用声音、图像配合，发布的音像资料应当对应聘者产生强烈的感召力与震撼力
真实性	内容要真实可靠地反映公司的情况
详细性	公司简介不应该只介绍公司的总体特征等宽泛信息，还应该对诸如公司文化、公司结构、工作岗位、日常的工作环境等细节问题做出详细的介绍
全面性	公司应该对员工的晋升机会、工作过程中的监控程度和各个部门的情况逐一进行介绍，尽可能地把公司全面的信息介绍给应聘者
可信性	对一些公司所取得的成绩进行介绍时，应该提供相关资质证书，使简介可信
重点性	公司简介在全面详细地介绍公司情况时，应该中心明确、重点突出，应当对应聘者最关心、最想知道的问题逐一做出解答

三、公司简介的编写步骤

公司简介的编号步骤及注意事项如表 2. 12 所示。

表 2. 12　公司简介编写步骤及注意事项

步骤	注意事项
正确选择公司简介的形式	1. 不同规模的公司会选用不同的形式来编写公司简介； 2. 把公司简介当成一个对外展示公司形象的窗口； 3. 同时也要满足企业人员招聘活动的需要； 4. 不同场合需要设计不同形式的公司简介

续表

步骤	注意事项
收集整理公司的相关资料	要注意资料的时效性,尽可能采用最新、最全、最为可信的资料
确定公司简介的基本内容	先征求主管领导意见;再按照编写原则编写内容大纲
制作公司简介	1. 根据简介的形式和规格确定由谁负责完成公司简介的制作工作; 2. 注重提高简介的布局方案、印制效果和制作质量

任务四　人员甄选与录用

【任务目标】

通过本任务的学习,学生应掌握以下职业能力:

(1)了解人员初步筛选的方法;

(2)掌握个人简历相关内容;

(3)掌握设计分析招聘申请表的方法;

(4)掌握笔试的特点及应用;

(5)掌握面试技术的应用;

(6)掌握其他测试方法的应用;

(7)掌握背景调查的步骤。

【任务描述】

人员甄选是指从应聘者中选出企业所需要的人员的过程,包括资格审查、初选、面试、其他测试、背景调查、体检等一系列活动过程。通过任务四的学习,掌握对应聘者进行初步筛选的方法,掌握笔试、面试及其他测试方法的应用,掌握应聘者背景调查的必要性、内容和原则,了解员工背景调查的3W1H法的灵活应用。

【步骤方法】

步骤一　人员初步挑选

从企业选拔应聘人员的全过程来看,人员选拔可概括分为以下三个阶段。

第一阶段:初步挑选,即粗选。

第二阶段:深度筛选,即细选。

第三阶段:最终甄别,即精选,从而最终保障企业人才选拔的质量。

从人员选拔的具体内容和方法上看主要包括八步,如图2-6所示。

从人员选拔的具体步骤上看有八步,如图2-7所示。

初步挑选是对应聘者是否符合岗位基本要求的一种资格审查,目的是筛选出那些背景和潜质都与职务规范所需条件相当的候选人,并从合格的应聘者中选出参加后续选拔的人员,最初的资格审查和初选是人力资源部门通过审阅应聘者的个人简历或应聘申请表进行的,主要采用材料筛选法。

步骤二　分析个人简历

个人简历是用于应聘的书面交流材料,它向未来的雇主表明自己拥有能够满足特定工作

图 2－6　人员选拔的内容和方法

第一步	初步筛选	根据材料剔除明显不合格者
第二步	初步面试	根据主管经验剔除明显不合格者
第三步	心理和能力测试	根据测试结果剔除明显不合格者
第四步	诊断性面试	根据面试剔除综合素质不合格者
第五步	背景资料收集核对	剔除材料不实和品德不良者
第六步	匹配度分析	分析能岗匹配度，剔除不匹配者
第七步	体检	剔除身体不符合要求者
第八步	决策和录用	做出录用决策，录用员工

图 2－7　人员选拔的具体步骤

要求的技能、态度、资质和自信。成功的简历就是一件营销武器，它向未来的雇主证明应聘者能够解决他的问题或者满足他的特定需要，确保应聘者得到面试机会。

个人简历的主要内容及筛选简历的步骤如表 2. 13 和表 2. 14 所示。

表 2. 13　个人简历的主要内容

第一部分	个人基本情况	列出姓名、性别、年龄、籍贯、政治面貌、学校、系别及专业以及婚姻状况、健康状况、身高、爱好与兴趣、家庭住址、电话号码等
第二部分	学历	写明曾在某某学校、某某专业或院系学习以及起止时间，并列出所学主要课程及学习成绩，在学校和班级所担任的职务，在校期间所获得的各种奖励和荣誉

续表

第三部分	工作资历	若有工作经验,最好详细列明,首先列出最近的资料,后详述曾工作单位、日期、职位、工作性质
第四部分	求职意向	求职目标或个人期望的工作职位,表明通过求职希望得到什么样的工种、职位以及奋斗目标,可以和个人特长等合写在一起

表 2.14　筛选简历的步骤

分析步骤	内容要点
分析简历结构	1. 简历的结构反映应聘者的组织和沟通能力; 2. 结构合理的简历比较简练,一般不超过两页; 3. 检查有无错别字; 4. 检查语法是否错误
审查简历的客观内容	1. 个人信息;2. 受教育经历;3. 工作经历;4. 个人成绩
检视是否符合岗位技术和经验要求	1. 应聘者专业资格和经历是否与空缺岗位相关并符合要求; 2. 在受教育经历中,要特别注意应聘者是否用了一些含糊的字眼,留意大学教育的起止时间和类别,是否混淆专科和本科,注意统分、委培、成教等的差别
审查简历中的逻辑性	1. 注意简历的描述是否有条理,是否符合逻辑; 2. 如描述工作经历时,列举一些著名的单位和一些高级岗位,而应聘的是一个普通岗位,就需要引起注意
对简历的整体印象	1. 阅读简历后,是否对应聘者有一个好印象; 2. 标出简历中感觉不可信及感兴趣的地方,面试时可询问

步骤三　设计与分析应聘申请表

应聘申请表是由招聘单位的人力资源部门设计,包含了工作岗位所需的基本信息,并用标准化的格式表示出来,由应聘者在求职时自己填写,提供个人履历和资料的一种初级筛选表。其目的是筛选出那些背景和潜质与职务规范所需的条件相当的候选人。

应聘申请表具有以下三个特点。

(1)节省筛选时间:格式标准规范,能够加快预选的速度,可以使筛选人员较快、较公正、较准确地获取与候选人有关的资料。

(2)准确了解信息:应聘申请表中需要填写的信息是针对职务说明设计的,较有针对性,可较准确地了解候选人的相关信息。

(3)提供选择参考:有助于在面试前设计出具体的有针对性的问题,有助于在面试过程中交叉参考。

一、设计应聘申请表

应聘申请表通常包括六个栏目,分别是个人基本情况、求职岗位情况、工作经历和经验、教育与培训情况、生活和家庭情况以及其他,具体内容如表 2.15 所示。

表2.15　应聘申请表主要内容构成

主要内容	具体信息
应聘者个人基本情况	年龄、性别、住处、通信地址、电话、婚姻状况、身体状况等
应聘岗位的基本情况	求职岗位名称、福利待遇、工作时间、薪资等求职要求
工作经历和经验	以前的工作单位、职务、工作时间、工资、离职原因、证明人等
教育与培训情况	学历、学位、接受过的培训等
生活和家庭情况	家庭成员姓名与关系、兴趣、个性与态度等
其他	包括获奖情况、语言和计算机等能力证明、未来的目标等

1. 设计应聘申请表的要求

(1)应从申请者角度设计,将同类问题归为一级,使用通俗的语言且要尽可能采取“是”或“非”的简洁回答方式。

(2)应考虑企业的目标,便于招聘工作的组织与管理。并且招聘申请表所采集的资料应当便于存储、处理和检索,成为人力资源信息库中最重要的信息来源之一。

(3)应采取多种形式,按不同人员类型分别设计。

2. 设计应聘申请表应注意的问题

(1)内容的设计要根据职务说明书来确定,考虑本企业的招聘目标以及欲招聘的岗位,按不同岗位要求、不同应聘人员的层次分别进行设计。每一栏目均有一定目的,切忌烦琐重复。

(2)注意有关法律和政策,不要将涉及国家机密的内容列入招聘申请表的调查项目。

(3)设计申请表时还要考虑申请表的存储、检索等问题,尤其是在计算机管理系统中。

(4)审查已有的申请表,确保这份申请表可以提供为填补岗位空缺而需要从申请人那里了解的情况。

应聘申请表范例如表2.16。

3. 其他形式的应聘申请表

(1)加权应聘申请表。根据企业过去的统计资料,或者由社会权威机构对应聘者的条件按照重要性程度确定相应的权数,对应聘者自身条件进行综合评价分析的一种表格形式。

(2)自传式调查表。自传式调查表又称应聘人员履历表,将在职的行为表现与过去在各种情况下的态度、行为、偏好和价值观等联系在一起进行考察,以便对应聘者的未来发展做出预测分析。

应聘申请表与个人简历在使用方面各有优缺点,详见表2.17。

表 2.16　某公司员工应聘申请表

应聘职位：① ______________ ② ______________ 填表日期：____年__月__日

<table>
<tr><td>姓名</td><td></td><td>性别</td><td></td><td>民族</td><td></td><td>出生年月</td><td></td><td colspan="2" rowspan="5">贴照片处</td></tr>
<tr><td>专业</td><td></td><td>学历</td><td></td><td>外语水平</td><td></td><td>专业职称</td><td></td></tr>
<tr><td>特长爱好</td><td></td><td>婚姻状况</td><td></td><td>期望薪酬</td><td></td><td>到岗日期</td><td></td></tr>
<tr><td>身份证号码</td><td colspan="3"></td><td>联系电话</td><td colspan="3"></td></tr>
<tr><td>身份证地址</td><td colspan="4"></td><td colspan="2">电脑水平</td><td></td></tr>
<tr><td>家庭地址</td><td colspan="4"></td><td colspan="2">邮政编码</td><td></td><td>内部推荐</td><td></td></tr>
<tr><td>紧急联系人</td><td></td><td>关系</td><td colspan="2"></td><td colspan="2">联系电话</td><td colspan="3"></td></tr>
<tr><td rowspan="4">学习培训经历</td><td>起止年月</td><td colspan="5">学校（培训机构）名称</td><td>专业</td><td>证明人</td><td>联系方式</td></tr>
<tr><td></td><td colspan="5"></td><td></td><td></td><td></td></tr>
<tr><td></td><td colspan="5"></td><td></td><td></td><td></td></tr>
<tr><td></td><td colspan="5"></td><td></td><td></td><td></td></tr>
<tr><td rowspan="5">工作经历</td><td>起止年月</td><td colspan="5">工　作　单　位</td><td>职位</td><td>证明人</td><td>联系方式</td></tr>
<tr><td></td><td colspan="5"></td><td></td><td></td><td></td></tr>
<tr><td></td><td colspan="5"></td><td></td><td></td><td></td></tr>
<tr><td></td><td colspan="5"></td><td></td><td></td><td></td></tr>
<tr><td></td><td colspan="5"></td><td></td><td></td><td></td></tr>
<tr><td rowspan="4">家庭社会关系</td><td>姓　名</td><td>关系</td><td colspan="5">工作单位（无工作单位的填写住址）</td><td>职务</td><td>联系方式</td></tr>
<tr><td></td><td></td><td colspan="5"></td><td></td><td></td></tr>
<tr><td></td><td></td><td colspan="5"></td><td></td><td></td></tr>
<tr><td></td><td></td><td colspan="5"></td><td></td><td></td></tr>
<tr><td>自我评价</td><td colspan="9"></td></tr>
<tr><td colspan="10">本人保证以上所填资料真实准确，如有虚假，愿意无条件接受公司的处理。申请人（签名）：</td></tr>
</table>

表 2.17　应聘申请表与个人简历的比较

	应聘申请表	个人简历
优点	1. 直截了当； 2. 结构完整； 3. 限制了不必要的内容； 4. 易于评估	1. 体现应聘者的个性； 2. 允许应聘者强调自认为重要的东西； 3. 允许应聘者点缀自己； 4. 费用较少
缺点	1. 限制创造性设计； 2. 印刷、分发费用较高	应聘者略去某些东西导致难以评估

(3)应聘者推荐表。对企业人力资源管理部门来说，审查应聘人员的推荐材料责任重大，难度很高。为提高推荐材料的可信度，企业应当认真地进行推荐表格设计，尽可能地要求推荐者用实例来说明被推荐者的优势和长处。

二、分析应聘申请表

填好的应聘申请表可达到三个基本目的：一是确定求职者是否符合工作所需要的最低资格要求，以便确定最少的候选人；二是可以帮助招聘者判断求职者具有或不具有某些与工作相关的属性；三是申请表中所包含的资料可以提示招聘专员在下一阶段提出与求职者有关的潜在问题。应聘申请表的分析方法如表 2.18 所示。

初选工作在费用和时间允许的情况下应坚持面广原则，尽量让更多的人员参加复试。

表 2.18　应聘申请表的分析方法

方　法	实施要点
判断应聘者的态度	筛选出那些填写不完整和字迹难以辨认的材料
关注与职业相关的问题	1. 估计背景材料的可信程度，注意应聘者以往经历中所任职务、技能、知识与应聘岗位之间的联系； 2. 注意分析其离职原因、求职动机，对频繁离职人员加以关注
注明可疑之处	1. 在面试时作为重点提问内容之一加以询问； 2. 对高职低就、高薪低就应聘者加以注意

步骤四　笔试及其应用

笔试是一种与面试对应的测试，是用以考核应聘者特定的知识、专业技术水平和文字运用能力的一种书面考查形式。

笔试是最古老最基础的选择方法，主要通过测试应聘者的基础知识和素质能力，判断该应聘者对招聘岗位的适应性。

笔试的主要测试内容及优缺点如表 2.19 和表 2.20 所示。

表 2.19　笔试主要测试内容

测试内容	举　例
一般知识能力	社会文化知识、智商、语言理解能力、数学能力、推理能力、理解能力、记忆能力等
专业知识能力	财务会计知识、管理知识、人际关系处理能力、技术能力等

表 2.20 笔试的优点和不足

优点	1. 考试题目较多,可增加对知识、技能和能力考察的信度和效度; 2. 对大规模的应聘者同时进行筛选,实现高效率; 3. 成绩评定比较客观
不足	不能全面考察应聘者的工作态度、品德修养及管理能力、口头表达能力和操作能力等;需要采用其他选择方法进行补充,往往在应聘者初次竞争时使用

小提示

笔试在应用中应注意问题

(1)命题是否恰当。命题是笔试的首要问题,命题恰当与否,决定着笔试考核的效度如何,必须既能考核应试者的文化程度,又能体现应聘岗位的工作特点和特殊要求,命题过难或过易都会影响其效度。

(2)确定评阅计分规则。各个考题的分值,应与其考核内容的重要性及考题难度成正比。若分值分配不合理,则总分数不能有效地体现被测者的真正水平。

(3)阅卷及成绩复核。在阅卷和成绩复核时,要客观、公平、不徇私情。应防止阅卷人看到答卷人的姓名,阅卷人要共同讨论打分的宽严尺度,并建立严格的成绩复核制度以及考试违规处理的制度等。

步骤五　面试技术应用

面试是一种经过组织者精心设计,在特定场景下,以考官对考生的面对面交谈与观察为主要手段,由表及里测评考生的知识、能力、经验等有关素质的一种考试活动。面试是企业挑选员工的一种重要方法。面试给公司和应聘者提供了进行双向交流的机会,能使公司和应聘者之间相互了解,从而双方都可以更准确地做出聘用与否、受聘与否的决定。

扫码获取课程视频

一、面试目的与分类

面试是考官与应聘者双方相互交流的过程,面试考官与应聘者的面试目标如表 2.21 所示。

表 2.21　面试考官与应聘者的目标分析

面试考官目标	1. 创造一个融洽的会谈气氛; 2. 让应聘者更加清楚地了解应聘单位的发展状况、应聘岗位的信息和相应的人力资源政策等; 3. 了解应聘者的专业知识、岗位技能和非智力素质; 4. 决定应聘者是否通过本次面试等
应聘者目标	1. 创造一个融洽的会谈气氛; 2. 有充分的时间向面试考官说明自己具备的条件; 3. 希望被理解、被尊重,并得到公平对待; 4. 充分了解自己关心的问题; 5. 决定是否愿意来该单位工作等

续表

综合分析	1. 面试考官和应聘者之间是双向选择的关系； 2. 面试活动中，面试考官始终处于主导地位； 3. 面试考官的说明有利于应聘者了解面试目的和程序； 4. 完成面试过程是人员招聘中最重要的环节

依据面试的内容与要求，面试分类如表 2.22 所示。

表 2.22　面试的分类

	种类	说　　明
面试达到的效果	初步面试	1. 用来增进用人单位与应聘者的相互了解； 2. 应聘者对其书面材料进行补充； 3. 用人单位对其求职动机进行了解，并向应聘者介绍用人单位情况，解释岗位招募的原因及要求
	诊断面试	1. 对经初步面试筛选合格的应聘者进行实际能力与潜力的测试； 2. 使招聘单位与应聘者双方补充深层次的信息，如应聘者的个人工作兴趣与期望等，用人单位的发展前景、个人的发展机遇、培训机遇等
面试的结构化程度	结构化面试	优点： 1. 对所有应聘者均按统一标准进行面试； 2. 便于分析、比较，减少主观性； 3. 提高面试效率，对面试考官要求较低 缺点： 1. 过于程式化，难以随机应变； 2. 收集信息的范围受到限制
	非结构化面试	优点：灵活自由，问题可因人而异，可得到较深入的信息 缺点：缺乏统一的标准，易产生偏差

二、面试环境布置

布置面试环境应考虑三个要素，分别是环境、位置和颜色。

1. 环境

(1)面试环境应该舒适、适宜，有利于营造宽松的气氛。

友好的握手、微笑，简单的寒暄，轻松、幽默的开场白；安放好舒适的座椅；保证适宜的照射光线和温度；没有令人心烦意乱的噪声。

(2)面试环境必须是安静的。选择办公室作为面试的场所难免遇到意外的电话、工作方面的干扰等，可以选择小型会议室。

2. 位置

面试的位置安排影响心理定位，不同形式的位置安排会给面试者带来不同的心理作用。常见的位置排列有四种，如图 2 - 8 所示。其中，黑色的圆点代表面试考官，白色的圆点代表被面试者。

不同的面试位置排列会产生不同的心理影响，如表 2.23 所示。

(a)为一种圆桌会议的形式，多个面试考官面对一个应聘者；

(b)为一对一的形式，面试考官与应聘者相对而坐，距离最近；

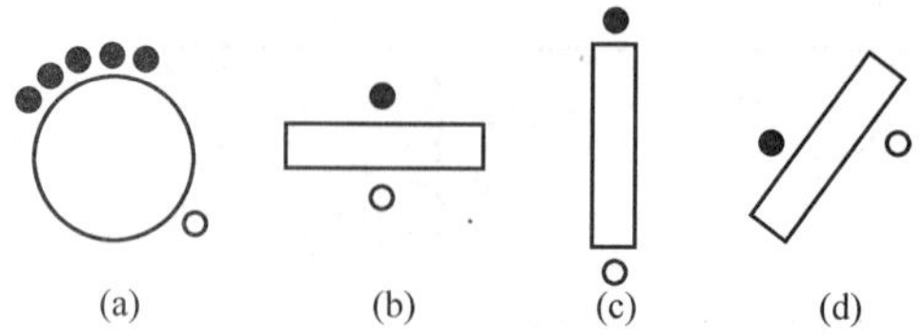

图 2-8　面试位置排列常见方式

(c)为一对一的形式,面试考官与应聘者相对而坐,距离最远;

(d)为一对一的形式,桌子按一定角度摆放,面试考官与应聘者相对而坐,距离较近。

表 2.23　四种常见面试位置分析

形式	位置	心理影响
(a)形式	面试考官与应聘者斜向而坐; 视线形成一定角度	可以缓和紧张气氛,避免心理冲突; 宜采用这种形式
(b)形式	面试考官与应聘者相对而坐; 眼睛直视对方	会给对方造成一种心理压力,使应聘者有被质问的感觉,更加紧张,不易发挥应有水平; 压力面试可采用此种方法
(c)形式	面试考官与应聘者相对而坐; 距离最远	不利于面试考官从对方的表情、言语及动作中获得相关信息
(d)形式	面试考官与应聘者相对而坐; 距离较近	可以缓解紧张,从心理上避免冲突,有利于更好地进行面试

3. 颜色

颜色心理学认为颜色会影响人的情绪、意识和行为,有的颜色使人有舒适的感觉,有的颜色有相反的效果,面试环境颜色的搭配应当相互协调;

红色——使人心理活动活跃;

黑色——意味着权力和控制,使人失望和消极;

蓝色——可以使人镇静,并可抑制过于兴奋的情绪;

绿色——可以缓和人的紧张的心理活动,促进身体平衡并能起到镇静作用;

黄色——可刺激神经和消化系统,加强逻辑思维;

紫色——使人有压抑的感觉;

橙色——能产生活力,诱发食欲。

三、面试问题设计技巧

面试问题的准备与设计如表 2.24 所示。

表 2.24　面试问题的准备与设计

准备基本问题	1. 了解招聘岗位的工作说明书以及应聘者的个人资料; 2. 筛选简历或申请表时发现某些矛盾或对某些问题感兴趣; 3. 判断应聘者是否具备岗位所要求的能力; 4. 有关应聘者过去的经历; 5. 问题不宜过多,最好是开放式的

续表

设计目的明确	1. 求职动机——你为何要申请这项工作？ 2. 岗位认知——你认为这项工作的主要职责是什么？如果你负责这项工作，将怎么办？ 3. 行为倾向——你认为最理想的领导是怎样的？请举例说明。 4. 家庭支持——对你来应聘，你的家庭的态度怎样？ 5. 冲突处理——你的同事当众批评、辱骂你，你怎么办？ 6. 困境处理——上级要求你完成某项工作，你的想法与上级不同，而你又确信自己的想法更好，此时你怎么办？

四、面试提问技巧

在不同的阶段，面试考官要有不同的表达方式。在导入阶段，应自然亲切，渐进式地进行，用简单的寒暄来导入，问一下应聘者“什么时候到的？”“家离得远吗？”“是怎么来的？”等问题。在提问阶段，应力求使用标准化及不会被应聘者误解的语言，通俗、简明地表达问题。在问题的安排方面，先易后难，循序渐进，先熟悉后生疏，先具体后抽象，让应聘者逐渐适应，展开思路，进入角色。

面试主要提问方式有开放式提问、封闭式提问、清单式提问、假设式提问、重复式提问、确认式提问、举例式提问等，如表 2. 25 所示。

表 2. 25　面试提问方法

提问方式	说明	举例
开放式提问	一般在面试开始的时候运用，缓解面试紧张气氛，让应聘者自由地发表意见或看法，以获取信息，避免被动，消除应聘者心理压力，使应聘者充分发挥自己的水平和潜力，分为无限开放式和有限开放式	无限开放式提问没有特定的答复范围，目的是让应聘者说话，有利于应聘者与面试考官进行沟通。 如“谈谈你的工作经验。”
		有限开放式提问要求应聘者的回答在一定范围内，或者对回答问题的方向有所限制
封闭式提问	让应聘者对某一问题做出明确的答复。 表示两种不同的意思： 1. 表示面试考官对应聘者答复的关注，一般在应聘者答复后立即提出一些与答复有关的封闭式问话； 2. 表示面试考官不想让应聘者就某一问题继续谈论下去	“你是否从事过秘书工作？” 一般用“是”或“否”回答。
清单式提问	鼓励应聘者在众多选项中进行优先选择，以检验应聘者的判断、分析与决策能力	“你认为产品质量下降的主要原因是什么？” 对所给出的各个选项进行优先选择
假设式提问	鼓励应聘者从不同角度思考问题，发挥应聘者的想象能力，以探求应聘者的态度或观点	“如果你处于这种状况，你会怎样处理？”
重复式提问	让应聘者知道面试考官接收到了应聘者信息，检验获得信息的准确性	“你是说……如果我理解正确的话，你说的意思是……”
确认式提问	鼓励应聘者继续与面试考官交流，表达出对信息的关心和理解	“我明白你的意思！这种想法很好！”

续表

提问方式	说明	举例
举例式提问	又称为行为描述提问，针对应聘者过去工作中特定的例子加以询问，通过其解决某问题或完成某项任务所采取的方法和措施，鉴别应聘者所谈问题的真假，了解其实际解决问题能力	“过去半年中你所建立的最困难的客户关系是什么？” “当时你面临的主要问题是什么？” “你是怎样分析的？采取了什么措施？效果怎样？”

五、面试提问应注意的问题

面试考官进行面试提问时，应注意以下五个方面的问题。

(1)尽量避免提出引导性的问题，不让应聘者了解面试考官的倾向、观点和想法，以免应聘者为迎合面试考官而掩盖他真实的想法。

以“你一定……”或“你没有……”开头的问题，或“当你接受一项很难完成的任务时，会感到害怕吗？”“你不介意加班，是吗？”“你经常提出建设性的意见吗？”等问题。

(2)有意提出一些相互矛盾的问题引导应聘者做出可能矛盾的回答，判断应聘者是否在面试中隐瞒了真实情况。

(3)通过对应聘者的离职原因、求职目的、个人发展、对应聘岗位的期望等方面加以考察，再与其他问题联系起来综合加以判断，了解应聘者真正的求职动机。如果应聘者高职低求、高薪低求，离职原因讲述不清或频繁离职，须引起注意，通过应聘者的工作经历分析其价值取向。

(4)所提问题要直截了当，语言简练，有疑问可马上提出，并及时做好记录。面试考官不要轻易打断应聘者的讲话，对方回答完一个问题，再问下一个问题。

(5)面试考官不仅要倾听应聘者回答的问题，还要观察他的非语言行为。应聘者的面部表情、眼神、姿势、讲话的声调语调、举止能反映出他的一些个性，是否诚实，是否有自信等情况。

技能练习

一周前，张淮参加了某公司人事招聘初选，并被要求在本周四上午参加第二阶段的面试。面试当天，张淮穿上他最好的西服，带着准备好的材料，出发去参加面试。给张淮面试的是公司人事部的王平经理。

王平经理迟到了30分钟，张淮估计可能因为这家公司工作忙，人手少。其间，王经理一边翻阅应聘材料一边向张淮提问，问他目前在哪里工作，在哪里上大学，面试不到2分钟，张淮意识到王平根本没有看过他简历。接下来的1小时，王平一直即兴发挥，东拉西扯，提了一些似是而非的问题，而张淮则始终不得要领，疲于应对。

请结合案例，回答以下问题：

(1)导致这次面试失败的主要原因有哪些？

(2)面试考官在进行面试时，应该明确哪些目标？

步骤六　心理测评技术

心理测试是指在控制的情境下，向应试者提供一组标准化的刺激，以所引起的反应作为代表行为的样本，从而对其个人的行为做出评价的方法，主要包括人格测试、兴趣测试、能力测试、情景模拟测试等。

一、人格测试

人格包括体格与生理特质、气质、能力、动机、价值观与社会态度等。人格是稳定的、习惯化的思维方式和行为风格，它贯穿于人的整个心理，是人的独特性的整体写照。领导者失败的原因，往往不在于智力、能力和经验不足，而在于人格特质不适合。

卡特尔 16PF 又称卡特尔 16PF 测验，是世界上最完善的心理测量工具之一。16 种个性因素在一个人身上的不同组合，构成了一个人独特的人格，完整地反映了一个人个性的全貌，可用以测量人们 16 种基本的性格特质，这 16 种特质是影响人们学习生活的基本因素。卡特尔 16PF 在企业中主要用于人员的招聘，不同的岗位需要不同的性格类型相匹配，这样员工才能在固有的岗位上发挥自己的优势和特长，工作起来更有积极性。

A. 乐群性	B. 聪慧性	C. 稳定性	E. 恃强性
F. 兴奋性	C. 有恒性	H. 敢为性	I. 敏感性
L. 怀疑性	M. 幻想性	N. 世故性	O. 忧虑性
P1. 实验性	P2. 独立性	P3. 自律性	P4. 紧张性

案例展示

卡特尔 16PF 的应用

招聘前，通过对需求岗位进行分析，明确岗位所需的素质、能力，然后从性格、能力、专业知识三方面考查应聘者。

应聘者需要通过网上测评才有可能进入下一轮的考试。网上测评主要是卡特尔 16PF 测试，辅以一般能力测试、职业倾向能力测试。应聘者在网上做完测试后，会生成卡特尔 16PF 报告。

招聘人员根据生成的报告对应聘者的思维风格、沟通社交、团队协作、心理适应性等因素进行分析，从中选出优秀者进行笔试和结构化面试，再确定是否录用。

这在一定程度上降低了招聘成本，使应聘者能与工作岗位相匹配，较大地提高了生产效率，也在一定程度上降低了流失率，促进了企业的稳定发展。

二、兴趣测试

职业兴趣解释了人们想做什么和他们喜欢做什么，从中可以发现应聘者最感兴趣并从中得到最大满足的工作是什么。根据应聘者的职业兴趣进行人事合理配置，则可最大限度地发挥人的潜力，保证工作的圆满完成。

约翰·霍兰德(John Holland)是美国约翰·霍普金斯大学心理学教授,美国著名的职业指导专家。他于1959年提出了具有广泛社会影响的职业兴趣理论。该理论认为人的人格类型、兴趣与职业密切相关,兴趣是人们活动的巨大动力,凡是具有职业兴趣的职业,都可以提高人们的积极性,促使人们积极地、愉快地从事该职业,职业兴趣与人格之间存在很高的相关性。

员工的工作满意度与流动倾向性,取决于个体的人格特点与职业环境的匹配程度,当人格和职业相匹配时,会产生最高的满意度和最低的流动率。例如社会型的个体应该从事社会型的工作,社会型的工作对现实型的人则可能不合适。霍兰德认为人格可分为社会型、企业型、常规型、实际型、研究型、艺术型六种类型,如表2.26所示。

表2.26 霍兰德职业兴趣类型

类型	共同特征	典型职业
社会型(S)	喜欢与人交往、不断结交新的朋友、善言谈、愿意教导别人	教育工作者:教师、教育行政人员 社会工作者:咨询人员、公关人员
企业型(E)	追求权力、权威和物质财富,具有领导才能,喜欢竞争、敢冒风险、有野心和抱负	项目经理、销售人员、营销管理人员、政府官员、企业领导、法官、律师
常规型(C)	尊重权威和规章制度,喜欢按计划办事,细心、有条理,习惯接受他人的指挥和领导,自己不谋求领导职务	秘书、办公室人员、记事员、会计、行政助理、图书管理员、出纳员、打字员、投资分析员
实际型(R)	偏好于具体任务,不善言辞,做事保守,较为谦虚,缺乏社交能力,通常喜欢独立做事	技术性职业:计算机硬件人员、摄影师、制图员、机械装配工 技能性职业:木匠、厨师、技工、修理工、农民
研究型(I)	思想家而非实干家,抽象思维能力强,求知欲强,肯动脑,善思考,不愿动手	科学研究人员、教师、工程师、电脑编程人员、医生、系统分析员
艺术型(A)	有创造力,乐于创造新颖、与众不同的成果,渴望表现自己的个性,实现自身的价值	艺术方面:演员、导演、设计师、雕刻家、建筑师、摄影师 音乐方面:歌唱家、作曲家、乐队指挥 文学方面:小说家、诗人、剧作家

三、能力测试

能力测试是用于测定从事某项特殊工作所具备的某种潜在能力的一种心理测试,包括三项内容,如表2.27所示。

表2.27 能力测试的主要内容

普通能力倾向测试	思维能力、想象能力、记忆能力、推理能力、分析能力、数学能力、空间关系判断能力、语言能力等
特殊职业能力测试	1.测量已具备经验或受过有关培训的人员在职业领域现有熟练水平; 2.选拔具有从事某项职业的特殊潜能,能在很少或不经特殊培训的情况下就能从事某种职业的人才
心理运动机能测试	1.心理运动能力:选择反应时间、肢体运动速度、四肢协调、手指灵巧、手臂稳定、速度控制等 2.身体能力:动态强度、爆发力、广度灵活性、动态灵活性、身体协调性与平衡性等

四、情景模拟测试

情景模拟测试是根据被测者可能担任的岗位，编制一套与岗位实际情况相似的测试项目，将被测者安排在模拟的、仿真的工作环境中，要求被测者处理可能出现的各种问题，用多种方法来测试其心理素质、实际工作能力、潜在能力等综合素质。

1. 特点

(1)测试心理素质、实际工作能力、潜在能力等综合素质。

(2)适合在招聘服务人员、事务性工作人员、管理人员、销售人员时使用。

(3)针对被测试者明显的行为、实际的操作以及工作效率进行测试。

2. 分类

情景模拟测试的类型及其考察能力的内容如表2.28所示。

表2.28　情景模拟测试类型及考察能力

测试类型	考察能力
语言表达能力测试	演讲能力、介绍能力、说服能力、沟通能力等
组织能力测试	会议主持能力、部门利益协调能力、团队组建能力等
事务处理能力测试	公文处理能力、冲突处理能力、行政工作处理能力等

3. 优点

(1)可从多角度全面观察、分析、判断、评价应聘者，这样企业就可能得到最佳人选。

(2)通过测试选拔出来的人员往往可直接上岗，或只需经过有针对性的简单培训即可上岗，从而为企业节省大量的培训费用。

4. 方法

情景模拟测试的方法有很多，如公文处理模拟、无领导小组讨论、决策模拟竞赛、访谈、角色扮演、即席发言、案例分析等，最常用的有以下三种方法。

1)公文处理模拟

(1)测评维度：个人自信心、企业领导能力、计划安排能力、书面表达能力、分析决策能力、敢担风险倾向与信息敏感性。

(2)测评重点：应聘者的岗位胜任能力与远程发展的潜质。

公文处理模拟的测评步骤如表2.29所示。

表2.29　公文处理模拟测评步骤

第一步	发给每个被测评者一套文件汇编(由15～25份文件组成)
第二步	向应试者介绍有关的背景材料，告诉应试者，他现在就是这个岗位上的任职者，负责全权处理文件筐里的所有公文材料
第三步	将处理结果交给测评组，按既定的考评维度与标准进行考评(定量五分制)

2)无领导小组讨论

无领导小组讨论是对一组人同时进行测试的方法，具体测评过程如表2.30所示。

表2.30　无领导小组讨论测评步骤

第一步	将讨论小组(4～6人组成)引入一间只有一圆桌数椅的空房间中
第二步	不指定由谁充当主持讨论的组长，也不布置议题与议程，只发给应聘者一个简短案例，其中隐含着一个或数个待决策和处理的问题

续表

第三步	在小组讨论过程中，即使出现冷场、僵局的情况，甚至发生争吵，测评者也不出面干预，令其自发进行
第四步	由几位观察者给每一个被测评者评分，根据每人在讨论中的表现及所起作用，观察者按既定维度（主动性、宣传鼓励与说服力、口头沟通能力、企业管理能力、人际协调能力、自信力、创新能力、心理承受力等）予以评分
第五步	能力通过被测评者在讨论中所扮演的角色（主动发起者、指挥者、鼓励者、协调者等）的行为来展现

3）角色扮演法

角色扮演法是一种主要用来测评被测评者人际关系处理能力的情景模拟测试法，要求被测评者扮演一个特定的管理角色来处理日常管理问题，借此可以了解被测评者的心理素质和潜在能力。

小提示

应用心理测试方法的注意事项

◎ 要注意对应聘者的隐私加以保护。

◎ 要有严格的程序。

◎ 心理测试的结果不能作为唯一的评定依据。

技能练习

某大型企业过去5年从外部招聘的中高层管理人员大约有40%不能胜任本岗位的工作，最近又有两个部门的经理因年度考评不合格被免职。为此，公司召开会议，试图找出有效的解决方法。会议最后公司接受人力资源部门的意见，在招聘环节丰富选拔的方法，除了组织结构化面试之外，拟采用心理测试的方法对应聘者进行筛选，从而保证人员招聘的质量。

请结合本案例，回答以下问题：

（1）应用心理测试法进行人员招聘时，需注意哪些基本要求？

（2）应聘人员进行能力测试时，可采用哪些情景模拟测试方法？

步骤七　背景调查

一、进行背景调查的必要性

1. 用人单位程序缺失

用人单位在招聘人才时，对应聘者的学历、职称等硬件条件和经历、能力等软件条件的了解基本上以应聘者的本人介绍为主，对其审查往往通过面试来完成。在一般情况下，用人单位在面试后的一周内就会发出录用通知，在办完录用手续后才转移应聘者的个人档案材料。大多数用人单位收到档案材料后根本不仔细审阅，甚至连看也不看，就锁进保险箱或存放到人才交流中心，甚至有些单位根本不要档案。用人单位在这方面掉以轻心，可能会遭受极大的损失。

2. 假文凭、假职称泛滥

由于人才在市场上处于供大于求的状况，用人单位招聘的门槛越来越高，对求职者的学历、工作经验、个人特长等要求也更加严格，给广大求职者造成了极大的压力。那些文凭低、工作经验不足的求职者为迎合用人单位的需要，纷纷弄虚作假，致使假文凭、假职称证书泛滥。

二、背景调查的内容

背景调查内容应以简明、实用为原则，主要调查内容有两类：一是通用项目，如毕业证书和学位证书的真实性、任职资格证书的有效性；二是与职位说明书要求相关的工作经验、技能和业绩。具体包括四个方面，如表 2. 31 所示。

表 2. 31　背景调查的内容及具体事项

调查内容	具体事项
学历调查	对员工学历的真实性进行调查
个人资质调查	认真考察求职者提供的前工作单位、辞职原因、家庭住址及其他状况
个人资信调查	对求职者个人品行、成长经历、家庭情况、个人爱好、资产及信用进行调查
员工忠诚度调查	对应聘者过去有无严重损害企业利益、违反劳动合同等情况进行调查

三、背景调查的原则

(1)工作相关。只调查与工作有关的情况，以书面形式记录证明录用或拒绝是有依据的。

(2)注重客观。重视客观内容调查核实，忽略应聘者的性格等方面的主观评价内容。

(3)慎重选择。慎重选择“第三者”，要求对方尽可能使用公开记录来评价员工的工作情况，避免偏见的影响。

(4)可靠程度。估计调查材料的可靠程度，应聘者的直接上司的评价更为可信。

(5)统一结构。利用结构化的表格，确保不会遗漏重要问题。

四、背景调查的方法

背景调查应用 3W1H 法进行，解答四个问题，什么时间调查？向谁调查？调查什么？如何调查？

1. 第一个问题：When(时间)

背景调查的最好时机是安排在面试结束后与上岗前的间隙，安排在这个时间的主要原因如下。

(1)大部分不合格人选已经被淘汰，对淘汰人员自然没有实行调查的必要，剩下的佼佼者为数很少，进行背景调查的工作量也相对较小。

(2)根据几次面试的结果，对他们介绍的资料已经比较熟悉，此时进行调查，在调查项目的设计上会更有针对性。

(3)企业应根据调查结果,决定是否安排求职者上岗,以免在求职者上岗后再调查出问题,令公司和人力资源部进退两难。

2. 第二个问题:Who(调查者)

用人单位进行背景调查是为了寻找应聘者的不合格之处,背景调查根据调查内容把目标部门分为三类,分头进行调查。背景调查的相关目标部门如表2.32所示。

表2.32　背景调查的三个目标部门

学校学籍管理部门	在该部门查阅应聘者的教育情况,能够得到最真实可靠的信息,“真假李逵”即可分辨,持假文凭者此时即现原形
曾经就职公司	从雇主那里原则上可以了解到应聘者的工作业绩、表现和能力,但雇主的评价是否客观还需要加以识别,有的雇主为防止优秀员工被挖走,故意低调评价手下干将,以打消竞争对手的挖人意图
档案管理部门	从原始档案里可以得到比较系统、原始的资料,档案保管部门是国有单位的人事部门和人才交流中心,对档案的传递有一套严格的保密手续,真实可靠

3. 第三个问题:What(调查内容)

用人单位进行背景调查应查阅应聘者的学历、个人资质、个人资信和员工忠诚度。

调查应聘者提供的学历的真实性;考察应聘者提供的前工作单位、辞职原因、家庭住址及其他状况;调查应聘者个人品行、成长经历、家庭情况、个人爱好、资产及信用;调查应聘者过去有无严重损害企业利益、违反劳动合同等方面的行为。

4. 第四个问题:How(调查方式)

(1)工作量较小,由人力资源部操作,常用的方法包括打电话、访谈、要求提供推荐信等。

(2)聘请调查代理机构进行,代理机构通过与应聘者过去的雇主、邻居、亲戚和证明人进行书面或口头沟通来收集资料。

小提示

假文凭的识别方法

◎ 观察法。假文凭做工比较低劣,如纸质硬度不够、学校公章模糊或钢印不清等,通过肉眼可以识别出来。

◎ 提问法。根据文凭中的专业,可以提一些专业性的问题、聊一些学校里的事情,通过应聘者对问题的反应可以初步判断文凭的真假。

◎ 核实法。请学校学籍管理部门协助调查文凭的真伪。

◎ 网上查询。国家教育部建立了全国高等教育学历网络查询系统,可查到20世纪90年代以后的学生信息。

步骤八 组织体检

录用人员体检不同于一般的身体健康检查，包括健康检查和身体运动能力测试。组织内的员工不仅要有健康的体魄，而且必须具备一定的运动能力。例如对于建筑人员就要求测定其气力、握力、耐力、控制力、调整力、坚持力、手指灵活性、手臂灵巧性、手眼协调性、手眼足协调性、视觉灵敏度、听力灵敏度、颜色辨别能力等。

体检通常放在所有筛选方法之后进行，这样做的好处是节约费用。

一、体检目的

(1)确定应聘者的身体状况是否能够适应工作的要求，特别是能否满足工作对应聘者身体素质的特殊要求。

(2)降低缺勤率和事故，发现员工可能不知道的传染病，所以其结论不是“健康”或者“不健康”就能表达的。

(3)注意避免出现歧视。

二、体检流程

(1)一般单位会指定一个有信誉的或长期往来的医疗机构，要求应聘者在一定期限内进行体检。

(2)在大单位中，体检通常在招聘单位的医疗部门进行。

(3)体检的费用一般由招聘单位支付。

(4)体检的结果交给招聘单位。

技能练习

强盛公司是一家跨国公司在中国的子公司，以研制、生产、销售药品为主。随着生产规模的扩大，为了对生产部的人力资源管理进行更有效的管理，公司决定在生产部设立一个职位，主要负责生产部与人力资源部之间的协调工作。生产部提出在企业外招聘合适人员，人力资源部立即发布了招聘信息。在接下来的7天里，人力资源部共收到800多份简历，他们从中挑出70份简历，然后再次筛选，最后确定5名候选人。人力资源部经理把候选名单交给生产部，生产部从中挑选了两人。其中一名候选人A在面试中表现出色，经理对其比较满意，但其个人材料中缺少在最近工作单位的主管的评价材料。最终，公司还是录用了A，A一进入公司便风风火火地投入到工作中。6个月过去了，公司发现，A的工作效果没有预期的那么好，指定的工作经常不能按时完成，有时甚至出现了不能胜任的情况，这引起了管理层的不满。

请回答下列问题：

(1)强盛公司的选拔过程出现了哪些失误？

(2)为什么要进行背景调查？背景调查的原则有哪些？

步骤九　员工录用及信息管理

扫码获取课程视频

一、录用原则

企业为实现用人所长、学用一致、有效利用人力资源的目的，在人员录用时一般遵循四项原则，如表 2.33 所示。

表 2.33　人员录用原则及内容

原则	内　容
因事择人原则	1. 以事业的需要、岗位的空缺为出发点； 2. 根据岗位对任职者的资格要求来选择人员
任人唯贤原则	做到大贤大用、小贤小用、不贤不用
用人不疑原则	管理者对员工要给予充分的信任和尊重
严爱相济原则	1. 员工在试用期间对其进行必要的考核； 2. 对试用的员工在生活上给予更多关怀； 3. 尽可能地帮助试用员工解决后顾之忧； 4. 在工作上要指导和帮助试用员工取得进步； 5. 从法律上保证试用员工应享有的各项权利

二、录用决策

录用决策是依据录用原则，避免主观武断和不正之风的干扰，把选拔阶段多种考核和测验结果组合起来进行综合评价，从中择优确定录用名单，人员录用决策的类型如表 2.34 所示。

表 2.34　人员录用决策的类型

多重淘汰式	1. 每种测试方法都是淘汰性的； 2. 应聘者必须在每种测试中都达到一定水平，方能合格
补偿式	1. 不同测试的成绩可以互为补偿； 2. 最后根据应聘者在所有测试中的总成绩做出录用决策
结合式	多重淘汰式和补偿式相结合

技能练习

某公司拟招聘两名工作人员，下表是人力资源部通过笔试进行初选之后，对所挑选出来的甲、乙、丙、丁四名候选人进行综合素质测评的得分以及 A 和 B 两个岗位素质测评指标的权重。请根据下表的数据，分别为 A 和 B 两个岗位各选出 1 名最终候选人。

项目	知识水平	事业心	表达能力	适应能力	沟通能力	协调能力	决策能力
甲	0.9	0.5	1	1	0.8	0.9	1
乙	0.7	1	0.5	0.6	1	0.8	0.9

续表

项目		知识水平	事业心	表达能力	适应能力	沟通能力	协调能力	决策能力
丙		0.8	0.8	0.7	0.8	0.8	1	0.8
丁		1	0.9	1	0.9	0.7	0.7	0.9
权重	A岗	0.8	0.9	0.7	0.8	1	0.6	0.7
	B岗	0.9	1	0.8	0.9	0.9	1	1

第一步：计算甲、乙、丙、丁的综合得分。

甲的综合得分为表中的数据相加，即 $0.9+0.5+1+1+0.8+0.9+1=6.1$

乙、丙、丁按相同的方法计算得出分数分别为5.5,5.7,6.1。

第二步：计算甲、乙、丙、丁的加权得分，表中的数据与对应的权重相乘再加和。

甲对A岗位的加权分：

$0.9\times0.8+0.5\times0.9+1\times0.7+1\times0.8+0.8\times1+0.9\times0.6+1\times0.7=4.71$

甲对B岗位的加权分：

$0.9\times0.9+0.5\times1+1\times0.8+1\times0.9+0.8\times0.9+0.9\times1+1\times1=5.63$

按同样的方法计算乙对A岗位的加权分是4.76，乙对B岗位5.17，丙对A岗位4.25，丙对B岗位4.60，丁对A岗位5.78，丁对B岗位5.64。

第三步：根据计算甲、乙、丙、丁的综合得分得出甲和丁分数最好，根据权重计算结果选出甲和丁两名候选人，符合录用条件。丁作为A岗位的最终候选人，甲作为B岗位的最终候选人。

小提示

进行员工录用决策应注意问题

◎ 尽量使用全面衡量的方法。

根据单位和岗位的实际需要，针对不同的能力素质要求给予不同的权重，然后录用那些得分最高的应聘者。

◎ 减少做出录用决策的人员。

在决定录用人选时，必须坚持少而精的原则，选择那些直接负责考察应聘者工作表现的人以及那些会与应聘者共事的人参与决策。

◎ 不能求全责备。

必须分辨主要问题，分辨哪些能力对于完成工作是不可缺少的，不吹毛求疵。

三、录用程序

人员录用是人员招聘的重要环节之一，它主要涉及在对应聘人员进行挑选之后，对候选人进行录取、任用等一系列具体事宜，包括通知录用者、签订合同和新员工培训三步。

1. 通知录用者

1)公布名单

录取名单确定后,张榜公布,公开录用,以提高透明度。这样做的好处:一方面接受社会监督,切实落实招聘政策;另一方面可防止招聘中的不正之风,也可纠正招聘过程中弄虚作假的行为。

2)办理录用手续

办理录用手续的流程及内容要点如表2.35所示。

表2.35 办理录用手续的流程及内容要点

通知应聘者	通知被录用者	录用通知书中,首先要欢迎新雇员加入单位,其次讲清楚什么时候报到,在什么地点报到;应该附如何抵达报到地点的详细说明和其他应该说明的信息,让被录用的人知道他们的到来对于组织提高生产率有很重要的意义
	回绝应聘者	企业可以写一封拒绝信通知应聘者,当选择过程允许花在一个人身上的时间较多时,单位代表可以与求职者坐下来解释为何录用了另一个人
关注拒聘者	无论单位如何努力吸引人才,仍然会发生接到录用通知的人不能来单位报到的情况。人力资源部甚至高层主管应该主动去电话询问,并表示积极的争取态度。问清楚应聘者为什么拒聘,从中获得有用的信息	

2. 签订合同

1)安排与试用

(1)人员安排是人员试用的开始,员工进入单位后,单位要为其安排合适的岗位,安置工作的原则是用人所长、人适其岗,使人与事的多种差异因素得到最佳配合。

(2)试用是对员工的能力与潜力、个人品质与心理素质的进一步考核,一般试用期是3~6个月,员工与单位签订相应的试用合同。

2)正式录用

员工的正式录用即通常所称的"转正",是指试用期满且试用合格的员工正式成为该单位成员的过程,员工能否被正式录用关键在于试用部门对其考核的结果如何,单位对试用员工的录用应坚持公平、择优的原则。

3. 新员工培训

新员工培训就是向新员工介绍其工作和组织环境,让新员工了解单位的历史、现状、未来发展计划、他们所在部门的情况、组织的规章制度、工作的岗位职责、工作的流程、组织文化、组织绩效评估制度和奖惩制度以及让新员工熟悉他们的同事,关键是要让新员工明确组织对他们的期望。

新员工培训分两部分进行:一是上岗前的集中训练;二是上岗后的分散训练。

1)上岗前的集中训练

上岗前的集中训练的目的是要解决一些共同的问题,让新员工尽快了解企业的基本情况。可以采用发行内部刊物以及观看企业相关录像或实地参观的形式,其培训内容如表2.36所示。

表2.36 新员工上岗前的集中训练内容

第一步	帮助员工了解企业,培养新员工的认同感,采用观看企业相关录像的形式讲述企业的发展历史、主要负责人、有关产品的生产经营状况、经营方针与发展目标等
第二步	要求新员工明确自己的工作态度和人生目标,同时提供有关员工常识的宣传册,使新员工尽快完成角色转换
第三步	请新员工讲述对企业的感想,了解新员工的思想状况和新员工对于企业的期望

2)上岗后的分散训练

上岗后的分散训练是对新员工进行所在部门的基本状况以及对具体工作实际操作方法的培训,采用现场演练法或录像观摩法等方式进行。具体训练内容如表2.37所示。

表2.37　新员工上岗后的分散训练内容

基础知识教育	1. 吸引新员工,增强亲切感,了解企业的经营理念、经营方针、发展计划等; 2. 增进新老员工的了解,加强企业的团结合作、相互协调的精神; 3. 说明本部门的具体要求,例如着装、谈吐等方面的要求; 4. 通过联谊等活动增强集体意识
教育重点	1. 帮助新员工树立社会人、企业人的观念; 2. 表达能力的训练,例如即兴演讲、指定题目的小组讨论等; 3. 了解企业对新员工的期望以及员工对企业的期望,找出相同与不同的地方进行分析与协调

四、构建员工信息管理系统

员工信息管理是指记述和保存员工在社会活动中的经历和德才表现等方面信息的管理。它是以员工个人为单位,是个人经历、思想品德、业务能力等情况的真实记录,客观反映一个员工的真实情况。单位应按照统一的原则与方法,对员工信息进行加工整理,并由人力资源部设专人统一管理,就构成了员工信息管理。

一般来说,一套典型的员工信息管理系统,从功能结构上应分为三个层面,如表2.38所示。员工信息管理是单位全方位考察员工的必要手段,是人力资源管理活动中必不可少的工具之一,员工信息管理为单位处理员工的有关问题提供了依据和凭证;员工信息管理为单位制定人力资源管理等政策以及人才学、心理学等学科的研究提供了原始资料。

表2.38　员工信息管理系统的功能结构

主要层面	具体信息
基础数据层	包括员工个人属性数据和单位数据,是整个系统正常运转的基础
业务处理层	对应于人力资源管理具体业务流程的系统功能,在日常管理工作中不断产生与积累新数据
决策支持层	便于单位高层从总体上把握人力资源情况

1. 员工信息的内容

按不同的类型与标准进行界定,员工信息的主要内容如表2.39所示。

表2.39　员工信息的主要内容构成

主要信息	具体内容
反映员工历史状况的信息	履历材料、自传材料、鉴定材料、政治历史问题的审查、甄别和复查材料、参加党团组织的材料等
反映员工现状的信息	个人状况信息以及与工作相关的信息,如职务、职称、教育状况、工作变动、工资变动、任免晋升、考核材料、奖励和模范先进事迹材料、处分、取消处分和甄别及复查材料等
反映员工个性与潜能的信息	兴趣、特长、爱好等

2. 员工信息管理的步骤

员工信息管理分为收集、整理和保管三个步骤,具体内容如表 2.40 所示。

表 2.40　员工信息管理的步骤及实施要点

步骤	实施要点
员工信息的收集	由人力资源部门通过各种渠道,将有关人员历史上形成的和近期形成的人事材料收集而成
员工信息的整理	按照一定的规则、方法和程序,对收集到的单位员工的信息资料进行鉴别、归类、排列、登记、技术处理,使之系统化、规范化、条理化
员工信息的保管	1. 员工信息的编号、存放; 2. 员工信息的接收、转移及登记; 3. 员工信息的检查和保密工作等

五、收集新招聘人员信息

对企业新招聘的员工而言,所有信息都要收集,尤其是招聘过程中和进入企业初期的信息。新招聘员工的信息包括四个方面的内容,如表 2.41 所示。

表 2.41　新招聘员工信息类型及内容要点

员工信息类型	内容要点
新员工历史材料	新员工在进入本单位之前的工作经历与表现
新员工招聘材料	1. 求职申请表; 2. 求职时递交的简历; 3. 新员工笔试、面试材料; 4. 选拔时对新员工的评价,选拔理由; 5. 录用通知及相关材料
新员工个人资料	1. 个人简介; 2. 现任岗位名称; 3. 薪酬及相关收入; 4. 职业生涯规划
新员工进入单位后的材料	1. 试用期工作表现; 2. 工作业绩考核结果; 3. 所在部门对其表现的反馈信息

任务五　招聘活动评估

【任务目标】

通过本任务的学习,学生应掌握以下职业能力:

(1)掌握招聘成本效益评估；

(2)掌握招聘数量与质量评估；

(3)了解信度与效度评估；

(4)了解招募、甄选和录用环节的评估。

【任务描述】

招聘评估主要指对招聘的结果、招聘的成本和招聘的方法等方面进行评估。一般在一次招聘工作结束之后，要对整个评估工作做一个总结和评价，目的是进一步提高下次招聘工作的效率。通过任务五的学习，掌握三种招聘评估指标的统计分析方法和招聘活动三个环节的评估方法。

【步骤方法】

步骤一　招聘成本效益评估

招聘成本效益评估是鉴定招聘效率的重要指标，是对招聘中的费用进行调查、核实，并对照预算进行评价的过程，通过成本与效益核算能够使招聘人员清楚地知道费用的支出情况，区分哪些是应支出项目，哪些是不应支出项目。

一、招聘成本

招聘成本是为吸引和确定企业所需要的人力资源而发生的费用，主要包括招聘人员的直接或间接劳务费用、直接或间接业务费用、其他相关费用等，具体包括以下六种形式，如表2.42所示。

表2.42　招聘成本的形式及具体费用构成

形式	具体费用
招募成本	网络续费、参加招聘会的场地费、招聘人员的差旅费等
选拔成本	应聘人员招待费、测试费用、结构化面试聘请外部专家的报酬等
录用成本	录取手续费、调动补偿费、搬迁费和旅途补助费等
安置成本	为安排新员工的工作所必须发生的各种行政管理费用、为新员工提供工作所需要的装备条件以及录用部门因安置人员所损失的时间成本而发生的费用
离职成本	因招聘不慎员工离职而给企业带来的损失
重置成本	因招聘方式或程序错误致使招聘失败而重新招聘所发生的费用

招聘单位成本是招聘总成本与实际录用人数之比，如果招聘实际费用少、录用人数多，则意味着招聘单位成本低；反之，则意味着招聘单位成本高。

二、评估指标

招聘成本效益评估主要包括五项指标，进行招聘总成本效益分析、招募成本效益分析、人员选拔成本效益分析、人员录用成本效益分析招聘收益成本比分析。

总成本效益 = 录用人数/招聘总成本

招募成本效益 = 应聘人数/招募期间费用

选拔成本效益 = 被选中人数/选拔期间费用

人员录用效益 = 正式录用人数/录用期间费用

招聘收益成本比 = 所有新员工为组织创造的总价值/招聘总成本

比值越大，招聘工作越有效。

技能练习

今年3月份某公司开展招聘活动，招聘结果和招聘经费的支出情况如下表所示。请计算出本次招聘的总成本效用、招募成本效用。

招聘岗位	计划招聘人数	应聘人数	参加测试人数	候选人数	录用人数
营销主管	3	100	90	9	3
生产主管	2	90	70	7	2
人力资源主管	1	80	60	5	1

招聘阶段	费用项目
招聘方案设计	方案设计费:20 000 元
招募	广告费:10 000 元
招聘实施	招聘测试费:20 000 元
	应聘者纪念品:2 700 元
	招待费:5 000 元
	杂费:3 500 元
录用	体检费:10 000 元
	家属安置费:5 000 元

首先明确招聘总成本的概念，招聘总成本是为吸引和确定企业所需要的人力资源而发生的费用，主要包括招聘人员的直接或间接劳务费用、直接或间接业务费用、其他相关费用等。所以对应表中的数据：

招聘总成本 = 20 000 + 10 000 + 20 000 + 2 700 + 5 000 + 3 500 + 10 000 + 5 000 = 76 200(元)

总成本效用 = 实际录用人数/招聘总成本 = (3 + 2 + 1) ÷ 76 200 = 0.79(人/万元)

招募成本效用 = 应聘人数/招募期间的费用 = (100 + 90 + 80) ÷ 10 000 = 0.027(人/元)

步骤二　招聘数量与质量评估

数量评估是分析员工数量满足或不满足需求的情况，查明具体产生的原因，有利于找出招聘活动中的薄弱环节，并通过人员招聘的数量与招聘计划进行比较，为人力资源规划的修订提供依据。

质量评估是对招聘的工作成果与方法有效性检验的另一个重要方面，既有利于改进招聘方式方法，又能为企业员工培训开发、绩效评估等人力资源管理项目提供重要的信息和依据。

招聘数量与质量评估主要包括录用比、招聘完成比、应聘比、录用合格比和录用基础比等

5 个指标。每种指标的计算公式如下:

录用比 =(录用人数/应聘人数)×100%

该指标的值越小,聘用者的素质可能越高。但是这种说法未必正确,要看应聘者的整体素质水平。试想,相同的录用比,一个是在高级人才市场招聘,另一个是在初级人才市场招聘,则录用者的素质显然不是一样高。

招聘完成比 =(录用人数/计划招聘人数)×100%

该指标说明全面或超额完成了招聘计划。当招聘完成比大于或等于 100% 时,则说明在数量上完成或超额完成了招聘任务。

应聘比 =(应聘人数/计划招聘人数)×100%

应聘比说明招募的效果,该比例越大,则招聘信息发布的效果越好。

录用合格比 =(已录用胜任岗位人数/实际录用总人数)×100%

该指标大小反映了人员招聘有效性以及准确性。

录用基础比 =(原有人员胜任岗位人数/原有人员总数)×100%

录用合格比和录用基础比之差,反映了本次招聘的有效性是否高于以前招聘有效性的平均水平,即招聘有效性是否在逐步提高。

技能练习

今年 3 月份某公司开展招聘活动,招聘结果和招聘经费的支出情况如下表所示。请计算出本次招聘的招聘完成比、录用比和应聘比。

招聘岗位	计划招聘人数	应聘人数	参加测试人数	候选人数	录用人数
营销主管	3	100	90	9	3
生产主管	2	90	70	7	2
人力资源主管	1	80	60	5	1

招聘阶段	费用项目
招聘方案设计	方案设计费:20 000 元
招募	广告费:10 000 元
招聘实施	招聘测试费:20 000 元
	应聘者纪念品:2 700 元
	招待费:5 000 元
	杂费:3 500 元
录用	体检费:10 000 元
	家属安置费:5 000 元

招聘完成比 = 录用人数/计划招聘人数 =(3 +2 +1)÷(3 +2 +1)×100% =100%

录用比 = 录用人数/应聘人数 =(3 +2 +1)÷(100 +90 +80)×100% ≈2.22%

应聘比 = 应聘人数/计划招聘人数 =(100 +90 +80)÷(3 +2 +1)×100% =4 500%

步骤三 信度与效度评估

信度是测试结果的可靠性或一致性。

效度是实际测到应聘者的有关特征与想要测的特征的符合程度。

信度与效度的评估指标如表 2.43 所示。

表 2.43 信度与效度评估指标

信度	稳定系数	同一种测试方法对一组应聘者在两个不同时间进行测试结果一致性
	等值系数	同一应聘者使用两种对等、内容相当的测试方法,其结果之间一致性
	内在一致性系数	同一组应聘者进行的同一测试分为若干部分加以考察,各部分所得结果之间的一致性
	评分者信度	不同评分者对同样对象进行评定时的一致性
效度	预测效度	测试用来预测将来行为的有效性
	内容效度	测试方法能真正测出想测的内容的程度
	同侧效度	测试结果与员工的实际工作绩效考核相符的程度(省时)
公平	测评题目对所有被测者是否具有相同的难度	

步骤四 招聘活动过程评估

企业人员招聘的过程主要由招募、甄选、录用三个基本环节组成。

(1)对招募环节的评估是对招聘广告、招聘申请表、招聘渠道的吸引力的评估。

(2)对甄选环节的评估是对甄选方法的质量评估。

(3)对录用环节的评估是对职位填补的及时性的评估以及对录用员工的评估。

一、招募环节评估

招募环节评估是对招聘广告、招聘申请表、招聘渠道的吸引力的评估。

(1)绝对指标:招募渠道的吸引力。

网上招聘的效果就是点击该招聘网页的数量、其中请求应聘人员的数量、符合职位要求的应聘者的数量。

报纸杂志的效果就是所收有效简历的数量、有效电话咨询的数量等。

(2)相对指标:招募渠道有效性的评估。

采用招募渠道成本效用的统计指标进行分析。通过某一类招募渠道所吸引来的应聘者的数量是效用,为此付出的相关费用是招募成本。招募渠道收益与成本的比值越大,说明招募渠道越有效。

$$\text{招募渠道收益成本比} = \text{某招募渠道吸引的人数}/\text{为其付出的总费用} \times 100\%$$

二、甄选环节评估

企业最常用的甄选方法有面试、无领导小组讨论等，对这些甄选方法有效性的评估，可以通过计算甄选方法的信度和效度指标来评估。

1. 评估面试方法的有效性

(1)提问的有效性。

所提问题是否可以得到有效结论，该结论是否对录用决策具有重要的参考价值。

(2)面试考官是否做到有意识地避免各种心理偏差的出现。

面试考官应该有意识地避免面试当中可能出现的各种心理偏差。设计面试考官面试行为评价表，根据自己所经历的面试过程，进行自我评价。

(3)面试考官在面试过程中对技巧使用情况的评价。

通过面试考官面试技巧评价表，根据对面试过程行为的回忆，进行自我评价。

2. 无领导小组讨论的评估

(1)题目的有效性。

看该题目是否有争辩的余地，是否可以看出被试者的决策过程、决策思路。这些结果是否对录用决策起着重要的参考作用以及这些结果与测评指标之间存在什么样的必然联系。对这些问题最有发言权的是测评专家，其次是考官。

(2)考官的表现直接决定了测评的客观性和正确性。

可以采用例表进行评价，包含考官对无领导小组讨论题目的评价。在对考官表现进行评价时，可以采用自我评价的方式，也可以采用"一对一"的面谈方式，逐一对表中项目进行评定。

三、录用环节评估

录用环节的评估包括录用员工的质量、职位填补的及时性、用人单位或部门对招聘工作的满意度、新员工对所在岗位的满意度四个部分。

1. 录用人员的质量

(1)对能力、潜力、素质等进行的各种测试与考核的延续。

(2)根据招聘的要求或工作分析中得出的结论，对录用人员进行等级排列来确定其质量。

2. 职位填补的及时性

招聘部门的反应是否迅速，能否在接到用人要求后短时间内找到符合要求的候选人。

3. 用人单位或部门对招聘工作的满意度

(1)对新录用员工的数量、质量是否满意。

(2)对招聘过程是否满意，是否按照用人单位或部门的要求招募到合适的人选。

(3)是否及时和用人单位或部门密切联系，共同招募和筛选候选人。

4. 新员工对所在岗位的满意度

(1)工资待遇是否满足,工作环境和企业文化能否接受。

(2)对应聘者进行招聘工作有效性和选拔程序合理性两个方面的调查,如表2.44所示。

表2.44　对新员工进行招聘调查的内容

招聘工作的有效性	企业招聘信息的发布、招聘活动的组织、面试结果的公布、招聘活动的善后处理是否及时和合理
选拔程序的合理性	1. 各考核、测验项目的组合和前后施测顺序是否科学、有无重复; 2. 选拔过程是否公开; 3. 能否尊重应聘者; 4. 招聘联络人、用人部门主管和选拔考官的能力和素质是否合格等

知识网络图

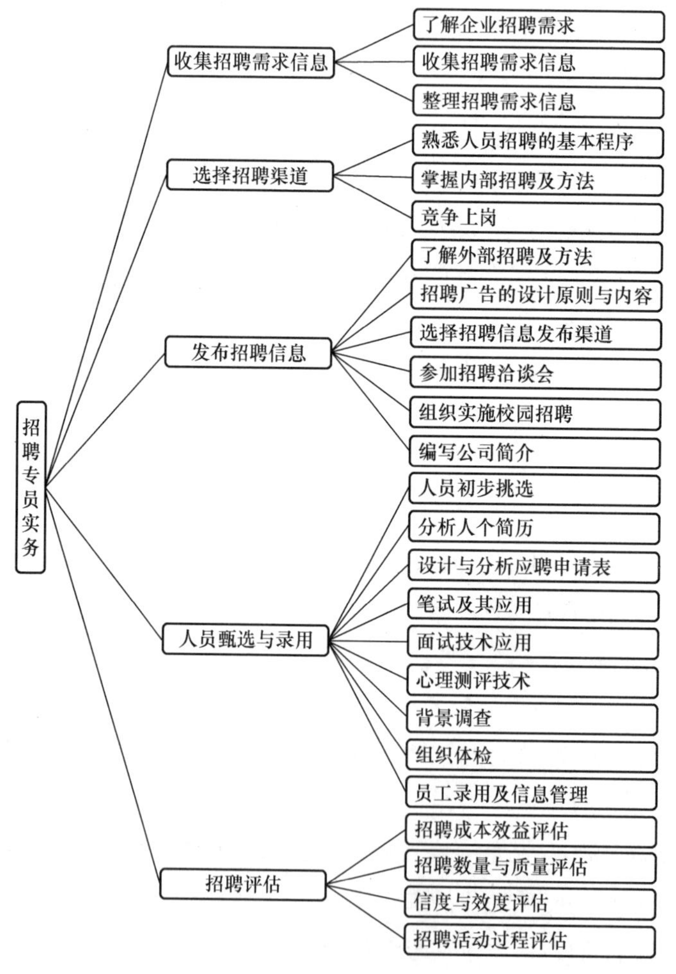

真题自测

一、单选题

1. (　　)能够给员工提供发展的机会,强化工作动机,增强员工对组织的责任感。

A. 竞争上岗　B. 外部招募　C. 公开选拔　D. 内部招募

2. 具有人员来源广、选择余地大、能招聘到许多优秀人才特点的员工招聘方式是(　　)。

A. 校园招聘　B. 网络招聘　C. 内部招聘　D. 外部招聘

3. 人才交流中心的特点不包括(　　)。

A. 一般建有人才资料库　B. 针对性强

C. 适于热门人才的招聘　D. 费用低廉

4. (　　)通过测试应聘者的基础知识和素质能力差异,判断应聘者对招聘岗位的适应性。

A. 心理测试　B. 面试法　C. 物理测试　D. 笔试法

5. (　　)不是面试前准备的工作。

A. 科学合理设计面试的问题　B. 确定面试的时间和地点

C. 详细了解面试者的资料　D. 消除应聘者的紧张情绪

二、多选题

1. 内部招募存在明显的不足,主要体现在(　　)。

A. 容易抑制创新　B. 筛选难度大、时间长

C. 增加招募成本　D. 可能会造成一些矛盾

E. 影响内部员工的积极性

2. 关于内部招募中的布告方法正确的是(　　)。

A. 特别适用招聘非管理层人员　B. 容易引起不公平

C. 花费的时间比较长　D. 容易形成小团体　E. 成功率高

3. 广告媒体的总体特点包括(　　)。

A. 信息传播范围窄　B. 信息传播速度快

C. 应聘人员数量大　D. 单位选择余地大

E. 应聘人员层次单一

4. 笔试的优点包括(　　)

A. 成绩评定比较客观　B. 花较少时间达到较高效率

C. 对大量应聘者同时筛选　D. 应聘者的心理压力比较大

E. 增加考察的信度和效度

5. 面试能够使用人单位全面了解应聘者的(　　)。

A. 外貌风度　B. 业务知识水平

C. 工作经验　D. 道德品质水平

E. 求职动机

HR 书架

《HR 招聘实务手册》 冯颖

冯颖,求学于浙江大学心理与行为科学院,获心理学硕士学位。一毕业就义无反顾地扎入全球著名餐饮巨头的传奇世界。一直奋战于招聘第一线。

该书是一本招聘入门书,它细分了招聘领域的各个环节,提供了各阶段最实用的方法、最具体的操作和最易懂的知识。这也是一本招聘领域的职场暖心书,因为它把作者多年在一线招聘中感受到的最常见的问题、最现实的心态和最真实的成长,毫无保留地分享给了读者。

模块三　培训专员实务

学习目标

通过本模块的学习，掌握以下职业能力：

◎ 了解培训专员岗位职责；

◎ 了解培训需求意向的提出和需求确认；

◎ 能够运用技术模型分析培训需求；

◎ 能够制订培训计划；

◎ 能够预算培训经费；

◎ 掌握不同方式的培训的组织实施；

◎ 能够灵活地选择和应用培训方法；

◎ 掌握培训效果评估的程序；

◎ 了解员工培训系统的设计与运行。

导入案例

IBM 新员工的入职培训

“无论你进 IBM 时是什么颜色，经过培训，最后都会变成蓝色”，这是 IBM 新员工培训时流行的一句话。人们戏称 IBM 的新员工培训是“魔鬼训练营”，这不是说 IBM 将员工训练成“魔鬼”，而是指这个培训充满艰辛和考验。

第一步，魔鬼训练——IBM 公司为使新员工进入公司后熟悉公司的理念，规定凡是新招收进来的员工，每个人都要受到公司信念的教育。行政类人员只有为期两周的教育，所有市场和服务部门的员工全部都要经过三个月的“魔鬼训练”，内容包括：了解 IBM 内部工作方式，了解自己的部门职能；了解 IBM 的产品和服务；专注于销售和市场，以模拟实践的形式学习 IBM 怎样做生意以及团队工作和沟通技能、表达技巧等。

第二步，跨栏应试——训练期间十多种考试像跨栏一样需要新员工跨越，包括做讲演，笔试产品性能，练习扮演客户和销售市场角色等。如果是被分配当销售人员，就必须进一步接受为期十二个月的初步教育训练。教学方法为现场学习和课堂讲授相结合，75% 的时间在各地分公司度过，25% 的时间在公司的教育中心学习。销售教育训练第一期课程为销售政策，市场销售实践以及计算机概念和 IBM 公司产品介绍。在进行初步教育训练之后，第二期课程主要是学习如何销售，由本公司在销售第一线有突出成绩的一流人才担任授课老师，全部考试合格,才可成为 IBM 的一名新员工,有自己正式的职务和责任。

(资料来源:网上资料,2013 - 5 - 10,编辑张婕)

[案例思考]

结合案例,说明 IBM 是如何结合新员工的特点开展新员工培训的。

职位预览

培训专员岗位工作说明书

岗位名称	培训专员	岗位编号	HR - 003
所属部门	人力资源部	岗位编制	1 人
直接上级	人力资源经理	直接下级	无

本职工作:根据公司对员工培训发展的需求,在人力资源部经理统筹协调管理下,负责人力资源管理培训体系的建立和组织实施,分析培训需求,实施培训评估,收集外部培训信息,更新员工培训档案以及与培训相关的数据搜集、分析、整理、反馈、改进。

职责与工作任务		
职责一	职责表述:培训与开发体系设计	
	任务	设计员工培训系统:保障其正常有效地运行
		建立推行培训制度:制定修改培训管理制度并监督执行
职责二	职责表述:培训需求分析	
	任务	培训需求分析;培训需求确认
职责三	职责表述:培训规划制定	
	任务	确定培训内容;确定培训时间;确定培训方式;确定受训人员;选择培训教师;费用核定与控制
职责四	职责表述:培训组织实施	
	任务	实施培训:组织培训教师在规定的时间、场所对所确定的受训人员进行培训
		考核受训者:考核受训人员对受训内容的接受程度
		培训奖惩:及时进行
职责五	职责表述:培训效果评估	
	任务	考评培训教师:组织受训人员对培训教师进行考评,以便为下次培训教师选择做准备
		考评培训管理:对培训内容、培训时间、培训形式、培训的后勤保障进行考评,改进培训的组织管理工作
		应用反馈:考评培训后,受训人员回到工作岗位后的工作表现
		培训总结:培训资料编辑归档
职责六	职责表述:其他工作	
	任务	协调沟通:培训工作日常协调和沟通
		临时安排:临时性工作的落实

续表

<table>
<tr><td colspan="3">工作关系</td></tr>
<tr><td rowspan="5">内部工作关系</td><td rowspan="3">汇报</td><td>每周周末、每月月末向直接上级递交周工作汇报、月度工作总结</td></tr>
<tr><td>每一期培训后向直接上级递交培训工作总结</td></tr>
<tr><td>随时向直接上级进行口头工作汇报</td></tr>
<tr><td>协调</td><td>与各部门就培训问题进行沟通协调</td></tr>
<tr><td>支持</td><td>辅导公司各业务部门的培训组织工作</td></tr>
<tr><td rowspan="2">外部工作关系</td><td colspan="2">与其他教育机构、有关政府部门、专业协会等建立联系，组织相关培训工作</td></tr>
<tr><td colspan="2">负责公司外部培训的联络和组织，协助外派培训的联络、洽谈等事宜，根据需要引进培训项目</td></tr>
<tr><td colspan="3">任职资格</td></tr>
<tr><td>教育水平</td><td colspan="2">大学专科(含)以上</td></tr>
<tr><td>专业要求</td><td colspan="2">管理类或经济类</td></tr>
<tr><td>岗前培训</td><td colspan="2">公司管理规定、公司人力资源工作流程、培训工作相关培训</td></tr>
<tr><td>工作经验</td><td colspan="2">2 年以上培训工作经验</td></tr>
<tr><td>知识要求</td><td colspan="2">熟知各种面试技巧及方法，熟知内、外部培训流程</td></tr>
<tr><td>能力及个性要求</td><td colspan="2">具备良好的语言沟通及文字应用能力、分析能力、沟通协调能力、执行能力及抗压能力强、计划与时间管理能力、情绪管理能力、学习能力、创新能力；具有很强的责任心</td></tr>
<tr><td colspan="3">岗位职业发展路线</td></tr>
<tr><td colspan="3">专业发展方向：培训师　　　　管理路线：人力资源助理、人力资源经理</td></tr>
<tr><td colspan="3">工作条件</td></tr>
<tr><td colspan="3">工作时间：8:00—17:30 正常工作时间，有时加班；工作环境：办公条件舒适，无职业病危险，偶尔室外；
办公设备：计算机、一般办公设备(电话、传真机、打印机、Internet 网络)</td></tr>
<tr><td colspan="3">考核指标</td></tr>
<tr><td colspan="3">1. 培训制度建设完善性及有效执行程度；2. 岗位各项工作计划完成率；3. 培训预算费用控制率；
4. 工作相关报告、资料、报表等提交及时率；5. 培训计划完成率；6. 培训效果得分率</td></tr>
</table>

任务一　培训需求分析

【任务目标】

通过本任务的学习，学生应掌握以下职业能力：

(1)了解培训需求意向的产生原因；

(2)掌握培训需求分析的工作流程及技术模型；

(3)明确培训需求确认和评估的注意事项。

扫码获取课程视频

【任务描述】

培训需求分析是在规划和设计每项培训活动之前，由培训部门、主管人员、工作人员等采用各种方法和技术，对各种组织及其成员的目标、知识、技能等方面进行系统的鉴别与分析，以确定是否需要培训及培训内容的过程，是确定培训目标、设计培训计划、有效实施培训的前提，是培训活动中的首要环节。通过任务一的学习，明确谁最需要培训，为什么要培训，培训什么等问题,掌握培训需求分析的程序和工具。

【步骤方法】

步骤一　提出培训需求意向

提出培训需求意向是指相关人员根据企业理想需求与现实需求、预测需求与现实需求的差距,提出培训需求意向,并报告企业培训主管部门或负责人。

一、明确培训需求内容

培训需求是组织及其成员在绩效、行为、知识、技能、态度、观念等方面的实际情况与理想状态之间的,可以通过培训来加以改变的差距。理想状态是指组织为实现其经营战略目标而需要员工必须具备的知识、技能、行为、态度等。

培训需求 = 理想状态需求的 - 实际拥有的

二、了解培训需求产生的原因

(1)战略变化:企业发展,规模扩大,采取多种发展战略,如纵向一体化战略、横向一体化战略,导致公司兼并、重组,从而进入新的行业或市场,原有人员的知识、技能不能完全适应新的工作环境。

(2)工作变化:公司引进新技术、购买新设备、采用新工艺、组织变革及业务流程重组,导致工作方法改变。

(3)人员变化:公司内部人员的流动导致培训需求的产生。

(4)绩效低下:因技术水平、专业技能低下,工作态度、责任观念不端正导致工作绩效低下。

三、明确培训需求的主体

培训需求的主体是指需要接受培训的个人或群体,培训主体差异导致需求内容的不同。根据不同的划分标准,培训主体的分类如表 3.1 所示。

表 3.1　培训主体分类

标准	主体
按岗位划分	新员工、一般员工、专业技术人员、管理人员、转岗人员、待岗人员
按范围划分	具体个人、具体团队、整个组织
按层次划分	高层管理者、中层管理者、基层员工

步骤二　分析培训需求

分析培训需求就是确定是否真的需要培训,哪方面需要培训,可分为两个方面的内容。

(1)排他分析。绩效差距的产生可能是由多种因素造成的,如工具结构等,并非都是人的素质和能力的原因。所以,要对产生差距的原因作全面的分析,确定哪些是人为因素,哪些不是人为因素。如果不是人为因素,就要否定培训意向。

(2)因素确认。即便是由于人为因素而产生的绩效差距,也不是都能通过对现有人员的培训就能彻底弥补和解决的。当遇到现职人员的素质较低,或者素质较高但专业不对口的情况,如果需要投入的培训费用很高、花费的时间很长,就应当转换策略,采取人事调整的方式解决问题。所以,要确认哪些现存问题是可以通过员工培训解决的。

一、收集培训需求信息

1. 培训需求信息的收集范围

培训需求信息的收集范围包括两个层面。

(1)部门层面:从企业的战略目标出发分析部门的培训需求。

(2)员工层面:根据岗位任职资格要求、员工的职业发展及绩效改进要求出发分析员工的培训需求。

2. 培训需求信息的收集方法

选择收集方法主要有问卷法、访谈法、测试法、观察法、团队讨论法、书面资料研究法、咨询法和评价中心法,各种方法的实施要点和特点如表3.2所示。

表3.2 收集培训信息方法

方法	实施要点	优点	缺点
问卷法	将事项转化成问题; 以问卷形式进行调查	1. 成本低; 2. 信息全; 3. 可大规模开展	1. 针对性强; 2. 很难收集具体信息; 3. 难保证回收率
访谈法	根据访谈对象、内容灵活变换形式	1. 方式灵活,信息直接; 2. 易得到支持和配合	1. 主观性强,分析难度大; 2. 需要高水平访谈员
测试法	测试熟练程度和认知程度	结果容易量化分析	1. 结果只说明测试的内容; 2. 无法展现行为态度; 3. 效度不高
观察法	到工作岗位了解员工的具体情况	1. 得到有关工作环境信息; 2. 资料与培训需求相关性高	1. 影响观察对象行为方式; 2. 观察结果只是表面现象
团队讨论法	选择有代表性成员组成小组讨论	1. 全面分析; 2. 允许当场发表不同观点	1. 持续时间长; 2. 保证组织性和结构性
书面资料研究法	利用现有文件资料分析培训需求	容易获得	1. 与现实联系弱; 2. 信息的时效性
咨询法	特定咨询公司	1. 借外脑; 2. 增强与员工的沟通渠道	咨询公司不了解企业
评价中心法	管理潜能的评价	初步直观地确定员工的发展潜力	1. 费时费钱; 2. 固定标准难以确定

3. 调查培训需求的步骤

怎样调查培训需求,可分为两步。

1)培训需求沟通

(1)员工直接上级根据人力资源部门提供的员工岗位任职资格标准、绩效评估结果及业务技能提升需要分析培训需求。

(2)员工从自己的职业生涯规划分析培训需求。

(3)员工直接上级和员工就培训需求进行沟通,共同确定培训需求。

2)培训需求收集与汇总

(1)员工填写培训需求调查表。

(2)各部门负责收集汇总部门内所有员工的员工培训需求调查表。

二、分析培训需求信息

1. 选择分析方法

(1)必要性分析法:通过收集并分析信息或资料,以确定是否必须通过培训来解决个体或组织所存在的问题的方法。

(2)整体性分析法:通过对组织及其成员进行全面、系统的调查,以确定理想状况与现有状况之间的差距,从而进一步确定是否进行培训及培训内容的一种方法。

(3)绩效差距分析法:又称结果分析,是一种比整体性分析方法更深刻、更直接的方法,主要集中在工作行为的结果上,而不是组织系统方面。

2. 设计分析类型

可以从不同层次、不同方面和不同时期,对培训需求进行分析,如表 3.3 所示。

表 3.3 培训需求分析的类型

分析类型	具体内容
培训需求层次分析	1. 战略层次分析: 人力资源部发起的对未来的分析,考虑改变组织优先权的因素 2. 组织层次分析: 找出企业存在问题并确定是否培训,考察影响企业目标的因素 3. 员工个人层次分析: 个人实际绩效与绩效标准对员工技能要求的差距分析 依据员工业绩、技能测试和个人需求进行问卷调查
培训需求对象分析	1. 员工培训需求分析: 对企业文化、制度、工作岗位的培训; 通常使用任务分析法 2. 在职员工培训需求分析: 新技术、技能要求的培训; 通常使用绩效分析法
培训需求阶段分析	1. 目前培训需求分析:分析目前存在的问题和不足 2. 未来培训需求分析:规划未来发展的需要 3. 能力要求

3. 设计分析流程

培训需求分析通常分为四个阶段,每个阶段的具体工作内容如图 3-1 所示。

三、利用技术模型分析培训需求

1. 任务——绩效评估模型

任务分析:分析新员工,即根据即将承担的工作任务对员工的要求来判断员工的培训需求。

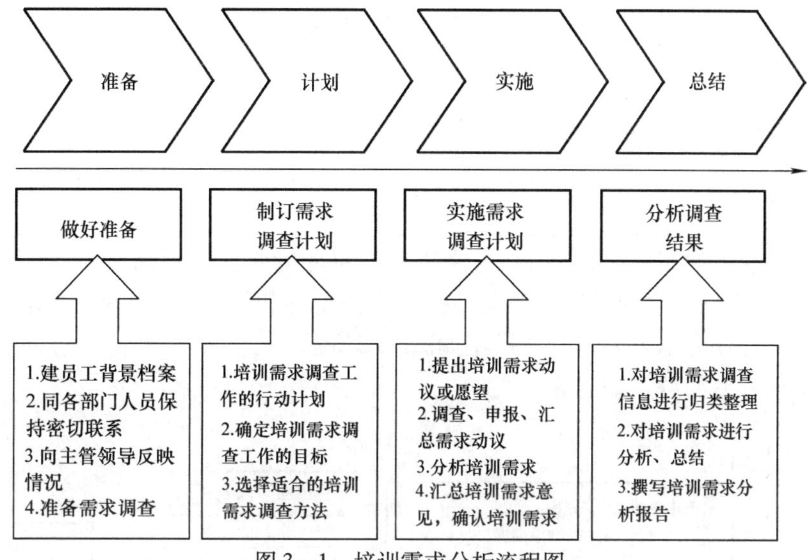

图 3－1　培训需求分析流程图

绩效分析：分析现职员工，即根据现职员工的实际绩效水平与目标绩效水平之间的差异进行培训需求分析，绩效评估模型如图 3－2 所示，绩效评估模型特点如表 3.4 所示。

表 3.4　绩效评估模型的特点

优点	不足
1. 比较明确具体地找出培训需求； 2. 操作较容易； 3. 可以全面开展，提高员工参与性； 4. 揭示人力资源管理中存在的问题	1. 主要适于操作性员工； 2. 需要良好的工作岗位设计与分析资料； 3. 具体完善的员工绩效考核体系

2. 培训需求差距分析模型

美国学者汤姆 · W. 戈特将"现实状态"与"理想状态"之间的"差距"称为缺口，并依此确定员工知识、技能和态度等培训内容，这就是培训需求差距分析模型，如图 3－3 所示。培训需求差距分析模型有三个环节。

（1）发现问题所在：理想绩效与实际绩效之间的差距就是问题，问题存在的地方，就是需要通过培训加以改善的地方。

（2）进行预先分析：一般情况下，需要对问题进行预先分析和初步判断。

（3）实施需求分析：这个环节主要是寻找绩效差距，分析的重点是员工目前的个体绩效与工作要求之间的差距。

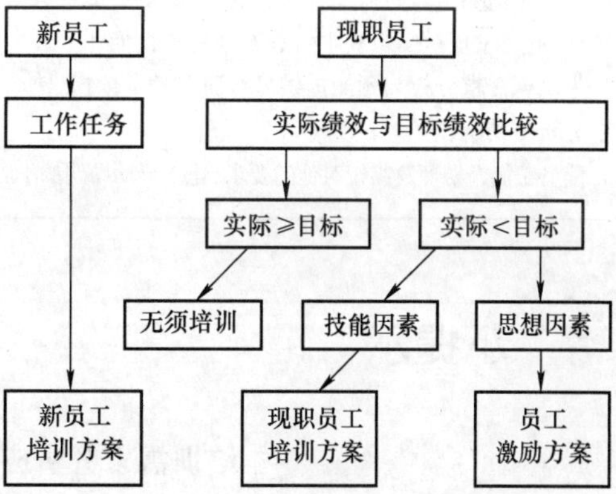

图 3－2　绩效评估模型

培训需求差距分析模型特点如表 3.5 所示。

3. 胜任力特征模型

胜任力是指能将工作中表现优异者与表现平庸者区分开来的个人的表层特征与深层特征，包括知识、技能、社会角色、自我概念、特质和动机等个体特征。胜任力模型则是组织当中特定的工作岗位所要求的与高绩效相关的一系列胜任特征的总和。

表3.5　培训需求差距分析模型的特点

优点	不足
将培训需求的“差距分析”进行重点提炼，提高了培训需求分析的可行性，较好地弥补了 Goldstein 模型在任务分析和人员分析方面操作性不强的缺陷	1. 没有关注企业战略对培训需求的影响； 2. 模型的有效性依赖于一个假设前提，即“培训活动等同于绩效提高”，事实上，绩效问题产生的原因不只是缺乏知识与技能，而且仅靠培训是无法解决所有问题的

基于胜任力的培训需求分析模型，主要通过组织环境变化的判断，识别企业的核心胜任力，并在这个基础上确定企业关键岗位的胜任素质模型，同时对比员工的能力水平现状，找出培训需求所在。胜任力培训需求分析模型如图3－4所示。

胜任力特征模型的特点如表3.6所示。

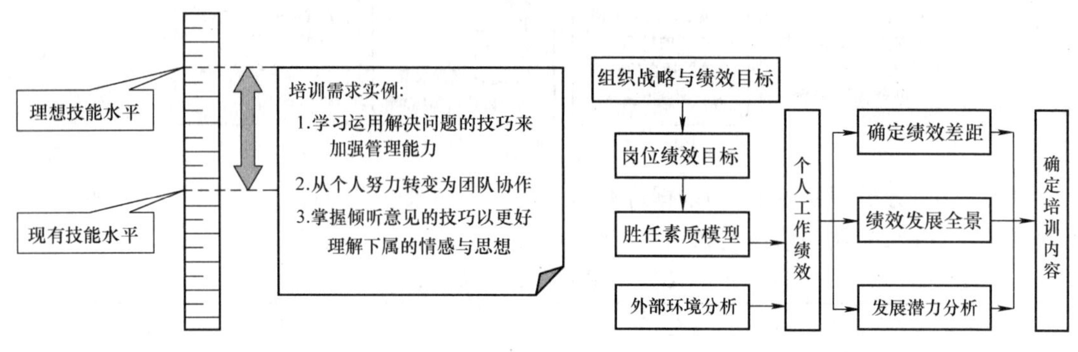

图3－3　培训需求差距分析模型　　　图3－4　胜任力培训需求分析模型

表3.6　胜任力的培训需求分析模型的特点

优点	不足
1. 有助于描述工作所需的行为表现，以确定员工现有的素质特征，同时发现员工需要学习和发展哪些技能； 2. 为培训需求分析与预测提供可行而有效的依据，使培训需求分析更精确； 3. 使员工能容易理解组织对他的要求，建立行动导向的学习	1. 由于胜任特征是个复杂的概念，胜任特征的确定需要长时间的资料积累以及丰富的专业经验； 2. 建立胜任特征模型要求相当专业的访谈技术和后期分析处理技巧； 3. 耗时费力成本高

小提示

培训需求分析应把握的关键点有哪些？

◎ 有效应用培训需求分析技术（包括明确培训需求调查的参与者，设计合理的调查流程，准确查出绩效差距并查出原因）。

◎ 确立系统化的培训需求机制。

◎ 注重组织发展与员工需求的结合。

◎ 关注员工的职业生涯发展规划。

◎ 充分发挥人力资源管理人员的作用。

步骤三　确认培训需求

培训需求确认就是确认哪些岗位的员工需要培训,需要提高的是知识、技能,还是能力素质。需注意以下两个方面的内容。

一、评估和确定培训需求

进行培训需求评估需做好以下五方面工作:培训需求是否与企业的战略相一致;培训需求是否与企业文化相一致;培训需求所涉及的员工数目和大多数员工的培训需求,应放在优先考虑的位置;培训需求对组织目标的重要性,能给组织带来巨大效益的培训应优先满足;通过培训业务水平可以提高的程度,业务水平能得到大幅度提高的需求应优先满足。

二、公司培训需求和员工个人培训需求的一致性

公司培训需求与员工个人培训需求的一致性主要表现如下:

(1)当公司和个人对某项目的培训需求均高时,培训必须进行;

(2)公司需求低,个人需求高,视员工的具体情况和培训资源定;

(3)公司和个人培训需求均低,不进行培训;

(4)公司培训需求高,员工需求低,先改变员工的态度再培训。

技能练习

某机械公司新任人力资源部部长W先生,在一次研讨会上学到了一些他自认为不错的培训经验。回来后就兴致勃勃地向公司提交了一份全员培训计划书,要求对公司全体人员进行为期一周的脱产计算机培训,以提升全员的计算机操作水平。不久,该计划获批准,公司还专门下拨十几万元的培训费。可一周的培训过后,大家对这次培训说三道四,议论纷纷,除办公室的几名文员和45岁以上的几名中层管理人员觉得有所收获外,其他员工要么觉得收效甚微,要么觉得学而无用,白费工夫。大多数人认为,十几万元的培训费只买来了一时的“轰动效应”。有的员工甚至认为,这次培训是新官上任点的一把火,是某些领导拿单位的钱往自己脸上贴金!听到种种议论的W先生则感到委屈:在一个有着传统意识的老国企,给员工灌输一些新知识,为什么效果这么不理想?当今竞争环境下,每人学点计算机知识应该是很有用的,怎么不受欢迎呢?他百思不得其解。

请分析:

(1)导致这次培训失败的主要原因是什么?

(2)企业要想把员工培训落到实处,如何进行培训需求分析?

任务二　制订培训计划

【任务目标】

通过本任务的学习,学生应掌握以下职业能力:

(1)掌握培训计划设计的内容和流程;

(2)掌握培训项目的设计与开发;

(3)了解培训经费的预算方法。

【任务描述】

培训计划是根据企业的近、中、远期发展目标,对企业员工培训需求进行预测,然后制订培训活动方案的过程,包括确定组织目标、分析现阶段差距、确定培训范围、拟定培训内容、选择培训方式、确认培训时间及培训计划的调整方式和组织管理。通过任务二的学习,掌握培训计划和培训项目的设计。

【步骤方法】

步骤一　制订培训计划

制订培训计划有系统性、标准化、有效性和普遍性四方面的要求。其中,系统性是要求培训计划从目标设立到实施的程序和步骤,从确定培训对象到选择培训内容和方法,乃至评估标准的制定都应保持一致性;标准化是要求确立和执行培训规则和规范;有效性是要求员工培训计划要体现出可靠性、针对性、相关性和高效性的特点;普遍性是要求培训计划制订必须适应不同工作任务、不同培训对象和不同的培训需要。

一、了解企业培训计划系统构成

企业培训计划是多层次、多方面的,从横向结构看,有整体培训发展计划、培训管理计划和部门培训计划;从纵向结构看,有长期、中期和短期培训计划。企业培训计划系统的构成如表3.7所示。

表3.7　企业培训计划系统构成

层次	类型	特点
横向结构	整体培训计划	是企业培训目标和培训战略等问题的规划,起全局性的指导、控制作用。主要涉及培训形式分析、培训总体目标、培训资源、培训策略等内容。目的在于明确组织培训工作所面临的外部环境和内部条件,提出解决问题的整体方案,规定组织培训发展的大方向
	培训管理计划	是培训管理者为实现企业整体培训计划而制订的相关计划。内容有企业培训目标细化、部门培训规划、培训实施工作条例等。是联系整体培训发展计划和部门培训计划的关键
	部门培训计划	是各部门具体培训工作实施规划,详细列出培训需求分析、培训目标、培训对象、培训资源、培训内容及培训预测等具体事项

续表

层次	类型	特点
纵向结构	长期培训计划	期限一般为3~5年。在充分分析企业内外部环境的发展趋势，考虑企业及员工个人长远目标的基础上，明确培训所要达到的目标与现实之间的差距及培训资源配置等方向性和目标性问题
	中期培训计划	期限一般是1~3年。是长期培训计划的进一步细化，为培训实施计划提供指导和依据
	短期培训计划	即培训实施计划，是年度及一年之内的培训计划。必须要考虑可操作性和培训效果两个要素

二、设计培训计划的内容

培训计划一般包括培训目的、培训主体、培训内容、培训时间和期限、培训场地、培训方法等内容，为保证培训计划的顺利实施，培训计划还应当提出具体的实施程序、步骤和组织措施，包括选好培训班的负责人和管理人；做好相关部门的协调工作；让受训者明确培训目的、要求、内容和程序；确保培训时间、参加培训人数及资金投入；定期进行培训评估等。培训计划设计具体内容如表3.8所示。

表3.8　培训计划设计内容

内容构成	实施要点
培训目的	说明员工为什么要培训，将培训目的用简洁明了的语言描述出来，是培训的纲领。培训目标主要解决员工培训应达到什么样的标准
培训主体	1. 负责培训的管理人员，明确具体的培训负责人 2. 培训讲师，根据培训目的和要求，全面考虑培训师的选拔和任用问题，优先聘请内部讲师 3. 培训对象，按层级分为普通操作员级、主管级和中高层管理级；按职能分为生产、营销、质量管理、财务、行政人事等项目。组织策划培训项目时，首先应决定培训对象
培训内容	一般在培训需求分析中通过对工作任务的调查和分析确定。包括开发员工的专门技术、技能和知识，改变工作态度的企业文化教育，改善工作意愿等
培训时间和期限	可根据培训目的、场地、讲师、受训者的能力及上班时间等因素确定。新任人员的培训在实际从事工作前实施，时间为1周至10天，甚至一个月。在职员工培训可以工作能力、经验为标准决定培训期限的长短。培训时间的选定以尽可能不影响工作为宜
培训场地	1. 内部训练场地，优点是组织方便、费用节省，缺点是培训形式较为单一，受外部环境影响大 2. 外部专业培训机构与场地，优点是可利用特定的设施，离开工作岗位而专心接受训练，培训技巧多样化；缺点是组织较为困难，费用较大
培训方法	根据培训资源配置，选择适用的方式方法

三、设计培训计划的程序

培训计划设计程序如表3.9所示。

表 3.9　培训计划设计程序

程序	目标	方法
培训需求分析	明确员工技能水平与理想状态的差距	测评现有成绩，评估与理想水平的差距
工作岗位说明	收集有关新岗位和现在岗位要求的数据	查阅有关报告文献
工作任务分析	明确岗位对培训的要求，预测培训潜在困难	对将要涉及的培训进行分类和分析
培训内容排序	排定各项学习内容或议题的先后次序	界定各项学习或议题的地位及相互关系并排序
描述培训目标	编制目标手册	任务说明和有关摘要，对说明文字推敲、加工
设计培训内容	根据培训目标确立培训具体项目和内容	聘请专家或借助中介机构选拔培训科目
设计培训方法	根据培训项目的内容选择培训方法	采用经验总结、小组讨论、专家咨询等多种形式提出具体对策
设计评估标准	选择测评工具，明确评估的指标和标准	采用模拟实验或请专家对测评工具、评估指标和标准进行初步评价
实验验证	评析培训计划，发现其优缺点，并改进	征求多方意见或进行实验试点，进行诊断，找出问题并修改完善

小提示

制订培训计划应注意的问题

◎ 服从于企业生产、服务和发展战略。

◎ 协调企业组织目标和职工目标，兼顾各自利益。

◎ 注重时空结合。

◎ 计划要具有超前性和预见性。

◎ 具备一定的量化基础。

◎ 培训项目的成本预算、成本控制和节约方案。

步骤二　设计开发培训项目

七项原则：
- 因材施教
- 激励性
- 实践性
- 反馈及强化性
- 目标性
- 延续性
- 职业发展性

图 3－5　培训项目设计原则汇总

培训项目设计的原则概括为“满足需求、重点突出、立足当前、讲求实用、考虑长远、提高素质”，具体包括以下七项原则，如图 3－5 所示。

企业在进行培训需求分析的基础上进行培训项目的设计，具体分为 5 个步骤。

（1）第一步：明确员工培训目的是实现企业战略与经营目标。

（2）第二步：对培训需求分析结果的有效整合。

①组织层面的培训需求调查分析：当前＋未来。

②员工层面的培训需求调查分析：问卷调查法、面谈法，调查员工的工作感受，理想与现实岗位的差距，问题原

因、解决途径。

(3)第三步:界定清晰的培训目标。

①培训目标应解决员工培训要达到什么样标准的问题。

②将培训目标具体化、数量化、指标化和标准化。

③培训的目标要能有效地指导培训者和受训者。

④培训资源分为内部资源(领导、业务骨干)和外部资源(培训机构、学校、研讨会、学术讲座)。

(4)第四步:制订培训项目计划和培训方案。

完整的培训方案有三方面基本要求。

第一个要求:培训目标对受训者传达的意图。

第二个要求:组织对受训者的希望。

第三个要求:受训者如何将培训项目要求与自身情况结合。

完整培训项目计划应包含的内容如表 3.10 所示。

表 3.10　培训项目计划的内容

设计内容	实施要点
培训目的	说明员工为什么要进行培训
培训目标	解决员工培训应达到什么样的标准
受训人员	明确培训谁
培训内容	培训什么
培训范围	包括四个培训层次,即个人、基层 部门、企业
培训规模	培训规模受人数、场地、培训性质、工具及费用等的影响
培训时间	受培训范围、对象、内容、方式、费用及其他与培训有关的因素影响
培训地点	学员接受培训的所在地区和培训场所
培训费用	培训成本,在员工培训过程中所发生的一切费用
培训方法	讲授法、视听技术法、讨论法、案例研究、角色扮演、网络培训、自学等方法
培训师	根据培训目的和要求,充分、全面地考虑培训师的选拔和任用问题

(5)第五步:培训项目计划的沟通和确认,获得支持,说明内容。

二、开发培训项目

在明确培训目标之后,下一阶段的主要任务就是培训项目的开发与管理,主要包括购买或修改培训材料,确定培训师,准备学员教材和培训师教学资料,编写详细的课程计划等,具体有以下五项工作。

1. 培训项目材料开发

培训材料能够帮助学习者达成培训目标,满足培训需求,培训项目材料具体包括如图 3-6 所示内容。

2. 培训活动的设计

通常一个人能够集中精力在一件事情上的时间不会超过 12 分钟,所以我们在员工培训过程中每 12 分钟就要换一种培训方式,常用的培训方式包括如图 3-7 所示内容。

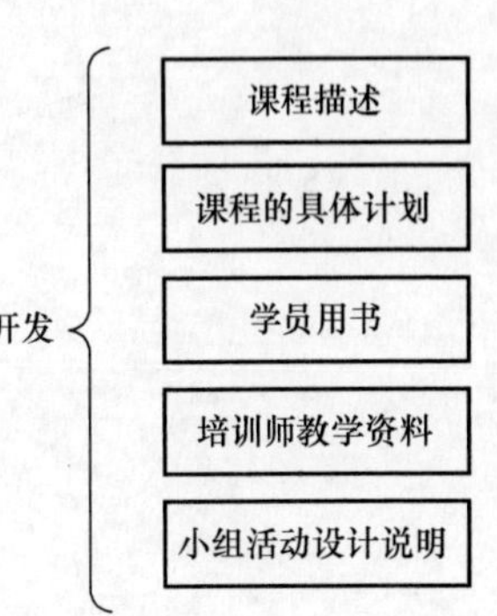

图 3-6　培训开发材料汇总

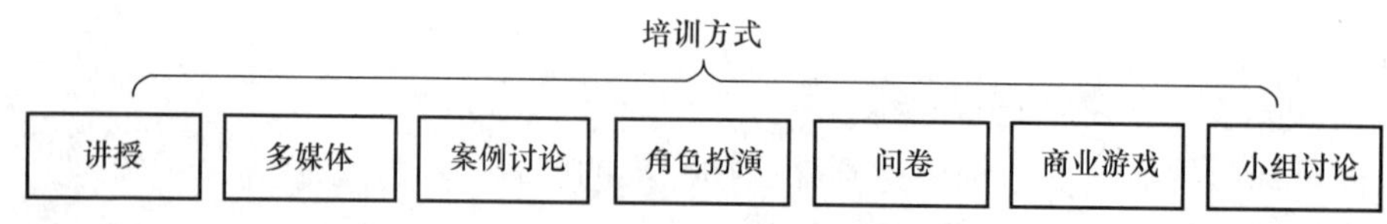

图 3－7 培训方式汇总

3. 建立和培养内部培训师资队伍

（1）内部培训师：培养方式包括专门培养、外部培训师的助手、模拟授课、共同研讨、组成内部培训师俱乐部。

（2）外部培训师：选拔程序包括申请、试讲、资格认证、评价、聘用、晋级等流程。

（3）外部培训师助手制度：为每一个正式聘用的外部培训师配备专门的内部助手，助手的主要职责是通过向外部培训师提供本企业的案例和实际素材，丰富外部培训师的授课内容，强化其授课针对性、适用性；就外部培训师的授课内容和授课方式提出建议，主动收集受训者的反映和评价，并及时反馈给外部培训师；促进外部培训师授课成果的有效转化，提升内部培训师的专业知识和授课水平，有利于企业内部培训师队伍的成长。

4. 统筹协调培训活动

主要包括：制定系统内开展培训的指导性意见，制订年度培训计划，了解和掌握各部门的培训情况。

5. 实现培训资源的共享

培训资源包括内部培训资源和外部培训资源，其中内部培训资源有标准化培训产品、企业内部培训师、经理人作为培训资源、成工员工互助学习小组；外部培训资源有专业培训公司、咨询公司和商学院校。

6. 构建配套的培训制度与文化

具体包括：建立配套制度、建立培训档案、建立培训奖惩制度激励保障体系、建立培训时间保证制度、建立营造良好的培训文化等内容。

小提示

培训项目的设计与管理应关注以下问题：

◎ 系统动态地对培训需求进行分析；

◎ 培训项目的设计充分考虑员工的自我发展的需要。

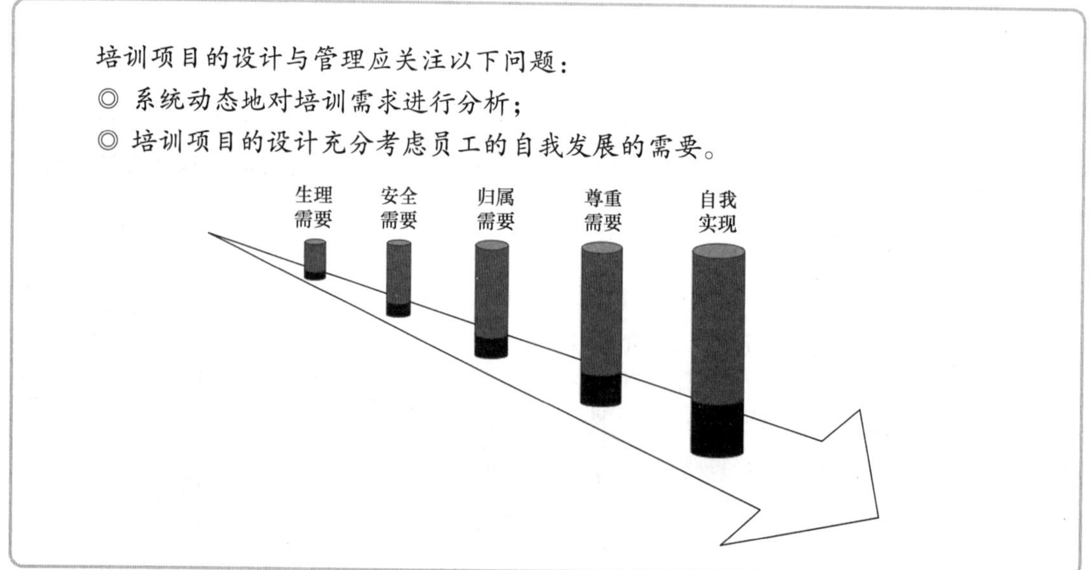

技能练习

某公司是一家高科技生产企业，随着公司生产规模和市场范围的不断扩大，公司高层越来越感觉到现有员工的综合素质无法满足公司的发展需要，已成为制约公司可持续发展的一个瓶颈。于是公司决定将“全面提升员工技能素质”作为人力资源工作的重点。据此，人力资源部张经理要求培训主管小王，在一周内做好员工培训需求分析的前期准备工作，并尽快提交一份培训项目计划方案。请结合本案例，说明该公司培训项目计划方案的主要内容。

步骤三　预算培训经费

一、收集培训成本信息

员工培训成本在西方人力资源会计中被定义为人力资源开发成本，是指企业为了使新聘用的人员熟悉企业、达到具体岗位所要求的业务水平，或者为了提高在岗人员的素质而开展教育培训工作时发生的一切费用，包括直接培训成本和间接培训成本。具体包括人员定向成本、在职培训成本、脱产培训成本，具体分类及相关项目如表 3.11 所示。

表 3.11　培训成本的种类

成本种类	具体项目
人员定向成本	培训者和受训者的工资、教育管理费、学习资料费、教育设备的折旧费
在职培训成本	培训者和受训者的工资、培训工作中所消耗的材料费、图书资料费、学费
脱产培训成本	内部脱产培训成本、外部脱产培训成本

收集成本资料主要包括三方面。

(1) 收集需要参加公司外部培训的员工的数据资料：采集所有需要参加外部培训的员工可能发生的费用资料。

(2) 收集企业及其各个下属部门在企业内部组织培训可能发生的各项费用资料：公司拟举办的各种类型的培训班，在培训场地、聘请讲师、购买教材等方面的费用资料。

(3) 收集企业培训所需要新建场地设施，新增设备器材器具的购置等方面的费用资料：有形资本费用和无形资本费用。

二、核算培训成本

1. 利用会计方法计算培训成本

培训成本主要是按照一定的成本科目进行统计计算，企业统计计算培训成本的项目通常包括七种，如图 3－8 所示。

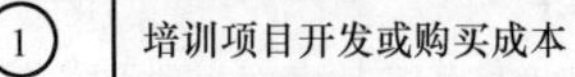

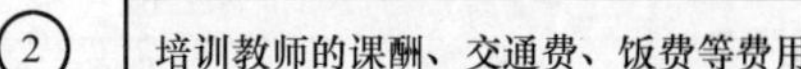

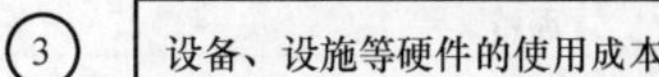

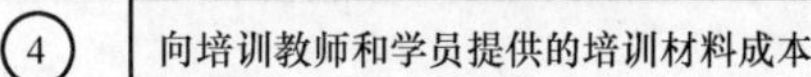

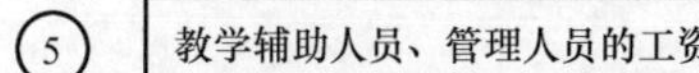

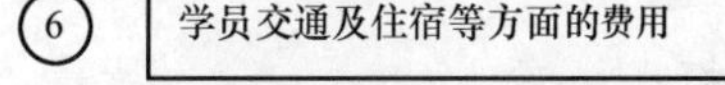

图 3－8　培训成本项目汇总

2. 利用资源需求模型计算培训成本

资源需求模型是一种按照培训的横向、纵向作业流程核算企业培训成本的方法，是从项目开始准备阶段一直到项目全部终结为止，按设计成本、实施成本、需求分析评估成本、成果跟踪及效果成本等科目进行的成本核算。通过以下应用实例，理解资源需求模型的应用。

技能练习

恒丰公司举办了一次为期3天的培训，培训学员20人。为了更好地做好培训工作，培训前用了2天调研，在培训之后一个月、三个月和半年分别进行了3次评估跟踪，每次3天，各部门费用标准如下：培训前期调研费用1 500元/天，讲师费用10 000元/天，讲师交通及食宿费用1 000元/天，培训场地及设备租赁费1 500元/天，教材费100元/人，学员餐费标准每人20元/天，评估费用800元/天，培训学员的误工费3 000元/天，培训部门管理费用200元/天。请用资源需求模型法对该培训成本做出预算。

计算过程如下：

1. 培训项目设计成本 =1 500 ×2 =3 000（元）

2. 培训项目实施成本 =10 000 教师费 ×3 +1 000 教师交通及食宿费 ×3 +1 500 场地费 ×3 +100 教材费 ×20 +20 学员餐费 ×20 ×3 +3 000 误工费 ×3 +200 管理费（培训部人员薪资）×（2 +3 +3 ×3）×2 =55 300（元）

3. 培训项目评估成本 =800 ×3 ×3 =7 200（元）

4. 培训项目总成本 =3 000 +55 300 +7 200 =65 500（元）

利用资源需求模型法对该培训成本做出预算，预算结果如下表所示。

恒丰公司某培训项目费用预算表 单位：元

序号	培训项目费用标准			费用预算
1	培训项目设计成本			3 000
2	项目实施成本	2.1	培训师课酬	30 000
		2.2	培训师交通食宿费	3 000
		2.3	场地设备费用	4 500
		2.4	学员材料费用	2 000
		2.5	学员餐费	1 200
		2.6	学员的误工费	9 000
3	培训项目评估费			7 200
4	项目管理费	4.1	培训部人员薪资	5 600
	费用合计			65 500

三、编制预算方案

1. 对比分析

在编制培训经费预算时，要充分考虑以下影响因素，对不同方案的成本进行对比分析。

（1）有多少员工需要参加这项教育训练计划？他们的工作岗位处于何种层级？

(2)每期有多少员工同时离开工作岗位？脱产多长时间？准备举办多少期？

(3)员工离开工作岗位,部门主管安排其他同事代替是否要增加额外的支出？

(4)讲师与学员最理想的比率是多少？最多可容纳多少学员,同时保证讲师仍能掌握并达成训练目标,保证培训的质量？

(5)参与培训计划的人员成本、设施费用、地点及其他单位的支援费用？

(6)培训计划从设计、安排、协调、执行到追踪评估所需要的时间、人力、物力？

(7)增加部分成本在效益上是否会按比例扩大？培训结果有哪些可能产生的间接效益？

(8)培训成果评估,直接效益的计算,应事先根据培训目标设定。

(9)培训成本分担期限的界定及人数或成本中心的计算方式应合理确定。

(10)培训计划是企业内自行设计,或聘请企业外培训机构,或购买现成的培训套装,与培训人数、次数及培训需求达成的目标有关。

2. 划分费用

正确的划分员工培训费用数据的种类、科目,不但有利于对培训经费使用情况进行分析,也对以后培训费用预算方案的起草、审核和监督,特别是对培训计划的制订和贯彻实施具有十分重要的指导意义。

3. 调整预算

在编制预算时,起草人在全面掌握企业以及各下属部门提出的培训计划信息之后,通过分析比较,要对企业培训计划项目及其费用预算进行必要筛选、调整和平衡,然后再交部门主管及企业领导审批,审批后的费用,按标准严格执行,并要坚持一个季度回顾一次费用的使用情况,根据需要对培训项目及其费用作相应的调整。

小提示

编制培训预算方案应注意的事项

◎ 预算方案应包括培训目标与财务分析报告。

◎ 培训目标应根据企业经营目标所设计的培训计划,按各部门的需求安排培训,协助各部门达到他们的工作目标。

◎ 各项培训计划应详细列出各项费用。

◎ 预计可能的成本节省、浪费减少、利润增加,亦即产量、效率、品质的提高所产生的效益。

四、分析成本收益

1. 分析可能带来的效益

(1)任职者可以提高完成本职工作的质量。

(2)任职者可以完成超过本职位技能要求的工作。

(3)随着技能的完善和提高,任职者可以从事以前无法胜任的工作,进而减少用人,降低人工成本。

(4)为企业中长期的人才需求做好了储备。

(5)提高了企业整体任职人员的工作素质,增加了企业整体的工作效益和质量,增强了企业的市场竞争力。

2. 计算具体产生的收益

有许多方法可以用来分析企业培训成本所带来的收益,例如:

(1)运用专业技术的成果或生产实践活动的变化,证实培训计划所取得的收益;

(2)通过小范围的试验性培训,评价这部分受训者所获得的收益,从而确定是否大规模投入该培训项目;

(3)运用统计法,比较成功受训者与不成功受训者的绩效差别。

五、核定收费标准

确定培训项目收费标准的方法主要有以下三种。

1. 上级拨款实报实销

这种办法无须送培单位缴纳培训费,培训中心也无须核算成本,上级单位按年度或半年度实际发生金额足额拨款,全包全揽。但此法没有激励效果,易出现浪费现象。

2. 上级核算收费标准

依照每人平均培训费用缴纳,收费标准比较模糊,送培单位经济核算程度不高。

3. 精确计算培训成本

(1)培训成本总额核算公式:

$$J_z = Y \cdot \sum_{i=1}^{6} J_i$$

式中 Y——管理费用系数;

J_1——发生在教师身上的费用,如薪酬、交通费、食宿费;

J_2——教材及辅导材料的印刷、购置等费用;

J_3——场地、教具、设备、材料、水电等费用;

J_4——外出参观车费、外联等费用;

J_5——学员食宿、文体、医疗等费用;

J_6——其他培训相关费用。

(2)单个学员的收费标准计算公式:

$$J = J_z / X$$

式中 J——单个学员培训收费标准;

X——学员总数;

J_z——预计发生的经费总额。

学员在报到前总数是个不确定值,因此要按计划培训数算,或把涉及人数的因素不放在公式内,来一人算一人。

管理费用 Y 值的计算要充分考虑培训单位和培训学员所能承受的能力,一般控制在 10% ~20%,不宜过高。Y 值可以通过培训成本总额核算公式进行推导。

任务三　培训组织实施

扫码获取课程视频

【任务目标】

通过本任务的学习,学生应掌握以下职业能力:

(1)掌握岗前培训、在岗培训、脱产培训的组织实施要点;

(2)掌握课堂培训、现场培训和自学的组织实施要点。

【任务描述】

培训的组织实施是指在企业培训组织管理部门或岗位人员的组织下,由培训教师实施培训,并由项目组织管理责任人组织考核评定。通过任务三的学习,掌握岗前培训、在岗培训、脱产培训、课堂培训、现场培训及自学的组织实施流程和要点,能够完成培训组织实施任务。

【步骤方法】

步骤一　岗前培训的组织

根据培训与工作的关系,员工培训可分为岗前培训、在岗培训和脱产培训。

岗前培训是员工进入组织之前,组织为新员工提供的有关组织背景、基本情况、操作程序和规范的活动,岗前培训对新员工具有导向性作用。岗位培训主要目的是让员工尽快熟悉企业,适应环境和形势,消除员工新进公司产生的焦虑,具体作用如图3-9所示。

①新员工进入群体过程的需要

②打消新员工对新的工作环境不切实际的期望

③满足新员工需要的专门信息

④降低文化冲击的影响

⑤避免企业管理人员过多的行使权威

图3-9　岗前培训的作用

因不同的企业的生产经营特点、企业文化以及新员工素质不同,所以岗前培训的内容存在差异。岗位培训的常规内容有企业概况、规章制度、产品知识、行为规范和共同价值观,其中行为规范和共同价值观属于企业文化。岗位培训的专业内容有业务知识、技能培训和管理实务等。在联想集团新员工有"入模子"培训,包括历史篇、文化篇、常识篇,分别介绍联想历史、联想精神和联想礼仪,将联想的企业精神"拷贝"到新员工的思想中,将新员工的思想、行为方式纳入到联想的经营理念和行为规范中。

岗前培训可采用二阶段和三阶段两种方法。其中,二阶段培训分为全公司培训和工作现场培训;三阶段培训分为总部培训、分支机构或部门培训、工作现场培训。

岗前培训的组织实施要点如表3.12所示。

表 3.12　岗前培训工作流程

岗前培训的设计	1. 制订岗前培训计划; 2. 编写岗位培训提纲,包括企业介绍、企业文化介绍、人力资源管理制度说明、其他管理制度说明、设施条件说明、将新同事介绍给各部门经理、主管
岗前培训的实施	1. 准备培训资料:员工上岗培训计划、员工上岗培训通知、受训员工基本情况表、上岗培训安排表、上岗培训提纲、培训资料、员工手册 2. 会务准备:由高级经理人员致欢迎词,由人力资源部门进行一般性指导,由新员工直属上司执行特定性指导,举行新员工座谈,安排培训会场 3. 实施培训; 4. 考核考试; 5. 颁发上岗证或上岗通知书
岗前培训内容与效果跟踪	对每个新员工进行全面复查,了解岗前培训内容是否真正领会掌握。一般的调查方法是由新员工代表和主管人员座谈,或以问卷方式普查所有新员工。 调查内容:1. 岗前培训活动是否恰当;2. 培训内容是否易理解、是否有激励作用;3. 评估培训成本的大小

小提示

员工手册的构成

员工手册是新员工获取企业信息的基本来源,具体包括以下内容:企业概述、企业文化、组织结构、部门职责、政策规定、行为规范等。

步骤二　在岗培训的组织

在岗培训也称在职培训、不脱产培训,是指企业为了使员工具备有效完成工作所需的知识、技能和态度,在不离开工作岗位的情况下对员工进行的培训。在岗培训的优点是简单易行、成本较低,利用现有的人力、物力,不影响生产或工作。一般用于涉及面广,不要求很快见效的培训任务。在岗培训常用方法有工作指导法、工作轮换法、提升计划、设立“助理”职位、建立“委员会”、特殊任务委派等。

在岗培训包括转岗培训、晋升培训、以改善绩效为目的的培训、岗位资格培训。

在岗培训的内容包括在岗人员的管理技能培训,一般包括观察与知觉力、分析与判断力、反思与记忆力、推理与创新能力、口头与文字表达能力、管理基础知识、案例分析、情商等方面;在岗人员的专业性技能培训,一般包括行政人事、财务会计、营销、生产技术、生产管理、采购、质量管理、安全生产、计算机等专业性培训;培训迁移的有效促进,有效促进员工培训迁移的主要因素,包括合理确定培训目标,精选培训教材,合理安排培训内容,有效设计培训程序,使员工掌握学习规律等方面。

制订在岗培训计划的步骤和实施要点如表 3.13 所示。

表 3.13　制订在岗培训计划的步骤与实施要点

步骤	实施要点
1. 调查企业目前从业员工现状	调查目的是确定企业中哪些员工需要培训 内容:确定五年内退休员工及人数,通过培训即可晋升上级职位的员工及人数,因工作态度不好必须实施培训的员工及人数,因工作技能和绩效不佳而不能提升的员工及人数
2. 确定培训的项目和内容	培训项目的确定可依据直接记录或组织分析等方法 直接记录法是指通过与下属或同事沟通,随时记录所从事工作的名称、使用的设备、作业流程、作业技能要求等 组织分析法是把工作现场内所有工作分成若干作业期,并将每一作业期内的工作分类,调查每一项工作的具体要求
3. 培训的准备工作	安排培训教师,通知下属培训的内容、时间,确定培训方法,安排参训人员培训期间所从事工作的代理人,备齐培训所需要设备,支付参训员工培训期间的工资,测定参训员工培训成绩,制订培训计划表
4. 确定培训指导负责人	培训指导负责人的职责是接受并带领参训员工进行培训,掌握培训进度
5. 制作培训记录表和培训报告书	培训记录表主要包括受训员工概况、培训方式、集中培训业务知识、培训效果等内容
6. 培训计划制订的责任	一般采取自下而上的方法制订。企业各下属机构或部门制订各自下一年度培训计划,并上报人力资源部门,人力资源部门汇总,并召开各下属机构培训负责人会议,确定公司年度培训计划
7. 在岗培训费用管理	包括教材编写、聘请讲师、租用培训场地等费用

一、转岗培训

转岗培训是对已批准转换岗位的员工进行的旨在使其达到新岗位要求的培训。因组织原因和个人不能胜任工作而需要转岗,可按以下程序进行。

(1)确定转换的岗位。员工的领导根据员工的具体条件并征求其本人意见后提出建议,由人力资源部门确定。

(2)确定培训内容和方式。根据员工将要从事的岗位的具体要求确定。

(3)实施培训。转岗培训偏重专业知识、技能、管理实务的培训。

(4)考核考试。考试、考核合格后,由人力资源部门办理正式转岗手续。

二、晋升培训

晋升培训是对拟晋升人员或后备人才进行的旨在使其达到更高一级岗位要求的培训,当某个领导岗位出现空缺时,能够挑选到满意的候选人。

晋升培训的特点是以员工发展规划为依据,培训时间长、内容广,多种培训方法并用。

晋升培训的设计分为以下两个阶段。

(1)任职前训练阶段:目的是提高受训者理论、业务水平,增长才干,丰富工作经验,使其具备任职的基本条件。

(2)任职后训练阶段:目的是进一步提高受训者素质。培训时间一般为任职后 1 ~ 2 年。

三、以改善绩效为目的的培训

以改善绩效为目的的培训是指在绩效未达到要求、绩效下降或虽达到要求但员工希望改进其绩效的情况下所进行的在岗培训。其特点是以客观、公正的绩效考核为依据,以一对一指导为主要方法,是任职前培训的延续。

以改善绩效为目的培训程序包括:对员工的绩效进行评价;进行评估面谈;制订绩效改进计划;实施培训;对培训效果进行评价。

四、岗位资格培训

许多岗位需要通过考试取得相应资格证才能上岗,且资格证一般几年内有效。要求上岗者须具备资格证的岗位包括国家有关部门规定的岗位、企业规定的岗位,企业规定的岗位资格培训由企业自己组织。

岗位资格培训设计程序如下:

(1)确定要严格执行持证上岗制度的岗位和资格证的期限;

(2)确定岗位资格考试、考核的内容,考试、考核内容应根据工作说明书(或岗位规范)、技术等级标准确定;

(3)确定培训内容;

(4)实施培训;

(5)考试、考核,实行"考试、考核—颁发上岗证—考试、考核—换证"管理方法,激发员工学习新知识、新技术的积极性,保证员工素质与岗位要求相吻合;

(6)重新颁发上岗证。

五、管理人员教程培训

员工管理人员教程培训是在岗培训的重要组织形式之一,受到很多企业重视。员工管理人员教程培训的设计一般按照四个级别进行,各级培训之前先以最低级别培训为基础,从第四级别到第一级别所获技能依次提高,具体内容如表 3. 14 所示。

表 3. 14　管理人员教程培训实施要点

四级培训	培训教程:管理理论教程 培训对象:具有管理潜能的员工 培训目的:提高参与者的自我管理能力和团队建设能力 培训内容:企业文化、自我管理能力、个人发展计划、项目管理、掌握满足客户需求的团队协调技能 培训日程:与工作同步的一年培训,短期研讨会 1 次和开课讨论会 1 次
三级培训	培训教程:基础管理教程 培训对象:具有较高潜力的初级管理人员 培训目的:参与者准备好进行初级管理工作 培训内容:综合项目的完成、质量及生产效率管理、财务管理、流程管理、组织建设及团队行为、有效的交流和网络化 培训日程:与工作同步的一年培训,短期研讨会 2 次和为期两天的开课讨论会 1 次

续表

二级培训	培训教程:高级管理教程 培训对象:负责核心流程或多项职能的管理人员 培训目的:开发参与者的企业家潜能 培训内容:公司管理方法、业务拓展及市场发展策略、技术革新管理、多元文化间的交流、改革管理、企业家行为及责任感 培训日程:与工作同步的 18 个月培训,为期 5 天的研讨会 2 次
一级培训	培训教程:总体管理教程 培训对象:管理业务或项目,并对其业绩全权负责者;至少负责两个职能部门者 培训目的:塑造领导能力 培训内容:高级战略管理技术、知识管理、识别全球趋势、调整公司业务、管理全球性合作 培训日程:与工作同步的两年培训,为期 6 天的研讨会 2 次

步骤三　脱产培训的组织

脱产培训是指离开工作或工作现场进行的培训,一般费用较高,对工作影响大,不适合全员培训,主要用于培养紧缺人员,或为企业未来培养高层次技术人才、管理人才,或为了引进新设备、新工艺,由工厂选送员工去国内外对口企业、高等院校、科研机构进修。

一、脱产培训的分类组织

脱产培训依据不同的标准有不同的分类,如表 3. 15 所示。

表 3. 15　脱产培训分类

划分标准	培训类型	
按培训时间分类	短期脱产培训、长期脱产培训	
按安排培训的主体分类	组织安排的培训、个人选择的培训	
按培训内容分类	学历培训、更新技能培训	
按受训阶层分类	分阶层脱产培训	1. 强调培训对象的职务地位、等级和阶层; 2. 强调教育培训的综合性,即提高受训员工扮演新角色时必要的综合能力; 3. 强调标准化、规范化教育培训; 4. 具有定期轮训的特性
	分专业脱产培训	1. 强调培训的专业性; 2. 强调培训内容的单一性; 3. 强调专业知识和技能的层次

二、脱产培训的管理

外出培训最好不要影响工作,没有什么特殊情况,不宜提倡全脱产学习。为便于员工外出学习的管理,需要脱产培训的员工需做好以下工作。

第一步申请审批:自己提出申请,如填写“员工外出培训工申请表”,经部门同意后交人力资源部审核，按管理权限呈报企业领导审批，最后由人力资源部备案。

第二步签订合同：需签订员工培训合同，合同规定双方的责任、义务。

第三步效果评估：根据培训者是否获得证书进行评估，根据调查表和报告书进行评估。

步骤四　课堂培训的组织

课堂培训是员工培训的最基本形式，主要有课堂讲授和课堂讨论两部分，是在讲授者指导下，以学员活动为主的教学方法和形式，适合课堂培训的方法包括讲授法、研讨法、案例分析法、专题讲座等。

影响课堂培训效果的因素有教师的教学水平、培训内容是否充实、是否符合学员的需要、教学方法、学员的学习态度。

一、课堂培训的准备

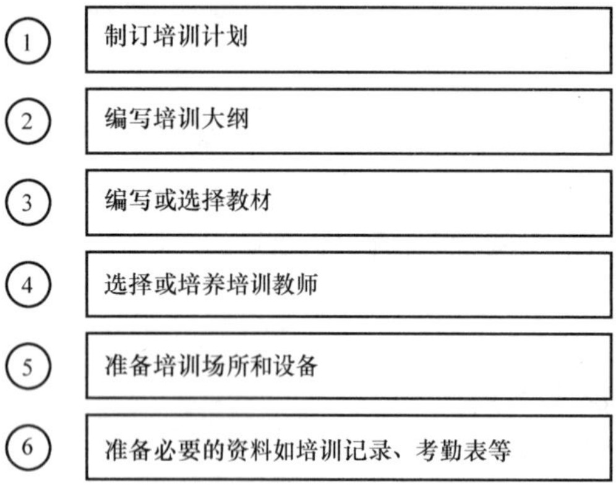

① 制订培训计划

② 编写培训大纲

③ 编写或选择教材

④ 选择或培养培训教师

⑤ 准备培训场所和设备

⑥ 准备必要的资料如培训记录、考勤表等

图 3－10　课堂培训准备工作流程

课堂培训准备工作的流程如图 3－10 所示。

二、布置教室

教室布置的决定因素有：参训者人数，不同的培训活动形式，课程的正式程度，培训者希望对课堂的控制程度。教室的布置可以以教师为中心，也可以以学生为中心。教室布置的具体方式有以下六种。

1. 传统布置法(图 3－11)

传统布置法，从空间利用的角度看，这种布置方法是最好的；从讲授的角度看，这种布置方法也是最佳的。

2. 臂章形布置法(图 3－12)

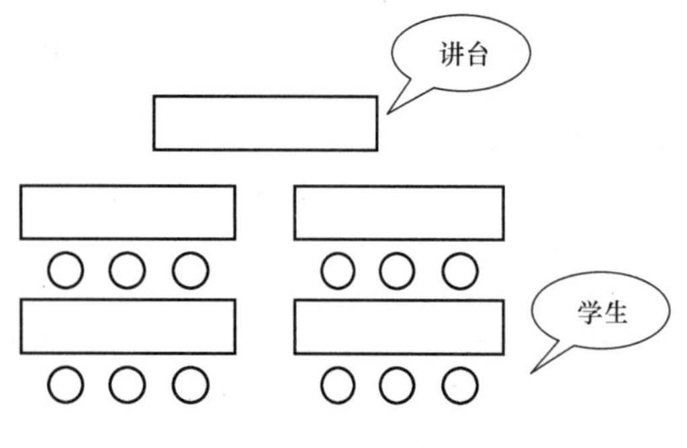

图 3－11　传统布置法

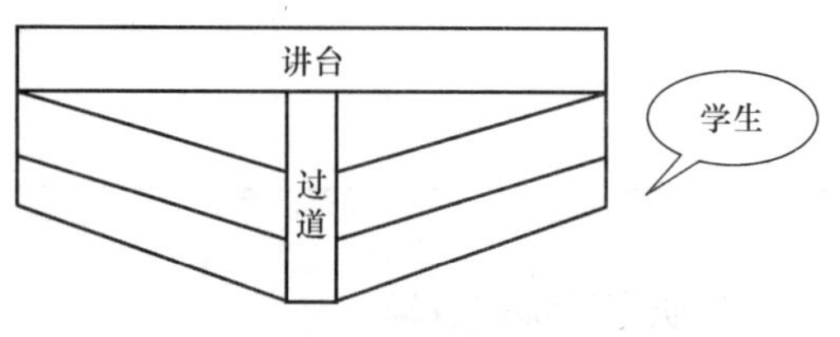

图 3－12　臂章形布置法

臂章形布置法只适合于桌椅排成两列的教室。其优点是便于学生交流，缺点是分散学生注意力。

3. 环形布置法(图 3－13)

环形布置法将桌椅围成一个不封闭的圆圈，缺口处为教师的位置，便于学生之间、学生与教师之间的交流，是典型的以学生为中心的布置方法，适合于应用研讨或案例法的教学，而不适合于讲授。

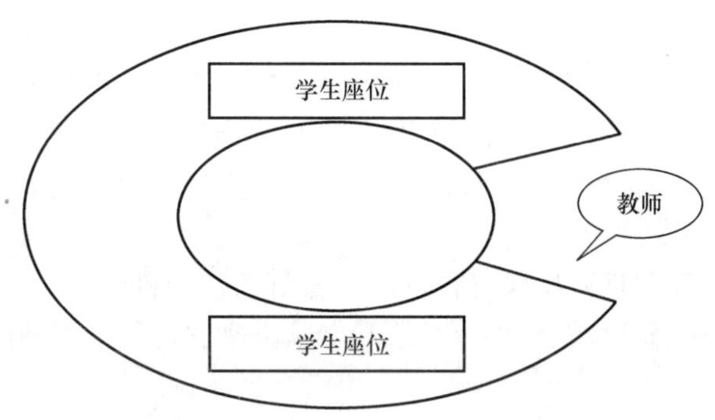

图 3－14　环形布置法

4. 圆桌会议和圆桌分组布置法(图 3－14)

圆桌会议和圆桌分组布置法的优势：①比较适合较大型的团队培训；②有利于培养团队意识，可以在桌与桌之间进行沟通，不离开位置就能组成新的小组，培训师可以在各桌之间巡视，并且加入任何一组。其不足：①学员们不容易看到培训师，并且在观看投影时都得转动一个角度；②在演讲时，这种布置方式鼓励了私下的谈话，削弱了演讲效果。

5. U 形布置法(图 3－15)

U 形布置法是将桌椅围成 U 形，开口处是教室的正面。这种布置形成两边的学生互相对视，另一排学生正对教师，适合于模拟练习法，U 形里面的空间可以作为模拟者的演练区域。

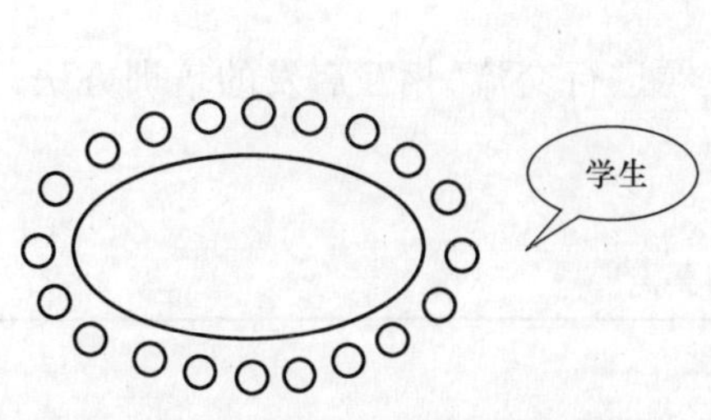

图 3－14　圆桌会议和圆桌分组布置法

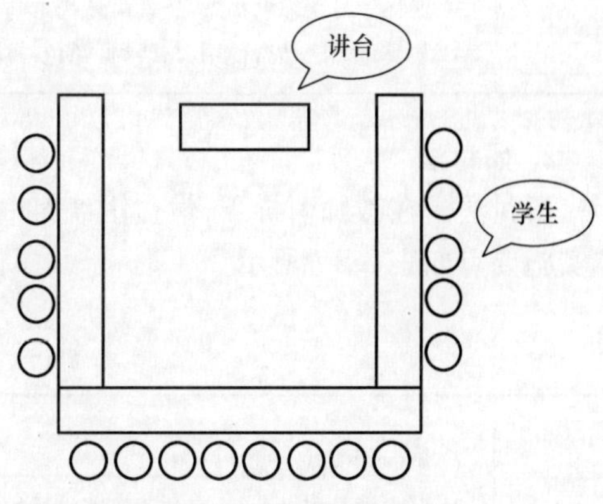

图 3－15　U 形布置法

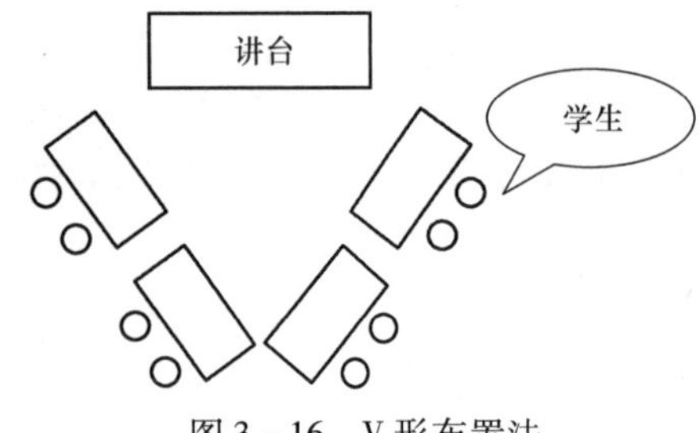

图 3－16　V 形布置法

6. V 形布置法(图 3－16)

V 形或称人字形布置即将课桌、座位以一个角度进行布置，摆成一个 V 字形。采用 V 字形布置，不像平行布置那么拘谨，所有的学员都可以比较容易地看到黑板、投影幕布，培训师可以从过道走向任何一个学员并进行沟通，学员们可以进行最佳的沟通。V 形布置法的主要缺陷是不便于学员们相互看见对方，有些学员的视线会被其他学员挡住，学员的沟通不如 U 形布置。

三、课堂培训方法的实施

课堂培训的方法主要包括讲授法、研讨法、模拟练习法、视听法、演示法、案例分析法和专题讲座法等，其中讲授法、研讨法、案例分析法和专题讲座法是最常用的四种方法。

1. 讲授法

讲授法是指教师按照准备好的讲稿，系统地向受训者传授知识的培训方法，具体实施要点如表 3. 16 所示。

表 3. 16　讲授法的应用要点

特点	优点：易于操作、经济高效、有利于教师作用的发挥
	缺点：单向式教学、缺乏实际的直观体验、培训的针对性不强
方式	1. 灌输式讲授：教师在讲台上讲解，学生在下面听讲、记笔记 2. 启发式讲授：教师和学生间有互动，教师在讲授时先有所保留，将保留部分以问题提出，让学生思考和回答，然后进行总结 3. 画龙点睛式讲授：教师先将相关的讲义、辅导材料发给学生，让学生课前有充分的时间预习，上课时教师只针对重点和难点进行讲解，并回答学生的问题
应用	1. 对讲课内容的要求：了解学员的基本情况，确定讲课的内容、方式 2. 对讲课教师的要求：知识和授课技巧方面 3. 保持学员兴趣的措施：让学员积极参与、通过生动语言或直观教具增强直观 4. 与其他方法结合使用：与研讨、角色扮演等多种方法相结合，取得更好的培训效果

2. 研讨法

研讨法是在教师引导下，学员围绕某一个或几个主题进行交流，相互启发的培训方法，具体实施要点如表 3. 17 所示。

表 3. 17　研讨法的应用要点

优点	1. 多向式信息交流； 2. 要求学员积极参与，有利于培养学员的综合能力； 3. 加深学员对知识的理解； 4. 研讨法形式多样，适应性强，可针对不同的培训目的选择适当的方法

续表

类型	1. 以教师为中心的研讨和以学生为中心的研讨，主要包括以下内容。 以教师为中心的研讨：由教师组织，教师提出问题，引导学生做出回答。 以学生为中心的研讨：一是由教师提出问题或任务，学生独立提出解决办法；二是不规定研讨的任务，学生就某议题进行自由讨论，进行相互启发。 既不以教师为中心，也不以学生为中心，而是由某一个组织举办，参加者以平等的身份就某一主题展开讨论。 2. 任务取向的研讨与过程取向的研讨，主要包括以下内容。 任务取向的研讨：通过讨论弄清某一个或几个问题，或者得出某个结论。 过程取向的研讨：着眼于讨论过程中学生之间的相互影响。 任务—过程取向的研讨：先分成小组讨论，小组内进行充分的交流，达成一致意见；然后小组推举一人在全体学员的讨论会上发言
形式	1. 集体讨论：在教师的组织下，学生就某一主题展开讨论。 2. 分组讨论：将学生分为若干小组，就某一问题展开讨论。 3. 对立式讨论：将学生分为意见对立的两组，双方针对某一命题进行辩论
方法	演讲讨论法：由培训组织者聘请一位专家针对某一专题进行演讲。 管理原理贯彻法：通过研讨方式让受训者了解管理的基本原理和知识，并将之贯彻到实际管理中去。 强调理解讨论法：通过讨论来达到掌握和巩固理论知识，实施要点如下。 1. 教师确定研讨主题、具体问题和答案。 2. 学员事前进行基础知识学习，如上课、自学。 3. 每个学员独立回答将讨论的问题。 4. 将全体学员分组，每组 5 ~ 6 人，各组讨论已确定的研讨问题，做出共同的答案。 5. 教师提供正确答案并加以解释。 6. 分析各组的答案，评定各组解决问题的能力和效率。 7. 教师总结讨论过程，对普遍的错误进行分析，进行必要的个别辅导
应用	1. 对研讨题目和内容的要求： 题目具有代表性； 题目具有启发性； 题目难度适当； 研讨题目应事先提供给学员，以便做好研讨准备。 2. 对指导教师的要求： 明确讨论要求； 引导讨论过程； 创造讨论气氛； 总结讨论结果。 3. 指导教师制订讨论计划，准备讨论资料

3. 案例分析法

案例分析法是指针对特定案例进行讨论，寻求解决问题方案的方法，它可以被看作是一种特殊的研讨方法，具体实施要点如表 3.18 所示。

表 3.18　案例分析法的应用要点

特点	1. 目的是提高学生分析问题和解决问题的能力； 2. 主体是学生； 3. 学习方式是学生通过对案例的分析，从中总结出某些规律； 4. 揭示了人的行为的动因，即人在某种情景下的行为规律； 5. 教师应在案例中鼓励和激发学生的思考； 6. 提供的情景是具体的、全方位的； 7. 可以让学生掌握解决问题的一些基本方法和程序
操作程序	1. 培训前的准备工作： 培训者根据培训目标和培训对象确定培训课程的具体内容； 培训者从平时积累的案例中选择适当的案例作为研讨内容； 培训者制订培训计划，确定培训时间、地点； 培训者熟悉案例分析法的操作方法，了解实际应用中应注意的问题，掌握案例的选择标准和讨论后进行总结的方法。 2. 培训前的介绍工作； 培训者向学员介绍，培训者自我介绍，培训的目的、培训方式，案例分析法的基本内容、特点，案例分析法应用时应注意的问题及应用后能达到的效果，本次培训课程的计划安排； 学员简单地自我介绍，彼此相互认识以获得基本的了解，创造一个友好、轻松的研讨气氛； 将学员分组，确定各组组长。 3. 案例讨论： 教师展示案例资料，让学员了解、熟悉案例内容，培训者应回答学员就案例内容提出的问题； 各组分别研讨案例，找出所有的问题，并进一步确定核心问题； 小组成员提出多种解决方案，通过讨论选择最佳方案； 全体讨论解决问题的方案。 4. 分析总结： 培训者就案例内容及解决方案进行总结； 培训者就本次培训课程的学习要点进行总结，并对讨论质量做出评价。
实施要点	1. 培训者应在案例资料展示完毕后，进行必要的解释说明，回答学员的提问，以尽量保证学员对案例内容的准确把握。因为案例是从实际工作中收集来的，学员一般无法完全通过材料了解案例的全部背景和内容。 2. 小组讨论中，若发现研讨内容偏离主题，培训者应及时纠正。 3. 各小组在提出最佳方案时，若培训者发现各组提出的对策缺乏新意，应给予提示引导，以促使学员深入思考。 4. 集体讨论时，培训者应注意控制时间，并进行适当引导，以使讨论能够深入。 5. 培训者进行总结时，既要对案例内容及解决方案进行分析，又要对各组提出方案做出评价。 6. 培训者应在每次案例研讨结束后，对案例研究工作和结果进行记录、整理，一方面可保持、提高案例研究的完整性；另一方面有助于提高组织案例研讨课程的技巧和水平
案例编写	1. 确定培训的目的。 2. 搜集信息。 信息的来源一般有四个：一是公开出版发行的报刊书籍，二是内部的文件资料，三是有关人员的叙述，四是自己的经历。 3. 写作：事件起因、发展、结果应忠于事实，引用的数据要准确，涉及的机构和人名可隐去。 4. 检测：请具有一定专业知识的人或经验丰富的人来审阅案例，看它是否存在缺陷或遗漏。 5. 定稿：根据审阅者的意见对案例进行修改，最后定稿

4. 专题讲座法

专题讲座是针对某一个专题知识，一般只安排一次培训，适合于管理人员或技术人员了解专业技术发展方向或当前热点问题等方面知识的传授。

（1）优点：培训不占用大量的时间，形式比较灵活；可随时满足员工某一方面的培训需求；讲授内容集中于某一专题，培训对象易于加深理解。

（2）缺点：讲座中传授的知识相对集中，内容不具备较好的系统性。

步骤五　现场培训的组织

现场培训是指让员工在工作现场边工作边学习、锻炼的培训方式，它不需要专门的培训场所和设备，培训者可以兼顾工作和学习。现场培训主要适用于无工作经验的新进员工或有相关工作经验的新聘用人员的培训，也适用于对需要改善绩效的员工进行培训。

一、设计现场培训的内容

现场培训的内容如图3－17所示。

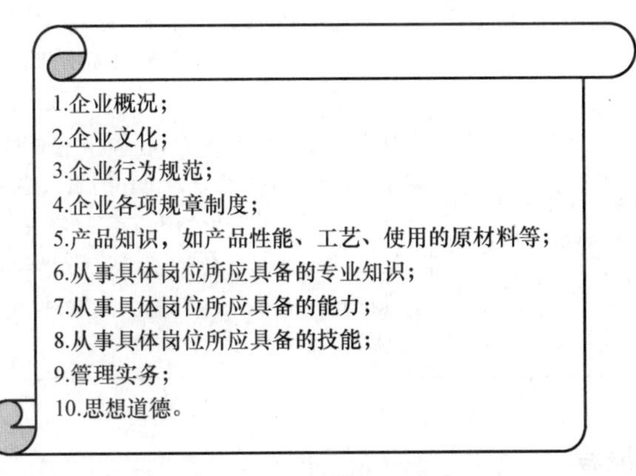

图3－17　现场培训内容汇总

二、明确现场培训的对象

（1）从学校毕业的新员工。

（2）有相关工作经验的新聘用人员。

（3）有工作经历但原先从事的工作与现在从事的工作完全不同的员工，包括转岗员工和将要从事的工作与原先工作不同的新员工。

（4）企业的后备人才。

（5）需要改善绩效的员工，而且该员工要改进的项目适合于现场培训。

三、现场培训的方法

现场培训方法又称实践法，其优点是经济、实用、有效。具体形式有工作指导法、工作轮换法、特别任务法和个别指导法。现场培训方法的特点如表3.19所示。

表 3.19 现场培训方法特点一览表

名称	含义	实施要点
工作指导法	又称教练法、实习法，由一位有经验的员工或直接主管人员在工作岗位上对受训者进行培训的方法	优点：应用广泛，可用于基层生产工人、各级管理人员 不一定要有详细完整的教学计划，但应注意关键工作环节的要求、做好工作的原则和技巧、避免和防止的问题和错误
工作轮换法	指让受训者在预定时期内变换工作岗位，使其获得不同岗位的工作经验的培训方法	优点：增加受训者的工作经验，增进对企业工作的了解；明确自己的长处和弱点，找到适合位置；改善部门间的合作，很好地理解相互间的问题。 缺点：鼓励"通才化"，适合一般直线管理人员的培训，不适用于职能管理人员
特别任务法	企业通过为某些员工分派特别任务对其进行培训的方法，常用于管理培训	1. 委员会或初级董事会，为有发展前途的中层管理人员提供分析全公司范围问题经验的培训方法； 2. 行动学习，让受训者将全部时间用于分析、解决其他部门而非本部门问题的一种课题研究方法，提高分析、解决问题及制订计划的能力
个别指导法	与师父带徒弟、学徒工制度相似，通过资历较深的员工指导，使新员工能迅速掌握岗位技能	优点：新员工在师父指导下可避免盲目摸索；有利于尽快融入团队；消除刚从学校毕业学生进入工作的紧张感；有利于企业优良工作作风的传递；新员工可从指导者处获取丰富经验； 缺点：指导者可能会有意保留自己的经验、技术，使指导浮于形式；指导者本身水平对学习效果有极大影响；指导者不良的工作习惯会影响新员工；不利于新员工工作创新

四、现场培训工作流程

企业现场培训分为两种：一是以让员工适应新岗位为目的的现场培训，二是以改善绩效、培养人才为目的的现场培训。现场培训工作流程如表 3.20 所示。

表 3.20 现场培训工作流程

培训类型	设计程序
适应性现场培训（适用于新员工培训）	1. 确定培训项目； 2. 编写现场培训指导书； 3. 确定现场培训指导者； 4. 考试或考核； 5. 颁发上岗证
改善绩效、培训人才现场培训	1. 确定培训需求（根据员工发展规划、绩效改进计划或自我申报）； 2. 制订个别指导计划书； 3. 实施培训； 4. 培训评价

步骤六　自学的组织管理

自学就是员工独立学习，自学适用于知识、技能的学习，既适用于岗前培训，又适用于在岗培训。

自学具有费用低、不影响工作、学习者自主性强、可体现学习的个别差异、培养员工的自学能力等优点；同时，又存在不足，如学习的内容受到限制、学习效果可能存在很大差异、学习中遇到疑问和难题往往得不到解答、容易使自学者感到单调乏味等。

一、自学的分类组织

自学的类型及实施要点如表3.21所示。

表3.21　自学的分类

自学类型	实施要点
指定学习资料	1. 选定学习资料，如文字资料、音像资料； 2. 规定完成时间和具体要求； 3. 员工自学； 4. 反馈学习结果，具体方法，如考试、写心得报告和举办交流会
网上学习	1. 建立网上学习平台； 2. 开设网上课程； 3. 配备自学辅导员
电视教育	创建闭路电视教育系统课程，不同时间段多次播放，学员可以选择合适的时间学习

二、人力资源部门对自学的管理

(1)制订自学计划或帮助员工制订个人自学计划。

(2)对员工进行自学方面的指导，包括让员工养成自学的习惯，让员工掌握有效的学习方法。

(3)对自学效果进行检查、评价。

技能练习

某公司是国内一家民营医药企业，为应对新产品上市导致的人员紧缺，在全国各地招聘了60名刚毕业的大学生。为了使这些新员工尽快适应工作，该公司人力资源部对这些新员工进行了为期一天的岗前培训，培训的内容以“任务与要求”“权利与义务”为主，培训结束后还发给每人一本员工手册。令人意想不到的是，在不到一个月内，就有20多名新员工纷纷辞职。问及他们辞职的理由，有的人认为，该公司给予他们的薪酬还可以，只是工作压力大；有的人则认为，对销售工作心中没底，又没有老员工带，什么都靠自己摸索，工作难度太大了。

请结合本案例，回答下列问题：

(1)该公司的岗前培训存在哪些问题？

(2)企业在组织岗前培训时应按什么步骤进行？

任务四　培训效果评估

【任务目标】

通过本任务的学习，学生应掌握以下职业能力：

扫码获取课程视频

(1)了解培训有效性评估方案的设计；
(2)了解培训有效性评估信息的收集；
(3)掌握培训有效性评估的组织实施；
(4)掌握培训有效性评估的技术方法。

【任务描述】

培训效果评估是一个完整的培训流程的最后环节，既是对整个培训活动实施成效的评价与总结，同时评估结果又为以后培训活动的培训需求提供了重要信息，培训评估分为训前评估、训中评估和效果评估。通过任务四的学习，了解培训有效性评估方案的设计、信息的收集、评估的组织实施及评估的技术方法。

【步骤方法】

步骤一　设计培训评估方案

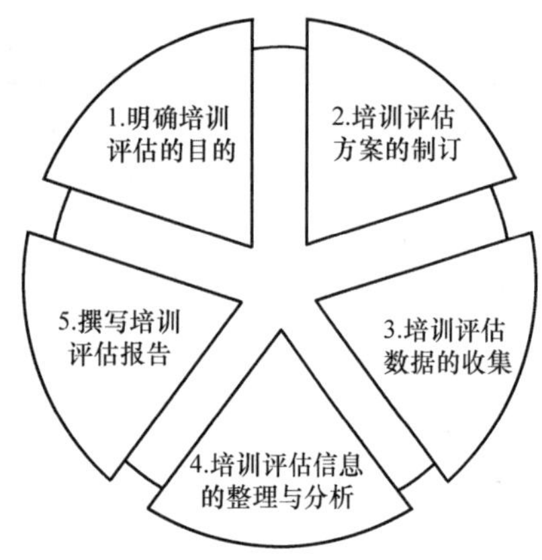

图 3－18　培训效果评估方案设计流程

培训效果评估方案的设计是一个运用科学的理论、方法和程序，从培训项目中收集数据，并将其与各个组织的需求和目标联系起来，以确定培训项目的优势、价值和质量的过程。一般包括以下五个基本步骤，如图 3－18所示。

1. 明确目的

主要解决三个问题：
(1)评估的可行性分析；
(2)明确评估的目的；
(3)明确评估的操作者和参与者。

2. 制订方案

最核心的工作内容包括评估方法选择、评估设计方案、评估策略选择。

3. 数据收集

注意数据的有效性、可靠性、简单易行性和经济性的特点。

4. 信息整理

对收集到的信息进行分类，并根据不同的培训评估内容的需要进行归档，还要应用相应的统计方法进行整理分析。

5. 撰写报告

在最后上报之前要召开评估小组成员会议，反复修改，以确保其真正发挥培训评估对领导决策、培训工作者工作改善的重要作用。

步骤二　收集培训效果信息

培训效果的信息收集是指企业在培训活动开始后对整个培训过程进行的总结和反馈。

一、明确有效性信息的内容

(1)认知成果——受训者学到了什么。

(2)技能成果——受训者的技术和运动技能水平及其行为。

(3)情感成果——受训者的态度、动机。

(4)效果性成果——培训项目给企业的回报。

(5)投资净收益——企业获得的价值,即培训产生货币收益与培训成本的差。

二、了解有效性信息类型

培训效果的有效性信息如图 3－19 所示。

1.培训的及时性;
2.培训目标下的合理性;
3.培训课程设置与培训内容安排的适用性;
4.培训教材的选用与开发;
5.培训教师的选派;
6.培训时间的安排;
7.培训场地的选定;
8.受训群体的选择;
9.培训形式的选择;
10.培训组织与管理状况。

图 3－19　有效性信息汇总

三、选择收集信息渠道

培训效果信息的收集方法主要有四种,如表 3. 22 所示。

表 3. 22　收集培训效果信息的方法

收集渠道	具体信息
通过资料收集	培训方案、领导批示、录音、问卷、录像、纪要资料
通过观察收集	培训组织、实施、参加、反应、变化情况
通过访问收集	培训对象、实施者、组织者、受训者上下级
通过调查收集	需求、组织、内容形式、培训师、效果调查

四、做好沟通工作

1. 培训结束到工作岗位后的访谈

(1)通过调查参训者的工作效益来评定培训成效。

(2)受训员工回到工作岗位一段时间后,访问受训者的主管或下属,了解他们对受训员工工作表现的看法。

(3)根据受过培训与未受培训的员工工作效率的比较来评定培训成效。

2. 培训结束时的个人访谈和集体会谈

(1)了解受训者的收获、满意度。

(2)对培训的改进建议。

(3)培训期间出席人员的变动情况。

五、统计处理信息

(1)制作专用表格对信息进行统计。

(2)利用图像显示变化趋势和分布状况。

步骤三　组织实施效果评估

1. 明确评估要求

(1)明确评估目的——目标是否合理、是否达成预期、有无补救措施。

(2)确定评估项目及评估内容——满意度、知识收获、个人绩效改善、对组织的贡献。

(3)评估方式的设计。

前测试:表明受训者的知识、技能或绩效的培训前水平。

后测试:表明受训者的知识、技能或绩效的培训后水平。

控制群体:控制群体中除没有经过该培训的,构成上与经过培训的群体是完全相同的。

2. 选择评估工具

培训评估工具及相关特点如表 3.23 所示。

表 3.23　培训评估工具汇总

评估工具	实施要点
问卷评估法	一份优秀的问卷通常具备以下特点: 1. 以工作目标为基础; 2. 与培训目标紧密相连; 3. 与受训者的培训内容有关; 4. 关注培训中的主要因素,如培训师、培训场地、培训教材等和培训主要环节; 5. 评价结果容易数量化; 6. 能鼓励受训者真实反映结果
360 度评估法	核心特征: 1. 全方位、多角度,评估者由上级、同事、下级、客户以及被评估者本人共同构成; 2. 可以动态地检查发展效果; 3. 重视信息反馈和双向交流的理念; 4. 减少误差,实事求是
访谈法	1. 明确采集信息; 2. 设计访谈方案; 3. 测试访谈方案; 4. 全面实施; 5. 资料分析
测验法	1. 前测与后测; 2. 利用对照组; 3. 避免霍桑效应

3. 核算培训成本收益

培训投资回报率是最常见的定量分析方法,指企业通过培训所获得的货币收益与培训总投入之间的比值。

培训投资净回报率 =(培训项目收益 - 培训项目成本)/ 培训项目成本 ×100%

培训投资回报率 = 培训项目收益/培训项目成本 ×100% = 培训成本收益率

直接成本：受训者、培训师、咨询人员、项目设计人员工资福利以及教材和教室的租金或购买费用、交通费。

间接成本：一般办公用品、设备与设施费用的归属、与培训无直接关系的交通费及支出、培训部管理人员和行政服务人员工资等。

技能练习

某公司专门生产手机专用的滤波器，日产量200件（产品单价20元/件），现有60名工人、6名一线主管、2名监督管理员和1名项目主管。该公司在生产经营活动过程中出现了一些问题，如每天生产量的10%的滤波器因性能测试不符技术指标要求而报废；生产场所环境管理不善，如半成品堆放区域卫生条件差，影响了半成品质量；工人常与主管或监督发生争执，工人闹情绪以致缺勤率高等。为了解决这些问题，3月初公司培训部提出一项旨在提高管理人员管理水平的培训项目，经过主管领导修改批准后，该培训项目4月开始实施，并在5月初完成。经过一个多月的实践，到6月底时，由于员工情绪等问题得到明显改善，工人的缺勤率明显下降等因素，使该公司平均每天的日产量增加了40件，根据本案例提供的统计数据，可做出如下计算分析。

培训项目的成本分析，该培训项目的总成本见下表（单位：元）。

直接成本	培训项目购买费用（录像带及印刷品）	8 000
	咨询专家费用（工资、交通及食宿）	6 500
	培训场地租借费用	3 000
	视听设备租借费用	1 200
间接成本	培训组织者和辅助员工的工资及福利	7 250
	受训者的工资及福利（根据离岗时间计算）	36 250
	因联系培训有关事宜分摊的电话费	680
	企业的总体支持，高层管理时间成本（直接成本＋间接成本）×10%	6 280
总成本	合计	69 160

培训项目的收益分析如下。

（1）假定该公司每天生产的产品合格率大幅度提高，则该公司每日产品产量可以增加的数量为200×10%＋40＝60（件）。

（2）在产品单价不变的情况下，该公司每个工作日新增加的乃至下半年新增加的收益分别为

每一天预计新增收益＝60（件）×20（元/件）＝1 200（元）

下半年预计新增收益＝1 200（元/天）×125（天/半年）＝150 000（元）

扣除培训项目成本之后，培训项目投资净回报率 =（150 000 - 69 160）/69 160 × 100% ≈116.9% 不扣除培训成本，培训投资回报率（培训成本收益率）= 150 000/69 160 × 100% ≈216.9% 。

该公司只需用 58 天时间，便可用新增收益收回培训项目的成本，即

69 160（元）/1 200（元/天）≈58（天）

四、跟踪监控培训效果

1. 培训前对预期培训效果的分析

对受训者进行培训前的状况摸底，了据受训者在与自己的实际工作高度相关方面的知识、技能和能力水平，为了与培训后的状况进行比较以测定培训的效果。

2. 培训中对培训效果的监控与评估

（1）受训者与培训内容的相关性。

（2）受训者对培训项目的认知程度。

（3）培训内容：防止内容缺失不完整、内容错位或非标准化。

（4）培训的进度和中间效果。

（5）培训环境。

（6）培训机构和培训人员。

3. 培训后的效果评估

效果评估是培训评估的重点，主要包含以下三个层次：

（1）受训者学到了什么。

（2）受训者的行为有多大改变。

（3）企业的经营有多少改进。

4. 培训后的管理效率评估

提供一份详细的评估报告是取得高层领导支持的最有效方式，也有助于提高培训效率。

步骤四　采用技术模型评估培训效果

培训效果评估根据评估方法、内容和形式的不同分为泰勒模式、层次评估法和目标导向模型法，其中以层次评估法中的柯克帕特里克（简称柯氏）四级评估模式最有名。柯氏四级评估模式相关内容如表 3.24 所示。

表 3.24　柯氏四级评估模式实施要点

四级评估		标准	评估时间	评估内容	评估方法
层面	一级	反应	现场； 或课程一结束	培训者、管理过程、测试过程、项目效用、课程材料、课程结构	问卷调查、抽样访谈
	二级	学习	现场； 或培训结束后	知识、技能、态度、行为方式的收获	书面测试、模拟情景、操作测验、学前学后比较
	三级	行为	结束后 3 个月	工作中行为的改进	问卷调查、面谈法、观察法、行动计划法
	四级	结果	半年或一年	被培训者获得的经营业绩主要与该培训内容直接相关的绩效指标	绩效前后对比

续表

四级评估	标准	评估时间	评估内容	评估方法
优点	适用于不同培训项目的不同层次的培训评估要求； 简单、全面、具体，有很强的系统性和操作性			
缺点	在效果评估级别上缺少有效衡量的价值体系； 反应仅仅是从情感上进行评估的，缺乏对培训效用程度的深入分析			
柯氏改良法	把四个层次连接成为一个有机整体，把培训效果评估看作培训的一个重要部分，没有把评估和培训分隔开 优势：培训评估对培训计划具有导向作用，使其更加适合员工以及企业培训需求 不足：容易造成层次的混乱，使各个层次本来的评估内容不够明晰			

技能练习

某生产厨具和壁炉设备的企业，有150名员工。近几个月来，因为产品质量的问题。公司已经失去了三个主要客户。经调查发现，该公司产品的次品率为12%，是同行业平均水平的两倍。为此，人力资源部培训主管张平制订了一个关于质量控制的培训计划，目的是使次品率降低到同行业平均水平以下。张主管向所有的一线主管发出通知，要求他们检查工作记录，确定哪些员工的操作导致质量方面的问题，派其参加项目培训。通知还附有一份课程大纲，培训情况如下。

培训目标：在6个月内将次品率降低到行业平均水平。

培训地点：公司的餐厅。

培训时间：8个工时，分解为4个单元进行，每周实施一个单元，安排在早餐后、午餐前的时间。

培训方式：教师讲课、学员讨论、案例研讨和电影演示。准备课程时，教师把讲义中的内容印发给每个学员，以便学员准备每一章内容。培训过程中，学员花费了相当多的时间来讨论教材中每章后的案例。

培训人数：本来应该有大约50名员工参加培训，但是平均每次培训只有30名左右出席，大部分一线主管向张主管强调生产的重要性，有些学员告诉张主管，那些真正需要培训的人已经回到车间工作去了。

张主管因工作太忙一直没有亲临培训现场。培训结束后，产品的次品率并没有发生明显的变化。公司领导对培训没有能够实现预定的目标感到非常失望。

针对以上案例，回答下列问题：

(1)导致该公司培训效果不明显的原因有哪些。

(2)培训主管可采用哪些方法收集培训效果信息？

任务五　员工培训系统设计

【任务目标】

通过本任务的学习，学生应掌握以下职业能力：

(1)掌握员工培训系统的结构设计和作业流程;

(2)了解员工培训系统的开发。

【任务描述】

员工培训系统是指企业从自身的生产发展需要出发,积极通过学习训练等手段提高员工的工作能力、知识水平及潜力发挥,最大限度地使员工的个人素质与工作需求相匹配,促进员工现在和未来工作绩效的提高,最终能够有效地改善企业经营业绩的一个系统化的行为改变过程。通过任务五的学习,掌握员工培训系统构成、运行及作业流程。

【步骤方法】

步骤一　设计员工培训系统的结构

现代企业员工培训系统通常由四个子系统组成,分别是培训需求分析、培训规划、培训组织实施和培训效果评估,如图 3-20 所示。

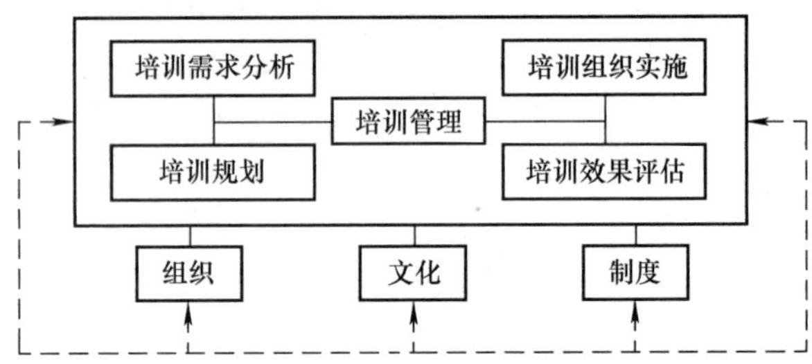

图 3-20　员工培训系统的结构设计

1. 培训需求分析子系统

(1)明确培训对象——确认哪些员工需要进行培训。

(2)制定培训标准——确定员工需要培训或不需要培训的具体标准及员工培训后应达到什么程度的标准。

2. 培训规划子系统

培训规划子系统是制订一套完整的培训计划,具体包括:

(1)确认培训内容;

(2)根据培训内容选择培训方式;

(3)设计培训课程;

(4)确定培训时间和培训教师;

(5)编制出培训预算,形成培训计划。

3. 培训组织实施子系统

(1)根据培训计划组织师资。

(2)确定培训资料、培训时间、地点、参加人员。

(3)实施培训,并为整个培训提供后勤保障。

(4)实行培训考核。

4. 培训评估子系统

(1)收集与培训相关的各种信息,包括组织评估和教学评估所需要的数据资料。

(2)对培训实施情况进行反馈和总结,寻找确定培训中的不足,对培训进行深入分析与不断改进的过程，促进企业员工培训与开发目标的最终实现。

步骤二　设计培训系统的作业流程

培训项目的全过程按时间顺序，包含培训需求确认、培训计划制订、教学设计、培训实施和培训反馈五个阶段，具体流程如图 3－21 所示。

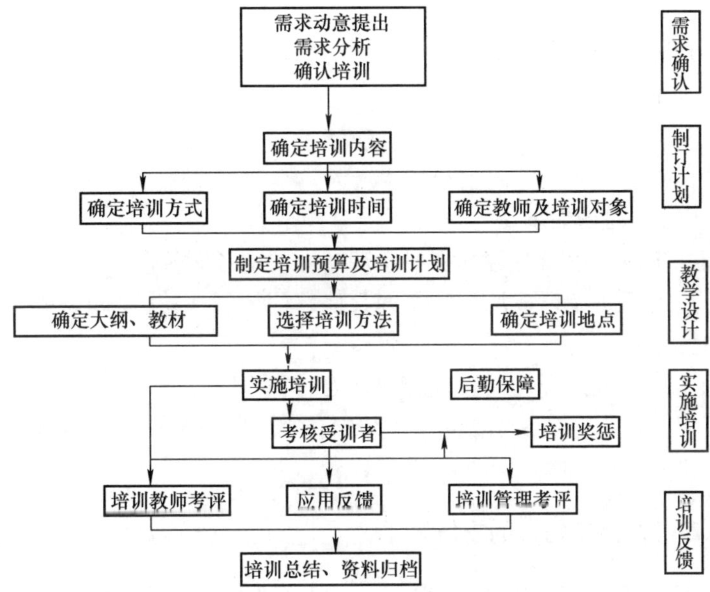

图 3－21　员工培训系统流程图

1. 需求确认

培训需求管理是对培训需求分析全过程的管理，主要包括以下内容。

(1)需求意向提出：预测需求与现实需求的差距，明确谁最需要培训。

(2)需求分析：包括两部分，一是排他分析，明确是否真的需要培训；二是因素确认，明确哪方面需要培训。

(3)培训确认：确认哪些岗位的员工需要培训，需要培训什么知识、技能、能力。

2. 制订培训计划

培训计划包括确定培训内容、培训时间、培训方式、受训人员、选择培训教师、费用核定与控制。

3. 教学设计

教学设计是进入实质性培训工作的第一步，是以培训教师为主要执行人所进行的工作。具体包括分析培训内容、选择购买教材和编辑教学大纲、分析受训人员、选择确定培训方法。

4. 实施培训

实施培训是指在企业培训组织管理部门或岗位人员的组织下，由培训教师实施培训并由该培训项目的组织管理责任人组织考核评定，包括三个过程：实施培训、考核受训者、培训奖惩。

5. 培训反馈

培训反馈是组织管理中对培训修正、完善和提高的必要手段，包括对培训教师的考评、对培训管理的考评、应用反馈、培训总结。

步骤三 保障员工培训系统的运行

为了保障企业员工培训系统的有效运行,需要做好以下三项工作。

一、合理划分部门职责,将子系统功能落到实处

1. 培训需求分析系统功能细化

(1)需求意向和申报。

(2)需求分析。

(3)需求确认。

2. 培训的组织管理的功能细化

(1)组织管理系统是一个以管理为主要职能的部门或者岗位。

(2)中心任务是组织协调组成培训体系的其他部门或者岗位,共同完成企业的培训工作,满足人力资源的配置需要。

(3)最终目的是人力资源开发与管理的一种方法和手段。

(4)由人力资源管理部门负责,或设立一个岗位,或设立一个下属部门,既有利于企业培训组织管理,又有利于成本控制。

二、后勤保障部门对员工培训的支持

后勤保障部门就是企业培训的支持部门,具体工作如图 3－22 所示。

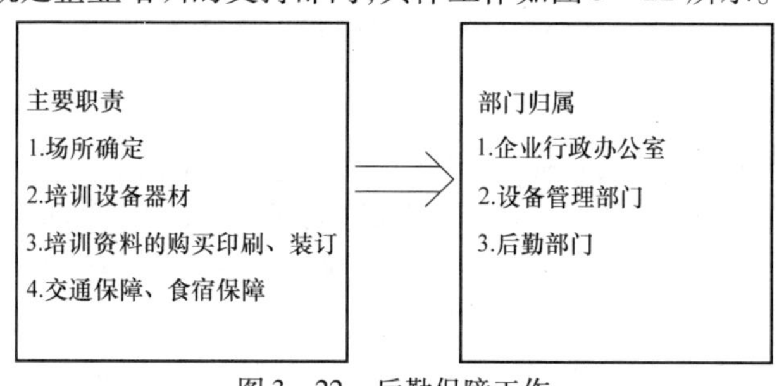

图 3－22 后勤保障工作

三、培训人员及资源配置

1. 师资配备

培训教师是保障培训系统运行的最主要的支撑,是开展培训工作必不可少的基础条件。培训教师的来源一般有两个方面,即企业内部人员和企业外聘教师。

(1)内部培训师一般承担新员工入职教育、企业文化、标准等培训项目。

(2)外聘教师一般承担内部教师无法实施的培训项目,如新技术、新技能、新理念等培训。

2. 教材的选用编写

(1)培训大纲和教材一般由培训教师确定或编写。

(2)购买或印刷、装订工作由后勤保障部门完成。

3. 课件、教具的配置

课件、教具是完成培训课程教学不可或缺的资源。

小提示

有效的员工培训系统设计应具备的条件

◎ 从企业自身的生产发展需要出发设计。

◎ 能够促进现在和未来工作绩效的提高，改善企业的经营业绩。

◎ 要按系统论观点，全面对培训系统中的各种要素、结构、功能及相关联系进行研究，实现要素的合理配置，实现培训的最优化。

◎ 要通过完善的措施保障企业培训系统的稳定状态。

知识网络图

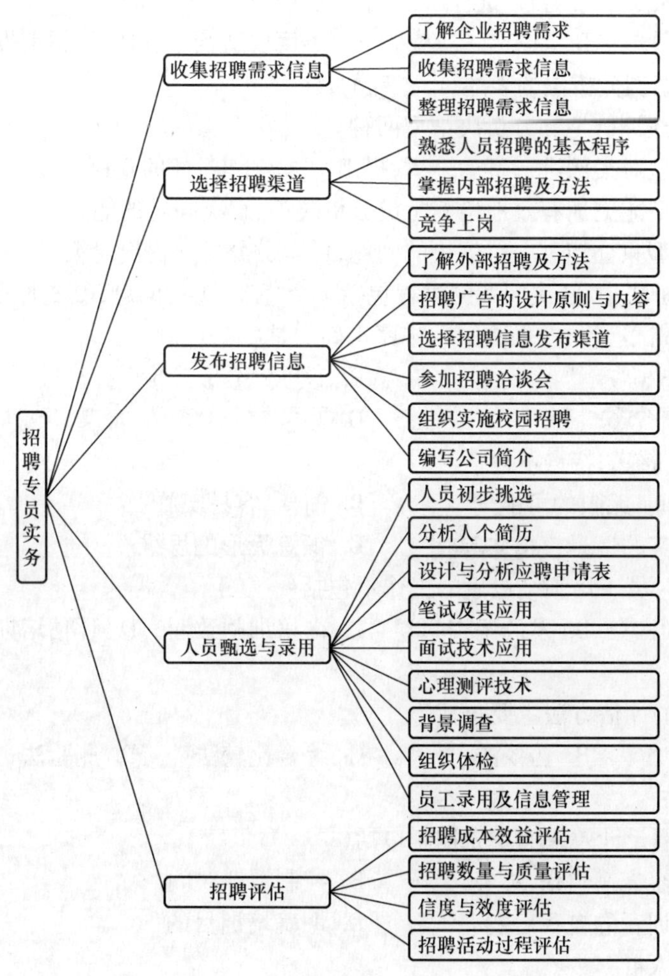

真题自测

一、单选题

1. 培训需求循环评估模型不包括(　　)的分析。

A. 整体层面　B. 班组层面　C. 作业层面　D. 个人层面

2. 培训项目设计的原则不包括(　　)。

A. 可操作性原则　B. 职业发展性原则　C. 因材施教原则　D. 反馈及强化性原则

3. 培训成果不包括(　　)。

A. 研究成果　B. 认知成果　C. 技能成果　D. 情感成果

4. 培训有效性评估的技术不包括(　　)。

A. 泰勒模式　B. 层次评估法　C. 投入产出法　D. 目标导向模型法

5. 行为模仿法不适用于(　　)的培训。

A. 高层管理人员　B. 基层管理人员　C. 中层管理人员　D. 一般生产人员

6. 运用研讨法实施培训时,选择研讨题目的注意事项不包括(　　)。

A. 具有代表性　B. 具有启发性　C. 难度要适当　D. 不提前发放

7. 以下关于案例分析法的表述,不正确的是(　　)。

A. 它包括描述评价型和分析决策型两种

B. 描述评价型对案例进行事后分析,提出“亡羊补牢”性的建议

C. 描述评价型能更加有效地培养学员分析决策、解决问题的能力

D. 分析决策型只介绍某一待解决的问题,由学员分析并提出对策

8. 在案例分析法中,解决问题的过程包括7个环节:①找问题;②查原因;③分主次;④提方案;⑤细比较;⑥试运行;⑦做决策。排序正确的是(　　)。

A. ①②③④⑤⑥⑦　B. ①③②④⑤⑦⑥

C. ①②④⑤③⑦⑥　D. ①③②⑤④⑥⑦

9. 场地拓展训练的特点不包括(　　)。

A. 有限的空间,无限的可能　B. 简便,容易实施

C. 提供了真实的情景模拟体验　D. 锻炼无形的思维

10. 一般而言,员工培训结束后的工作不包括(　　)。

A. 引导学员心态　B. 发放调查问卷　C. 向培训师致谢　D. 评估培训效果

二、多选题

1. 培训效果的评估方法主要包括(　　)。

A. 问卷评估法　B. 访谈法　C. 综合比较法　D. 测验法

E. 360度评估

2. 对培训课程设计效果的事先控制包括(　　)。

A. 对授课内容充满自信　B. 控制授课时间

C. 有利于培训者的自我启发　D. 明确培训目的

E. 确定培训人群

3. 培训教学设计的基本内容包括(　　)。

A. 培训人群的确定　　B. 培训目的的确定
C. 培训评价的实施　　D. 教学媒体的选择
E. 教学进度的安排

4. 讲授法的优点包括(　　)。
A. 对培训环境的要求不高　　B. 学员容易完全消化吸收
C. 学员可利用教室环境相互沟通　　D. 授课内容较多,知识较系统
E. 单项传授有利于教学双方互动

5. 直接传授型培训法适应于知识类培训,具体包括(　　)。
A. 模拟训练法　　B. 讲授法　　C. 头脑风暴法　　D. 研讨法
E. 专题讲座法

HR 书架

《中国式魔鬼训练》　张志诚

张志诚,2004 年度中国最具潜力的三大培训师之一,中国十大优秀培训师之一,国内魔鬼训练权威,NLP 新教练技术创始人,国内著名的行销专家;销售业培训讲师。

《中国式魔鬼训练》是原版引进的美国体验式课程。根据中国企业的实际情况,结合自己企业经营管理的经验及众家之所长,不断改进、创新、研发的适合中国企业实战、实效、实用、实操的企业经营管理培训课程。

魔鬼训练通过一系列有方向性、有策略性的过程,洞察被训练者的心智模式,向内挖掘潜能,向外发现可能性。魔鬼训练让员工在团队中信任自己的伙伴,相互协作,为共同的目标而不懈努力,为企业打造出富有战斗力的和谐团队。

模块四　绩效专员实务

学习目标

通过本模块的学习,掌握以下职业能力:

◎ 了解绩效专员岗位职责;

◎ 掌握绩效管理系统的设计、运行、评估;

◎ 掌握制订绩效计划的流程;

◎ 能够收集绩效管理信息;

◎ 能够设计绩效合同;

◎ 了解绩效考评指标;

◎ 掌握设计绩效考评的流程;

◎ 了解绩效考评成绩的评定与总结;

◎ 了解绩效面谈的技巧;

◎ 能够处理绩效申诉;

◎ 了解绩效诊断的方法;

◎ 掌握改进绩效的策略。

导入案例

从组织到员工——惠普双层绩效管理

惠普的绩效管理是要让员工相信自己可以接受任何挑战、可以改变世界,这也是惠普独特的车库法则的主要精神。惠普的绩效管理循环包括五步:企业战略的制定、关键绩效指标和目标的制定、绩效计划的制订与执行、监控与绩效评估、奖励与绩效改进。整个惠普绩效管理循环以回路相连接,以保证关键绩效指标和企业战略紧密连接。各步骤的主要目标和任务有以下几个方面的内容。

1. 企业战略的制定

企业战略的制定是惠普绩效管理循环的基础。企业战略的制定为企业发展提供了明确的目标,绩效管理循环中的其他环节都是为了达成企业战略目标服务的。惠普根据其愿景和价值观确定战略目标及达成战略目标的关键成功要素,从而为关键绩效指标和目标的制定提供了方向和基础。

2. 关键绩效指标和目标的制定

关键绩效指标和目标的制定是惠普绩效管理循环的起点和核心。关键绩效指标是根据企业所确定的各项战略目标而制定的可量化目标,一旦战略目标确定,关键绩效指标就可以为惠普提供明确而直观的方法，以衡量各项战略目标达成与否。惠普关键绩效指标和目标的制定采取自上而下的方法，从而确保每个部门、流程都在为实现总体战略目标而努力。同时，惠普管理层需要对关键绩效指标和目标进行定期复审，针对公司的发展战略目标和存在问题，做出相应调整。

3. 绩效计划的制订与执行

为了达到绩效目标，惠普绩效管理循环的第三步是制订绩效计划。绩效计划不仅为各层级提供具体的行动计划，也为每一个绩效目标的最后达成作阶段性分解。同时，绩效计划为现有资源的分配和未来资源的投入提供了基础。

4. 监控与绩效评估

监控与绩效评估是根据绩效目标对各部门和流程的实际绩效表现进行衡量和考核，及时了解企业内部的运行情况，发现存在的问题。为了均衡各项绩效目标，使绩效管理能公平地反映每一个评估单位的绩效情况，有必要采用平衡计分卡作为监控与绩效评估的工具之一。平衡计分卡设定的重点是确定各项绩效目标在某一评估单位中的权重。权重的选择是惠普管理层把握企业整体发展、鼓励部门和员工正确行为的重要手段。

5. 奖励与绩效改进

奖励与绩效改进是惠普绩效管理循环的最后一个环节。通过奖励，鼓励惠普内部的正确行为，激励惠普员工为达到企业目标共同努力。同时，通过绩效改进对惠普内部运作中出现的问题进行绩效改进和纠正，以推动企业的整体进步。

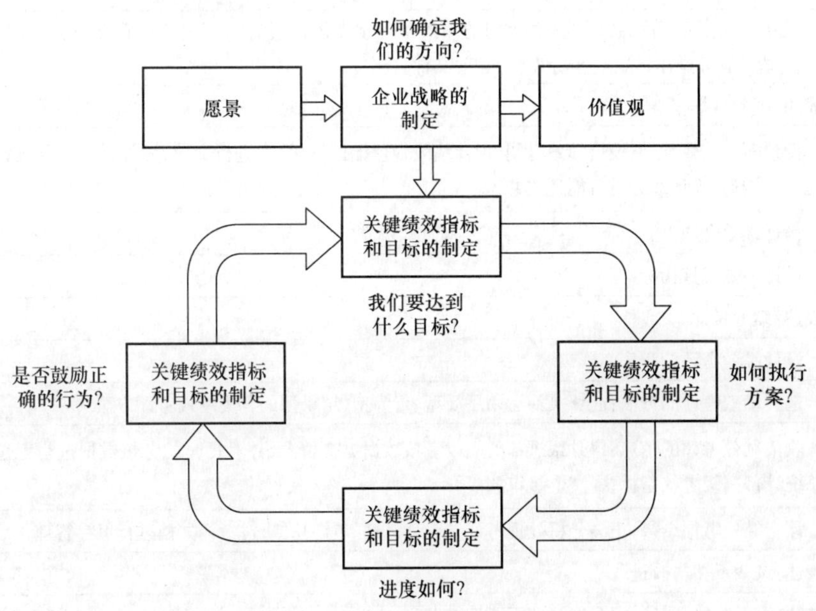

惠普绩效管理循环

（资料来源：网上资料，2013年，作者佚名，编辑张婕）

［案例思考］

结合案例，说明你从惠普的双层绩效管理中得到了哪些启示。

职位预览

绩效专员岗位工作说明书

<table>
<tr><td>岗位名称</td><td>绩效专员</td><td>岗位编号</td><td>HR-004</td></tr>
<tr><td>所属部门</td><td>人力资源部</td><td>岗位编制</td><td>1 人</td></tr>
<tr><td>直接上级</td><td>人力资源经理</td><td>工资等级</td><td></td></tr>
<tr><td>直接下级</td><td>无</td><td>档案编号</td><td></td></tr>
<tr><td colspan="4">岗位目的:
1. 通过系统的规划和持续的推进,不断地对绩效进行检查和分析,以认真落实绩效管理;
2. 依据公司现状和业务流程,对公司全员进行分类和量化的考核,达到全员考核管理;
3. 积极推进考核中所需要的基础数据,确保各部门的各项考核数据的真实性和所能反映的业绩状况;
4. 监督和统计各部门的内部考核情况,确保全员考核的有效进行;
5. 通过绩效考核让有杰出表现的人不断提高自身的能力,以便进行有效的薪酬设计与管理</td></tr>
<tr><td colspan="4">职责与工作任务</td></tr>
</table>

<table>
<tr><td rowspan="6">职责一</td><td colspan="2">职责表述:绩效管理系统确立</td></tr>
<tr><td rowspan="5">任务</td><td>设计绩效管理系统</td></tr>
<tr><td>运行绩效管理系统</td></tr>
<tr><td>评估绩效管理系统</td></tr>
<tr><td>开发绩效管理系统</td></tr>
<tr><td>建立绩效管理制度:制订和完善公司的绩效管理制度体系,包括《绩效考核管理办法》《绩效工资管理办法》《绩效管理操作指导》《指标库》等相关文件</td></tr>
<tr><td rowspan="4">职责二</td><td colspan="2">职责表述:绩效计划</td></tr>
<tr><td rowspan="3">任务</td><td>设计实施绩效计划:设计绩效合同,设计绩效管理指标;与员工进行交流,做好动员工作,管理人员和员工进一步沟通,确认双方是否能达成共识</td></tr>
<tr><td>设计绩效合同</td></tr>
<tr><td>设计绩效考核指标</td></tr>
<tr><td rowspan="5">职责三</td><td colspan="2">职责表述:绩效考评</td></tr>
<tr><td rowspan="4">任务</td><td>设计绩效考评的程序</td></tr>
<tr><td>选择绩效考评的方法:能够灵活运用品质型、行为型、结果型的各类绩效考评方法</td></tr>
<tr><td>收集绩效考评的信息:每月跟进部门绩效考核数据提交情况,并对提交的考核数据进行汇总统计;每月汇总统计部门级考核指标,提交上级审核</td></tr>
<tr><td>评定绩效考评结果:正确分析处理考评的得分,做好考评总结,对考评文档进行保存管理</td></tr>
<tr><td rowspan="5">职责四</td><td colspan="2">职责表述:绩效反馈与改进</td></tr>
<tr><td rowspan="4">任务</td><td>绩效面谈:监督各部门开展绩效面谈工作,使面谈工作确切落实</td></tr>
<tr><td>绩效申诉:对各部门提出的异议进行收集,并反馈给上级,协调组织绩效申诉的裁决,通知裁决结果,对绩效反馈的结果进行分类统计和分析</td></tr>
<tr><td>绩效诊断:依据绩效结果及绩效检查情况的总结分析结果</td></tr>
<tr><td>绩效改进:提出绩效改进建议,并协调各部门进行考核方式、标准及流程的优化</td></tr>
</table>

续表

<table>
<tr><td colspan="3">职责与工作任务</td></tr>
<tr><td rowspan="5">职责五</td><td colspan="2">职责表述:其他工作</td></tr>
<tr><td rowspan="4">任务</td><td>定期开展分项工作分析,修订岗位说明书,及时更新岗位职能</td></tr>
<tr><td>负责公司 ERP 软件的管理,公司岗位说明书的录入工作</td></tr>
<tr><td>依据公司现状,对年度绩效状况进行总结,提出改进意见,书写年度绩效工作总结</td></tr>
<tr><td>完成人力资源部经理交办的临时性工作</td></tr>
<tr><td colspan="3">工作关系</td></tr>
<tr><td rowspan="5">内部工作关系</td><td rowspan="3">汇报</td><td>每周周末、每月月末向直接上级递交周工作汇报、月度工作总结</td></tr>
<tr><td>每月定期提交本月员工月报、员工绩效汇总表</td></tr>
<tr><td>每月不定期向直接上级口头汇报相关岗位工作情况</td></tr>
<tr><td>协调</td><td>与员工就绩效目标、考评方法等相关问题进行沟通和解答</td></tr>
<tr><td>支持</td><td>辅助各部门主管及助理管理公司人员的相关流程,积极配合各部门工作的开展</td></tr>
<tr><td colspan="3">任职资格</td></tr>
<tr><td colspan="2">教育水平</td><td>大学专科(含)以上</td></tr>
<tr><td colspan="2">专业要求</td><td>人力资源管理、管理类专业</td></tr>
<tr><td colspan="2">岗前培训</td><td>公司办公室管理规定、公司人力资源部工作流程、公司各部门工作流程和岗位设置等</td></tr>
<tr><td colspan="2">工作经验</td><td>2 年以上绩效岗位工作经验</td></tr>
<tr><td colspan="2">知识要求</td><td>熟悉各种绩效评价方法,熟悉绩效管理流程,熟悉国家劳动法,熟悉基本的财会知识
具备扎实的人力资源管理理论基础</td></tr>
<tr><td colspan="2">能力及个性要求</td><td>良好的信息收集和分析能力、表达能力、沟通能力,熟练使用办公自动化软件,具备基本的网络知识,责任心强,有团队精神,服从管理</td></tr>
<tr><td colspan="3">本岗位职业发展路线</td></tr>
<tr><td colspan="3">专业发展方向:人力资源咨询专家
管理路线:人力资源助理、人力资源经理</td></tr>
<tr><td colspan="3">工作条件</td></tr>
<tr><td colspan="3">工作时间:8:00—17:30 正常工作时间,有时加班
工作环境:办公条件舒适,无职业病危险,偶尔室外
办公设备:计算机、一般办公设备(电话、传真机、打印机、Internet 网络)</td></tr>
<tr><td colspan="3">关键绩效指标</td></tr>
<tr><td colspan="3">1. 考核数据的准确性;2. 考核记录的完整性;3. 考核工作的及时性;4. 考核结果的公正性</td></tr>
</table>

任务一 设计绩效管理系统

【任务目标】

扫码获取课程视频

通过本任务的学习,学生应掌握以下职业能力:

(1)掌握绩效管理系统的设计流程;

(2)掌握绩效管理系统的运行方式;

(3)掌握绩效管理系统的评估方法。

【任务描述】

绩效管理是各级管理者和员工为了达到组织目标,共同参与的绩效计划制订、绩效辅导沟通、绩效考核评价、绩效结果应用、绩效目标提升的持续循环过程,绩效管理的目的是持续提升个人、部门和组织的绩效。绩效管理系统就如同为企业的各种管理系统搭建了一个管理平台,它是各种管理系统的纽带,透过它来验证各管理系统的运作效果。通过任务一的学习,掌握绩效管理系统的设计、运行和评估。

【步骤方法】

步骤一　设计绩效管理系统

一、了解绩效的特性

绩效是一个组织或个人在一定时期内的投入产出情况。投入指的是人力、物力、时间等物质资源,或个人的情感、情绪等精神资源;产出指的是工作任务在数量、质量及效率方面的完成情况。绩效具有以下三个特点。

1. 多因性

多因性即绩效的优劣不是取决于单一的因素,而是受到主客观多种因素的影响,如激励、技能、环境与机会。工作绩效影响因素如图 4-1 所示。

(1)激励是指调动员工的工作积极性,注重员工的需要层次,例如员工在谋生、安全与稳定、友谊与温暖、尊重与荣誉、自为与自主以及实现自身潜能诸层次的需要。

(2)技能是指员工工作技巧与能力的水平,也包括个人特点,例如个人天赋、智力、经历、教育与培训等。

(3)环境包括企业内、外部的客观条件。内部环境包括劳动场所的布局与物理条件、任务的性质、工作设计的质量、工具、上级的领导作风与方式、工资福利、培训机会及企业文化等;企业外部的客观环境,包括社会政治、经济状况等宏观条件。

(4)机会具有偶然性。如某项任务正巧分配给甲员工,而乙员工因不在或纯随机性原因未被指派承担此项任务,此时虽然乙的能力与绩效均优于甲,却无从表现。这一因素是完全不可控的。

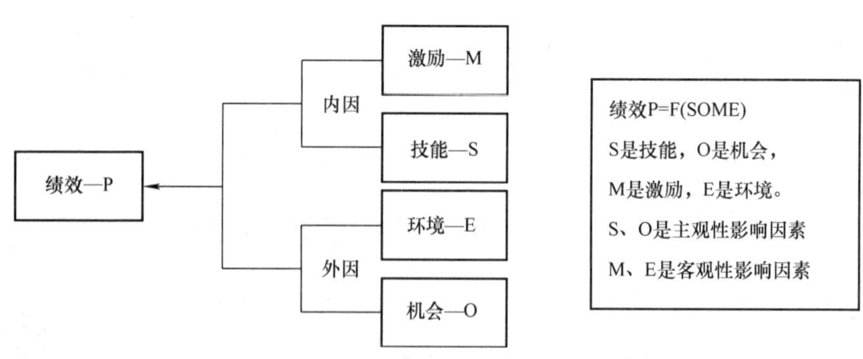

图 4-1　工作绩效影响因素

2. 多维性

绩效需要沿着多个维度去分析和考评,例如对于一名工人的绩效,除了产量指标完成情况外，出勤率、质量指标、原材料消耗、团队合作、服从纪律等硬性和软性表现都需要综合考虑，依据权重不同，考核侧重点也不同。

3. 动态性

员工的绩效会随着时间的推移而发生变化，今天好的，明天可能不好；今天不好的，可能明天好。管理者不可凭一时印象僵化看待员工的绩效。

二、明确绩效管理系统的功能

绩效管理的目标是不断改善组织氛围，优化作业环境，持续激励员工，提高组织效率，覆盖组织中所有人员和所有活动过程，其主要功能如表 4.1 所示。

表 4.1 绩效管理系统的功能

企业层面	诊断功能：进行组织诊断，为组织变革和发展提供重要依据 监测功能：可以显示出组织中存在的问题，进行及时监督 导向功能：通过绩效沟通和面谈，激励、引导下属，朝向共同目标积极进取 竞争功能：绩效管理与薪酬奖励、晋升调配等制度密切相关，对员工产生触动和鞭策
员工层面	激励功能：鼓励先进、鞭策落后、带动中间 规范功能：提供客观有效的标准和行为规范 发展功能：根据考核结果制订培训计划，提高全员素质；发现员工特点，决定培养方向和使用方法，发挥长处 控制功能：使员工明确职责，按制度办事 沟通功能：管理者对员工说明考核结果，听取员工的申诉和说明，提供良好的沟通机会
其他功能	为组织人力资源规划提供基础； 评价员工优缺点和潜能，制定科学合理的职业生涯规划； 为调整劳动关系提供技术支持

三、了解绩效管理系统与其他子系统的关系

绩效管理作为企业人力资源管理的重要组成部分，即企业人力资源管理系统的子系统，与其他人力资源管理系统存在极为密切的关系，如图 4－2 所示。

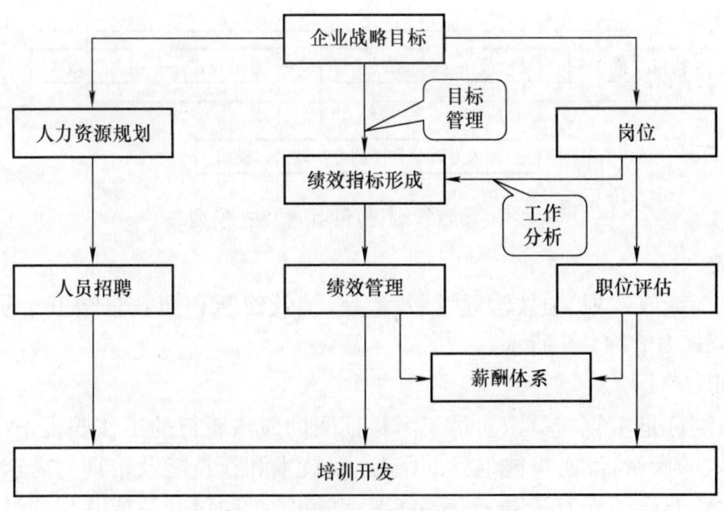

图 4－2 绩效管理系统关系网络

(1)工作分析:绩效管理与工作分析具有双向影响关系。
(2)招聘甄选:绩效管理的结果会促使企业做出进行招募活动的决定。
(3)培训开发:双向关系,是对员工的行为进行引导的机制。
(4)薪酬福利:绩效管理的结果应该与薪酬体系中的动态工资部分相联系。
(5)职位变动:绩效管理结果影响职位变动决策。

四、了解绩效管理系统的设计方案

1. 四阶段法

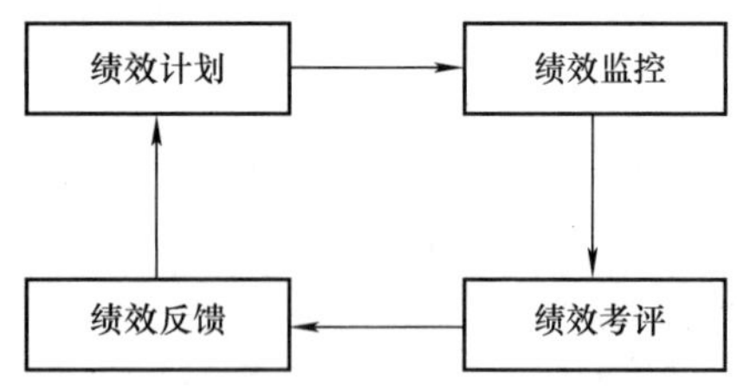

图4-3　绩效管理循环四阶段法(模型一)

1)模型一

绩效管理是一个闭合循环系统,由绩效计划、绩效监控、绩效考评和绩效反馈四个环节构成,如图4-3所示。其中,绩效计划是绩效管理过程的起点,绩效考评是核心环节,也是技术性最强的环节。

2)模型二

企业绩效管理作为完整的人力资源子系统,它是由定义绩效、绩效考评、绩效反馈和绩效改善四个环节组成,如图4-4所示。

(1)定义绩效。

① 界定具体维度及其内容和权重,是绩效考评的基础,也是绩效管理的关键。

② 工作岗位说明为"定义绩效"提供了内容上的技术支持。

③ 企业文化明确方向,提供信念和目标上的支持。

(2)绩效考评:制定出健全合理的考评方案并实施绩效考评。
(3)绩效反馈:将考评结果反馈给员工本人。
(4)绩效改善:提高员工素质,促进组织整体素质和绩效提升。

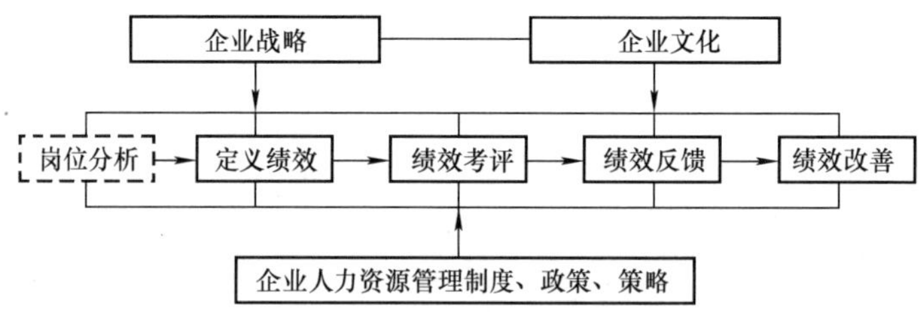

图4-4　绩效管理循环四阶段法(模型二)

2. 五阶段法

绩效管理是由绩效计划、绩效沟通、绩效考评、绩效诊断和绩效总结五个阶段或部分组成的一个完整的系统,如图4-5所示。

1)绩效计划

绩效计划的制订是主管与员工对员工考核期间内应该履行的工作职责、权限、各项任务的重要性程度、绩效的衡量标准、可能遇到的困难、新技术和新技能及培训的需求、上级可能提供的帮助及解决问题的途径和方法等一系列问题,共同进行探讨并达成共识的过程。

2)绩效沟通

绩效沟通阶段是主管与下属共同实施计划的过程，它使绩效管理建立在科学合理、现实可行的基础上，从这个意义上看，绩效沟通是绩效管理体系的灵魂。

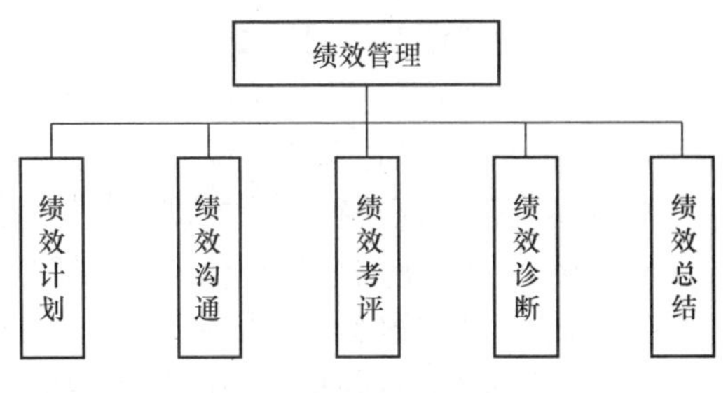

图4－5　绩效管理循环五阶段法

3）绩效考评

绩效考评是绩效管理活动的中心环节，是考核者与被考核者双方对考核期内的工作绩效进行全面回顾和总结的过程。

4）绩效诊断

绩效诊断具体包括：对管理制度的诊断，对企业绩效管理体系的诊断，对绩效考核指标体系的诊断；对考核者全面、全过程的诊断，对被考核者全面、全过程的诊断。

5）绩效总结

绩效总结的目的是为了促进企业和员工的共同提高和发展。在每一轮绩效管理活动结束时，都要对绩效计划、绩效沟通、绩效考评、绩效诊断等各项活动过程进行深入全面的总结，通过总结发扬成绩，纠正错误，利于进一步改进和提高绩效。

小提示

绩效管理 PDCA 循环

PDCA 循环是由美国质量管理专家戴明提出来的，又称为“戴明环”，四个过程周而复始地进行，实现阶梯式螺旋上升。

◎ P（Plan）计划，包括方针和目标的确定、活动规划的制定。

◎ D（Do）执行，根据已知信息设计具体方法、方案和计划布局进行具体运作。

◎ C（Check）检查，总结执行计划的结果，分清对错，明确效果，找出问题。

◎ A（Action）处置，对总结检查的结果进行处理。

对成功经验加以肯定，并予以标准化；对失败教训进行总结，引起重视。

五、明确绩效管理职责划分

1. 明确各级管理人员的职责

各级管理人员在绩效管理过程中具有非常重要的作用，不同级别所承担的职责不同，具体如表4.2所示。

表4.2　绩效管理职责划分

高层主管	1. 确定部门主管绩效指标，通过沟通讨论与分管部门主管就绩效指标的内容达成一致； 2. 绩效考评，对分管部门的绩效进行评价，得出绩效结果； 3. 绩效反馈与绩效面谈
部门主管	1. 确定班组主管绩效指标；2. 绩效考评信息采集；3. 绩效考评；4. 绩效反馈与绩效面谈
班组主管	1. 确定下属员工绩效指标；2. 绩效考评信息采集；3. 绩效考评；4. 绩效反馈与绩效面谈

2. 熟悉人力资源部门的职责

企业人力资源管理部门在绩效管理方面的基本任务和管理责任主要包括以下六个方面:

(1)设计、试验、改进和完善绩效管理制度,并向有关部门建议、推广;

(2)在本部门认真执行企业的绩效管理制度,起到示范作用;

(3)宣传企业员工的绩效管理制度,说明意义、目的、方法与要求;

(4)督促、检查、帮助本企业各部门贯彻现有绩效管理制度,培训实施绩效管理的人员;

(5)收集反馈信息,包括存在的问题、难点、批评与建议,记录和积累有关资料,提出改进方案和措施;

(6)根据绩效管理的结果,制订相应的人力资源开发计划,并提出相应人力资源管理决策。

步骤二　运行绩效管理系统

一、准备阶段

准备阶段是绩效管理活动的前提和基础,需要解决五个基本问题。

1. Who

明确绩效管理的对象以及各个管理层级的关系,正确地回答"谁来考评,考评谁"。

1)考评者

考评者的组成由被考评者的类型、考评的目的、考评指标和标准三个因素决定,绩效考评前需对考评者进行培训,具体培训内容如表4.3所示。

表4.3　考评者培训安排表

培训时间	一般以短期的业余培训班为主
培训分类	1. 专员工作人员的培训; 2. 一般考评者的培训; 3. 中层干部的培训; 4. 考评者与被考评者的培训;
培训内容	1. 企业绩效管理制度的内容和要求,绩效管理的目的、意义,考评者的职责和任务,考评者与被考评者的角色扮演等; 2. 绩效管理的基本理论和基本方法,成功企业绩效管理的案例剖析; 3. 绩效考评指标和标准的设计原理以及具体应用中应注意的问题和要点; 4. 绩效管理的程序、步骤以及贯彻实施的要点; 5. 绩效管理的各种误差与偏误的杜绝和预防; 6. 如何建立有效的绩效管理运行体系,如何解决绩效管理中出现的矛盾和冲突,如何组织有效的绩效面谈等

2)被考评者

在企业中,被考评者大致可以分为四大类:生产人员、管理人员、技术人员和市场营销人员。需要明确四类人员所承担的工作任务的内容、作业环境和条件、劳动强度、工作责任和能力素质等工作性质和特点,保证绩效考评体系具有针对性和可行性。

2. What

根据考评的具体对象,提出企业各类人员的绩效考评要素和标准体系,明确地回答"考评什么,如何进行衡量和评价”。

1)绩效考评要素

(1)凝结劳动:员工的最终劳动成果。

(2)潜在劳动:员工的潜质,即员工的心理品质和能力素质。

(3)流动劳动:员工的劳动态度、行为和表现。

2)绩效形成要素

员工业绩与劳动态度、能力素质和心理品质有极为密切的内在联系,如图4-6所示。

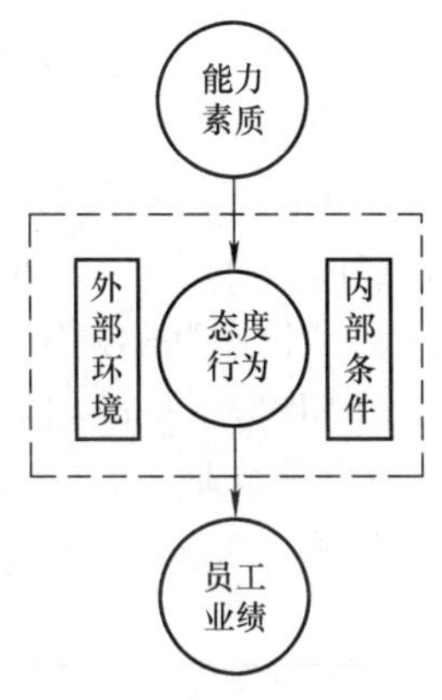

图4-6　员工绩效形成要素

(1)业绩是员工的最终劳动成果。

(2)能力和态度是员工业绩变化的内因和根据。

3. How

根据绩效考评的内容,正确地选择考评方法,具体地回答“采用什么样的方法”。

为了保证考评方法的科学有效,在选择确定具体的绩效考评方法时,应当充分考虑以下三个重要因素。

1)管理成本

管理成本的具体内容见表4.4。

表4.4　管理成本

管理成本	具体内容
开发成本	研究考评方法产生的成本
预付成本	绩效管理的培训成本;各种书面说明指导书的编写和印制成本
实施成本	考评者定时观察的费用;进行评定回馈考评结果、改进绩效的成本
隐含成本	方法不得当引起厌烦感和抵触情绪乃至影响全员士气而造成的损失; 处理不当诱发冲突或劳动争议,严重影响企业正常生产经营活动而造成的损失

2)实用性

考评方法应充分满足组织绩效管理的需要,能在实际考评中推广应用。

一种方法需要耗费几年的时间才能研制出来,那么再好的考评工具也失去了实际的使用价值和意义。

一种考评方法虽然设计得“有理有据”,其考评的指标体系也十分完整,但是在实际应用时却发现有很多指标根本无法进行测量和评定,使这种方法的实用性受到很大限制,不得不进行全面的整合修改,甚至需要另起炉灶重新设计。

3)适用性

切实保证考评方法能够体现工作的性质和特点。

考评方法与工作岗位的对应关系如表4.5所示。

表 4.5　考评方法与工作岗位对应

工作性质		考评方法
生产企业	一线人员	以实际产出结果为对象的考评方法
	从事管理性或服务性的工作人员	以行为或品质特征为导向的考评方法
大公司	总经理、管理人员或专业人员	以结果为导向的考评方法
	低层次的一般员工	以行为或特征为导向的考评方法

4. When

对绩效管理的运行程序、实施步骤提出具体要求，说明“如何组织实施绩效管理的全过程，在什么时间做什么事情”。具体应考虑以下两个重要问题。

1）考评周期的确定

（1）与考评目的相协调。

（2）与企业人力资源相关管理制度相配套。

考评周期的确定因素如表 4.6 所示。

表 4.6　考评周期的确定因素

考评目的	考评周期	配套制度
用于定期提薪和奖金分配	定期进行	与薪酬奖励制度配套
用于培训	不定期进行： 1. 在员工提出申请时； 2. 企业发现员工的绩效降低时； 3. 有新技术和管理要求时	与培训制度配套
用于员工晋升晋级	不定期进行： 1. 一出现职位空缺时； 2. 准备提升某类人员时；	与人力资源规划制度配套

2）工作程序的确定

上级主管与下属之间所形成的考评与被考评的关系是企业绩效管理活动的基本单元，包括总流程设计程序和具体工作流程设计程序。

（1）从企业单位的全局来看，其基本作业程序如图 4－7 所示。

（2）从各个绩效管理的单元来看，其具体的工作步骤如图 4－8 所示。

5. Why

在思想上、组织上有充分的准备，做好宣传解释工作，解决“为什么要做”，采取“抓住两头，吃透中间”的策略，具体办法有以下三类：

（1）获得高层领导的全面支持；

（2）赢得一般员工的理解和认同；

（3）寻求中间各层管理人员的全心投入。

二、实施阶段

实施阶段是在完成企业绩效管理系统设计的基础上，组织全体员工贯彻绩效管理制度的

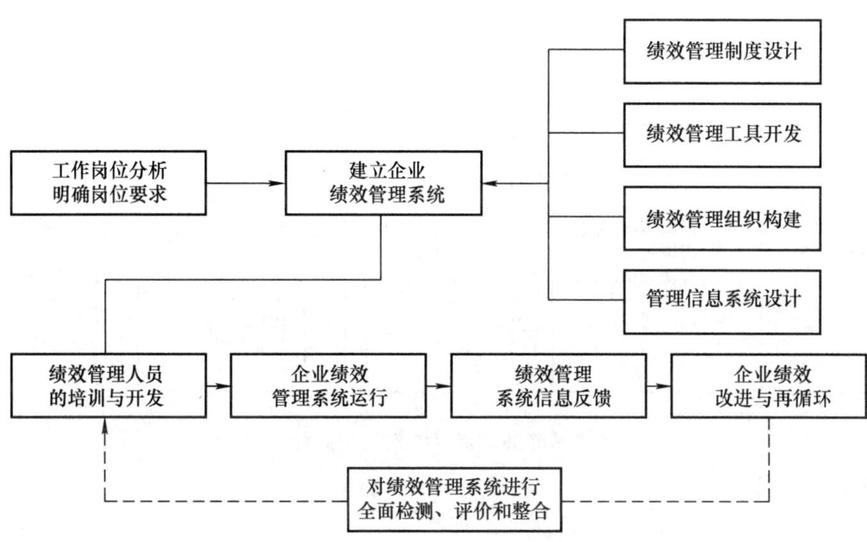

图 4－7　绩效管理作业程序

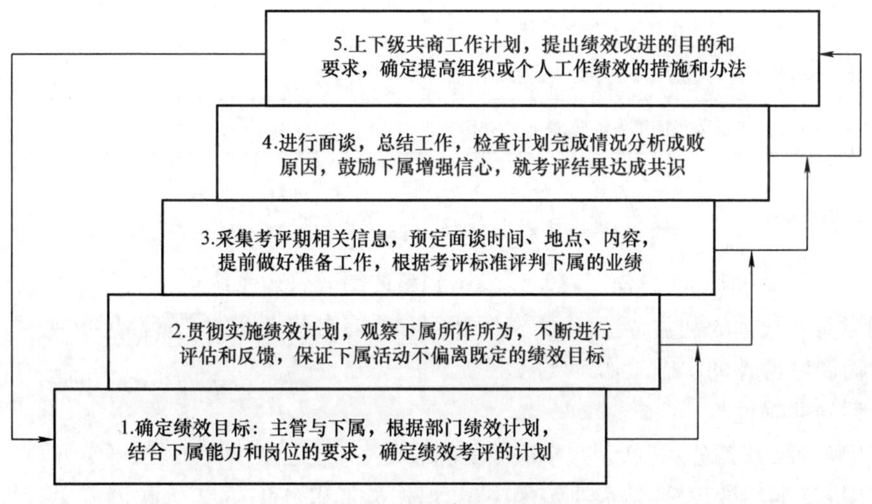

图 4－8　绩效考评具体工作流程

过程。其中应当注意以下两个重点。

1. 提高工作绩效

通过提高员工的工作绩效增强企业核心竞争力，包括五个环节，如图 4－9 所示。

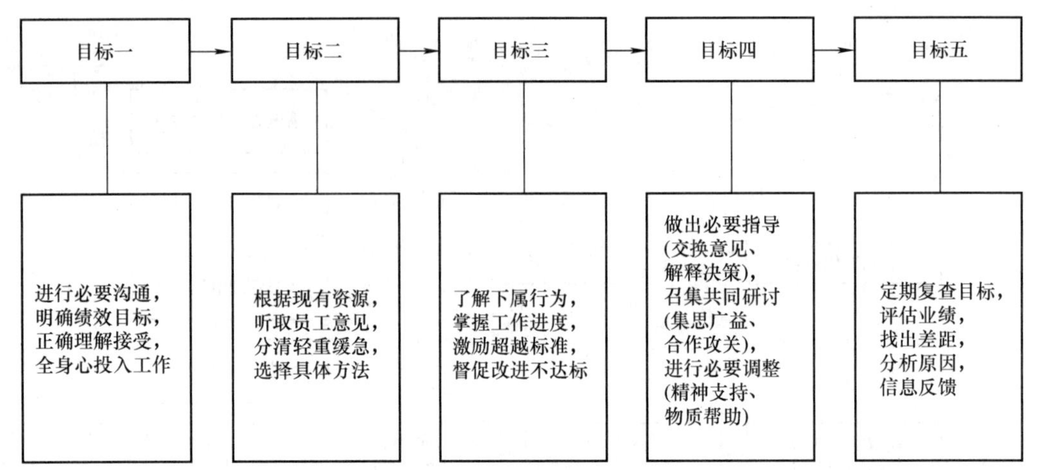

图 4－9　提高绩效工作流程

2. 收集信息资料

收集信息并注意资料的积累，具体要求如表 4.7 所示。

表 4.7　收集绩效管理信息的要求

材料形式	尽可能以文字形式证明所有的行为，含有利和不利记录
获取方式	考核者直接观察的第一手资料还是间接由他人观察的结果
材料环境	详细记录事件的时间、地点、参与者
材料内容	尽可能对行为过程、行为环境和结果做出说明
记录方法	考评时，应以文字记录为依据，保证考评质量

三、考评阶段

考评阶段是绩效管理的重心，它不仅关系到整体绩效管理系统运行的质量和效果，也将涉及员工的当前和长远的利益，需要人力资源部门和所有参与考评的主管高度重视，并注意从以下三个方面做好考评的实施工作。

1. 考评的准确性

(1)正确的绩效评分：有利于人事决策的科学性，有效地激励员工、鼓舞士气。

(2)不准确的绩效评分：造成决策的失误，挫伤员工积极性，员工大幅度流失。

2. 考评的公正性

为了保证考评的公正公平性，企业人力资源部门应当确立两个保障系统，公司员工绩效评审系统和公司员工申诉系统。

(1)员工绩效评审系统的功能如图 4－10 所示。

(2)员工申诉系统的功能如图 4－11 所示。

3. 考评结果的反馈方式

为了改进和提高绩效选择确定有理有利有节的面谈策略，采用灵活多变、因人而异的信息回馈方式。

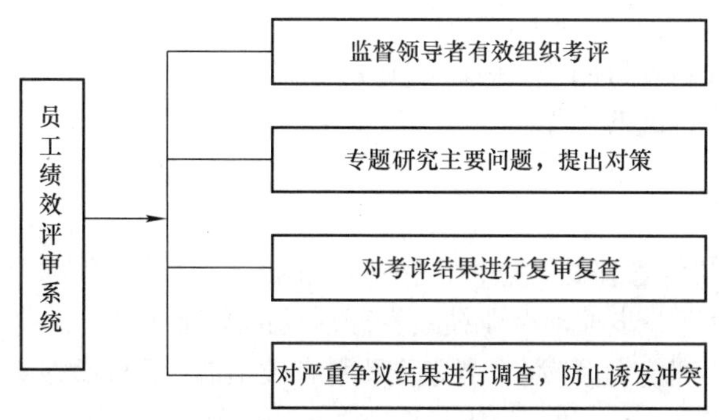

图4－10　员工绩效评审系统功能图

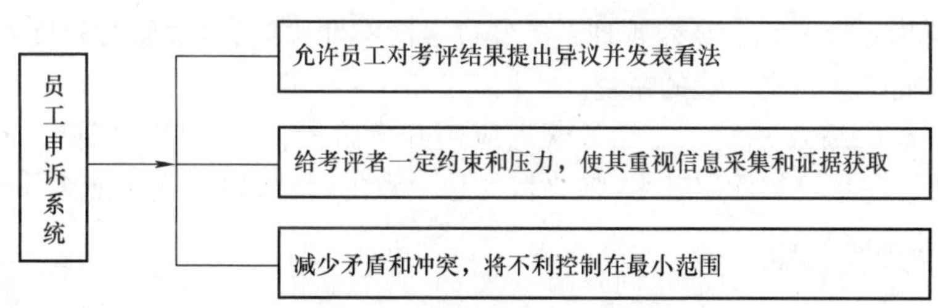

图4－11　员工申诉系统功能

四、总结阶段

绩效管理的最终目标是促进企业与员工的共同提高和发展。总结阶段要找出工作中的薄弱环节和存在的主要问题,查明问题产生的原因,提出今后的绩效改进计划,突出工作的重点,明确努力的方向,应做好以下几点。

1. 对企业绩效管理系统的全面诊断

企业绩效管理系统的诊断功能如图4－12所示。

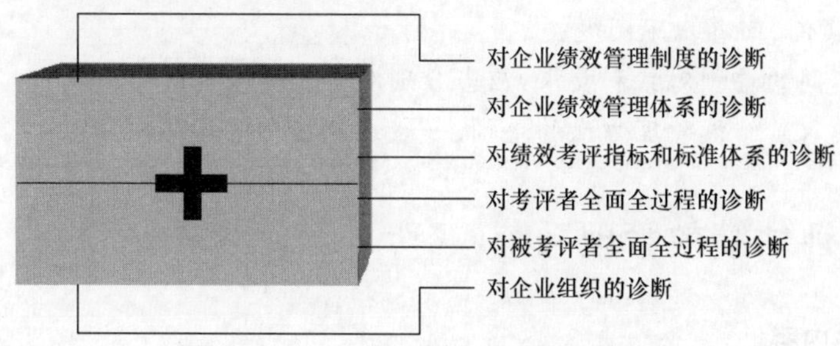

图4－12　企业绩效管理系统诊断功能

2. 各个单位主管应承担的责任

(1)召开月度或季度绩效管理总结会:分析成功经验和失败教训,不谈结果被使用情况。

(2)召开年度绩效管理总结会:将考评结果及该结果被使用的情况(如晋升、加薪)告知员工。

3. 各级考评者应当掌握绩效面谈的技巧

(1)循循善诱,使员工明白其工作中的优缺点。

(2)鼓励员工发现和分析问题,实现"自己解放自己"。

(3)允许员工保留自己的意见。

五、应用开发阶段

应用开发阶段是绩效管理的终点,又是一个新的绩效管理工作循环的始点。在这个阶段中,应从以下四个方面进一步推动企业绩效管理活动的顺利开展。

(1)考评者绩效管理能力开发。"导演"采用有效措施,不断增强各级主管绩效管理意识和管理技能。

(2)被考评者的绩效开发。"主角"始终是管理者关注的中心和焦点,在优化的宽松氛围和环境中得以提高和发展。

(3)绩效管理系统开发。绩效管理系统经过多次实践验证、多次修改和反复调整,成为一个具有可靠性、准确性和实用性的系统。

(4)企业组织的绩效开发。在绩效管理应用开发阶段,无论是对考评者、被考评者的开发,还是对绩效管理系统的深层开发,最终目的是一致的,都是要推进企业组织效率和经济效益的全面提高和全面发展。

技能练习

某公司人力资源部在总结过去一年绩效管理工作时,发现了一些问题和不足。其中最主要问题是:在绩效管理准备阶段的很多工作流于形式,没有认真进行落实,导致考评者对考评的指标和标准概念模糊,把握不准;对具体考评的程序和要求不够明确;没有掌握绩效反馈的技巧,绩效反馈没有达到预定的目标。同样,被考评者也存在这样或那样的问题,导致绩效管理的效果大打折扣。该公司为了提高绩效考评的质量和绩效管理的总体水平,计划在绩效管理的准备阶段进行一系列的培训。

请结合本案例,回答以下问题:

(1)按照不同的培训对象和要求,应当分别对哪几类人员进行培训?

(2)对相关人员绩效管理方面的培训,一般应包括哪些具体内容?

步骤三　评估绩效管理系统

一、确定评估内容

绩效管理系统评估是对绩效管理中各个环节和工作要素进行全面监测分析的过程。评估的具体内容包括以下五个方面。

1. 对管理制度的评估

现行的绩效管理制度在执行的过程中,哪些条款得到了落实,哪些条款遇到了障碍难以贯彻,绩效管理制度存在哪些需要修改调整的地方。

2. 对绩效管理体系的评估

绩效管理体系在运行中存在哪些问题，各个子系统之间健全完善的程度如何，各子系统相互协调配合的情况如何，目前亟待解决的问题是什么。

3. 对绩效考评指标体系的评估

绩效考评指标体系与考评标准是否全面完整、科学合理、切实可行，有哪些指标和标准需要修改调整。

4. 对考评全面、全过程的评估

在执行绩效管理的规章制度以及实施考评的各个环节中，有哪些成功的经验可以推广，有哪些问题亟待解决。考评者自身的职业素质、管理素质、专业技能有哪些提高，还存在哪些不足等；在企业绩效管理的各项活动中，员工持有何种态度，通过参与绩效管理活动，员工有何转变，在实际工作取得何种成果，职业品质和素养有哪些提高。

5. 对绩效管理系统与人力资源管理其他系统的衔接的评估

观察绩效管理与培训、薪酬、年度先进评选、人事变动等工作是否衔接得当。

二、设计评估调查问卷

绩效管理调查问卷是评估企业绩效管理问题最常用也是最有效的工具，通常调查问卷的内容涉及绩效管理工作的所有方面，从战略的分解开始，直到绩效考评结果的应用结束。

评估调查问卷的主要内容包括基本信息、问卷说明、主体部分和意见征询四个部分，具体内容如表4.8所示。

表4.8 评估调查问卷的内容

基本信息	问卷者的姓名、岗位、部门甚至年龄、学历、工龄等个人信息
问卷说明	问卷的目的、填写方法和填写原则等
主体部分	问卷的问题部分，即根据绩效管理系统的组成部分提出问题
意见征询	问卷者提出对本次问卷调查的意见和建议，为下次问卷调查提供经验

扫描封底二维码获取绩效管理调查问卷样表。

小提示

起草绩效管理制度的基本要求

建立绩效管理制度是企业人力资源管理的核心职能之一。绩效管理制度是为了实现科学、公正、务实的绩效管理，使之成为有效提高员工积极性和公司生产效率的手段。起草绩效管理制度应包括以下要求：

(1)全面性与完整性； (2)相关性与有效性；

(3)明确性与具体性； (4)可操作性与精确性；

(5)原则一致性与可靠性； (6)公正性与客观性；

(7)民主性与透明度。

任务二　制订绩效计划

【任务目标】

扫码获取课程视频

通过本任务的学习，学生应掌握以下职业能力：

(1)了解绩效合同的设计；

(2)掌握绩效考评指标的设计。

【任务描述】

绩效计划是整个绩效管理流程中的第一个环节，是管理者和员工就工作目标和标准达成一致意见，形成契约的过程，是整个绩效管理的起点。通过任务二的学习，了解设计绩效合同的流程，掌握绩效考评指标的设计方法。

【步骤方法】

步骤一　设计绩效合同

绩效合同是在绩效指标确定之后，由主管与员工共同商定员工在考核周期内的绩效指标和行动计划，然后以文字的形式确认，作为施行绩效指导方向和考核考评时的对照标准和绩效面谈的纲要及以后就考核结果进行个人素质提高的依据。

一、了解绩效合同的内容

绩效合同没有固定的流程和格式，绩效合同设计的繁简与否，取决于企业的绩效管理水平和重视程度，一般包括 6＋4 项内容，如图 4－13 所示。

①受约人信息
②发约人信息
③合同期限
④计划内容
⑤考评意见
⑥签字确认
＋
⑦双方权利和义务
⑧目标完成与否的奖励措施
⑨员工能力发展计划
⑩绩效目标修改履历

图 4－13　绩效合同内容汇总

(1)受约人信息——被考评对象的基本信息，包括员工的姓名、职位、所在部门等。

(2)发约人信息——发约人常常是由被考评员工的上一级正职担任。

(3)合同期限——规定了绩效合同生效到截止的时间，一般为一个绩效管理周期。

(4)计划内容——绩效指标、考评权重、考评标准等，衡量被考评员工的重要工作成果。

(5)考评意见——在绩效考评完成之后，由发约人根据受约人的实际表现填写，用于分析绩效完成的亮点与不足，以达到绩效提升和改进的目的。

(6)签字确认——绩效合同需要由发约人和受约人双方签字确认后方可生效。

二、设计绩效合同样本

绩效合同设计的繁简与否，取决于企业的绩效管理水平和重视程度，适合企业的实际情况即可。常用的绩效合同样本如表 4.9 所示。

表 4.9　绩效合同样本

<table>
<tr><td>姓名</td><td></td><td>员工编号</td><td></td><td>部门</td><td></td><td>职位</td><td></td><td>考核周期</td><td colspan="2">___年__月～___年__月</td></tr>
<tr><td colspan="11">工作目标部分</td></tr>
<tr><td rowspan="8">工作目标设定</td><td rowspan="2">序号</td><td rowspan="2">考核指标</td><td rowspan="2">计算方法</td><td colspan="3">考核标准</td><td rowspan="2">权重</td><td colspan="4" rowspan="2">考核信息来源</td></tr>
<tr><td>基准(60)</td><td>达标(80)</td><td>挑战(120)</td></tr>
<tr><td>1</td><td></td><td></td><td></td><td></td><td></td><td>20%</td><td colspan="4">_______部门</td></tr>
<tr><td>2</td><td></td><td></td><td></td><td></td><td></td><td>10%</td><td colspan="4">_______部门</td></tr>
<tr><td>3</td><td></td><td></td><td></td><td></td><td></td><td>10%</td><td colspan="4"></td></tr>
<tr><td>4</td><td></td><td></td><td></td><td></td><td></td><td>10%</td><td colspan="4"></td></tr>
<tr><td>5</td><td></td><td></td><td></td><td></td><td></td><td>10%</td><td colspan="4"></td></tr>
<tr><td>6</td><td></td><td></td><td></td><td></td><td></td><td>10%</td><td colspan="4"></td></tr>
<tr><td colspan="7">“工作目标”权重之和</td><td>70%</td><td colspan="4"></td></tr>
<tr><td rowspan="7">重点行动计划部分</td><td colspan="5">重点行动计划</td><td>考核标准</td><td>权重</td><td colspan="4"></td></tr>
<tr><td>1</td><td colspan="4"></td><td></td><td>5%</td><td colspan="4"></td></tr>
<tr><td>2</td><td colspan="4"></td><td></td><td>5%</td><td colspan="4"></td></tr>
<tr><td>3</td><td colspan="4"></td><td></td><td>5%</td><td colspan="4"></td></tr>
<tr><td>4</td><td colspan="4"></td><td></td><td>5%</td><td colspan="4"></td></tr>
<tr><td>5</td><td colspan="4"></td><td></td><td>5%</td><td colspan="4"></td></tr>
<tr><td>6</td><td colspan="4"></td><td></td><td>5%</td><td colspan="4"></td></tr>
<tr><td colspan="7">“重点行动”权重之和</td><td>30%</td><td colspan="4"></td></tr>
<tr><td colspan="7">总权重</td><td>100%</td><td colspan="4"></td></tr>
<tr><td colspan="8">目标设定确认签字栏</td><td colspan="4"></td></tr>
<tr><td colspan="8">被考评者签字：　　日期：　　考评者签字：　　日期：</td><td colspan="4"></td></tr>
</table>

步骤二　设计绩效考评指标

一、了解绩效考评指标的类型

为了更好地设计绩效考评系统中的考评指标，应熟悉各种考评指标，并将各类考评指标纳入绩效考评系统之中，具体类型如表 4.10 所示。

表 4.10　绩效考评指标的类型

划分标准	指标类型
根据绩效的内容	分为能力指标、态度指标和结果指标。能力指标是基于工作能力或胜任力提炼出来的考评指标，如沟通协调能力、组织领导能力、执行能力等，采用定性方式考评；态度指标包括责任意识、合作意识等，采用定性方式考评。能力和态度指标反映了工作过程。结果指标反映了工作的成绩或效果，是绩效考评的核心，采用定量的方式考评

续表

划分标准	指标类型
根据绩效的重要程度	分为关键绩效指标(KPI)、一般绩效指标和否决指标。其中,关键绩效指标是衡量企业战略实施结果的指标;一般绩效指标是指影响企业基础管理的指标,来源于部门或个人的职责,是关键绩效指标得以实现的保障;否决指标,这种指标对应的工作没有做好,将对企业带来直接且严重的后果,如生产制造型企业的安全工作
根据指标的可量化程度	分为定量指标和定性指标。定量指标可通过数据计算分析形成考评结果,定性指标需要对考评对象进行客观描述和分析来反映考评结果,如能力类或态度类指标
根据被考评的属性	分为主观判断指标和客观考评指标。主观判断指标需要由考评主体根据自身的认知和感受对被考评者的绩效进行打分的指标;客观考评指标则无须考评主体进行考评,由客观数据支撑

绩效考评指标以组织战略和岗位职责为基本参考,绩效考评指标的选择依据主要包括:绩效考评的目的;被考评者所承担的工作内容和绩效标准;取得考评所需信息的便利程度。

二、计算绩效考评权重

绩效具有多样性和复杂性,涉及多领域和多层面,这就决定了绩效考评指标体系必须是一个既突出重点又全面开放的系统。要求通过对指标进行权重设定,有效地反映工作重点,明确责任的重要程度。绩效考评权重的计算方法见表4.11。

表4.11　绩效考评权重的计算方法

方法	内容要点
专家经验判定法	最简单的权重确定方法,是决策者个人根据自己的经验和对各项考评指标重要程度的认识,或者从引导意图出发,对各项考评指标的权重进行分配。 这种方法基本上是基于个人的经验决策,往往带有片面性,对于比较简单的绩效考评工作,这种方法花费的时间和精力比较少,容易被接受
排序法	建立在专家判断的基础上,要求专家对各个指标进行排序,区分出各个指标的相对重要程度,然后在此基础上计算权重。操作步骤: 1. 组成考评的专家组;2. 制定考评指标排序表;3. 统计排序结果;4. 将回收结果进行数理统计
层次分析法	又称AHP法,是对人们主观判断进行形式的表达、处理与客观描述,通过判断矩阵计算出相对权重后,要进行判断矩阵的一致性检验,克服两两相比的不足。操作步骤: 1. 建立层次结构模型;2. 确立思维判断定量化的标度;3. 构造判断矩阵;4. 计算权向量并做一致性检验

案例展示

觉得绩效管理不好做,看一个母亲的激励手段

母亲是典型的农村老太太,没有知识,但有智慧。母亲所管理的团队有三人,重点说一说她管理的二级团队,也就是我和我哥。我和我哥年龄相差不大,所以从小就爱打闹,让身为管理者的母亲大为恼火,为了转移我俩的矛盾,并有效激励,她在日常劳动中制定了一系列激励措施。

一、明确任务,量化指标

小时候农村的机械化程度非常低,绝大部分工作都要靠纯手工,家里十亩的土地,启用童工不可避免。秋收时间持续比较长,白天去地里掰玉米、收花生,晚上回家在院子里剥玉米、摔花生。晚上的工作一般是全家参战,这对尚在上小学的我和哥哥是比较痛苦的事情,往往是一边干活一边玩耍,劳动效率极其低下。

为了提高劳动效率,母亲给我和我哥分配定量的任务,哥哥的工作量约是我的1.2倍,谁先完成,谁先去睡。该激励手段非常有效,定量后,哥哥再也不和我聊天了,埋头苦干,用平时一半的时间完成了平时的工作任务。

二、考核数量,兼顾质量

好不容易我的工作量也完成,母亲在收拾场地时发现,哥哥虽然摔的花生多,但秧子上总会漏掉几个花生,这让我很不平衡,愤愤不平地说,如果这样,以后我也只注重速度。

第二天重新更改规则,还是定量,但质量是基础,谁的花生秧子上漏掉花生,有一颗就多加一半的工作量,这下哥哥老实了,每一棵花生秧子都仔细检查,但仍提前完成了工作任务。

三、保障措施与激励措施相结合

小时候家里种很多棉花,因为是政治任务,每年种的棉花都要交一部分给国家。摘棉花是一件很辛苦的事情,棉花壳经常把手划拉出一条条血印。棉花桃不是同一个时间裂开,所以摘棉花的周期很长,一般周末母亲就会带着我们两个小不点去棉花地里,既能让孩子帮忙干活又能保障孩子的安全。让两个孩子在地里老老实实待着,并能帮助干农活,这不是一件易事,但母亲做到了。

每次去地里,母亲都会带各种好吃的,好好干活就能有好吃的。并且规定,每摘一斤棉花就奖励五分钱,那时候的五分钱对我和哥哥来说不是小数目,五分钱可以买一个冰棍,或五个粘糖,或是一块蜂糕。

为了能挣到更多的钱,我和哥哥也是拼了,那个夏天,我俩绝对是一心扑在摘棉花上,记得小表妹到我家找我,我都拉着她去棉花地里干活了。

四、短期激励与长期激励

每次我和哥哥摘回家的棉花都会过秤,并且单独记账。当我和哥哥要求提现时,母亲告诉我俩,当时提现一斤五分,年底兑现一斤一毛。我和哥哥不约而同地选择了年底兑现。那年年底,母亲像每年过年一样,给我和哥哥一人置办了一身新衣服。当我想起来还有欠款没有兑现的时候,找母亲索要,母亲说衣服和钱二选一,因为已经用我们自己挣的钱给我们买衣服了。

这就是我的母亲,一个没有知识,但充满智慧的女人。

(资料来源:三茅人力资源网,http://www.hrloo.com/)

任务三　组织绩效考评

【任务目标】

通过本任务的学习,学生应掌握以下职业能力:

(1)掌握绩效考评的程序;

（2）掌握绩效考评信息的收集与处理；

（3）了解绩效考评结果的评定与总结。

【任务描述】

绩效考评是企业在既定的战略目标下，运用特定的标准和指标，对员工的工作行为及取得的工作业绩进行评估，并运用评估的结果对员工将来的工作行为和工作业绩产生正面引导的过程和方法。通过任务三的学习，掌握绩效考评的程序和方法，能够收集处理绩效考评信息，了解绩效考评结果的评定和总结。

【步骤方法】

步骤一　设计绩效考评的程序

绩效考评从微观上体现了绩效管理的目标和要求，并为企业绩效管理的开展提供了丰富的内容。绩效考评的特点包括：绩效考评不是孤立的事件，它与企业的发展战略、组织架构、人力资源管理、经营管理息息相关；绩效考评具有指向性，其出发点和终点就是企业的整体绩效；绩效考评具有层次性、针对性、时限性；绩效考评是一个过程，是由诸多步骤共同组合而成的行为集合；对员工的绩效考评可以是正式的也可以是非正式的。

绩效考评可发挥的作用有以下五个方面。

（1）上级主管不必介入到所有具体的事务中。

（2）通过赋予员工必要的知识来帮助他们进行合理的决策，从而节省管理者的时间。

（3）减少员工之间因职责不明而产生的误解，减少出现当上级主管需要信息时没有信息的局面。

（4）通过帮助员工找到效率低下的原因，减少错误和偏差。

（5）激发员工劳动的积极性、主动性和创造性，扬长避短，努力学习，不断进步。

一、了解绩效考评的类型

（1）按绩效考评主体的不同，可将绩效考评分为上级考评、同级考评、下级考评、自我考评、外人考评等五种形式，具体如图 4－14 所示。

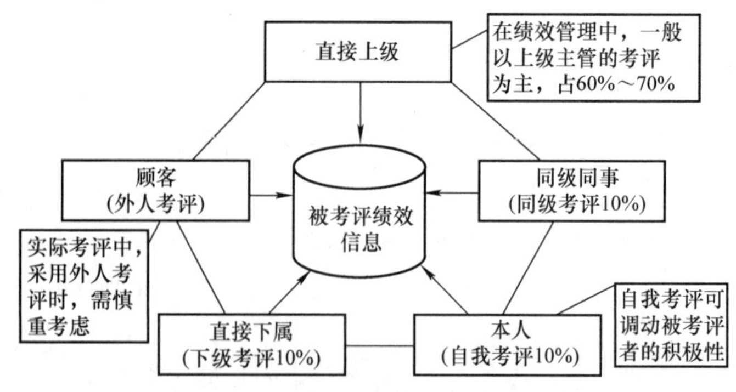

图 4－14　绩效考评分类

（2）根据绩效考评的内容分为品质主导型、行为主导型、结果主导型三种，具体如表 4.12 所示。

表 4.12 绩效考评的类型

分类	效标特性	重点考量	适应岗位
品质主导型	特征性效标	"他这个人怎么样" 以考评员工的潜质为主	涉及员工信念、价值观、动机、忠诚度、诚信度及一系列能力素质
行为主导型	行为性效标	"干什么" "如何去干" 以考评员工的潜质为主	对管理性、事务性工作进行考评;特别是人际接触和交往频繁的岗位
结果主导型	结果性效标	"干出了什么" "员工提供了何种服务,完成哪些工作任务或生产哪些产品" 以考评员工、组织工作效果为主	生产性、操作性及成果可计量岗位

(3)根据绩效考评的时限,可分为月度考评、季度考评、半年考评和年度考评四种类型。

二、明确绩效考评的内容

绩效考评根据考评的内容分为三种类型,分别是业绩考评、能力考评和态度考评。

1. 业绩考评

业绩考评是对行为结果进行绩效考评和对员工的综合素质以及对企业的贡献做出评价。

根据指标的重要性程度,分为关键绩效指标(KPI)和岗位职责指标(PRI)。从表现形式来看,工作业绩指标通常具体表现为完成工作的数量指标、质量指标、工作效率指标及成本费用指标、时间进度指标、频率指标、客户满意度指标等。

客户满意度指标指绩效产出满足客户需求的程度,包括客户满意度、客户流失率、投诉率、客户服务周期等,也可设定员工满意率等内部客户的满意度指标。

2. 能力考评

能力考评是考评员工在岗位工作过程中显示和发挥出来的能力,根据工作岗位说明书人员规格要求,对员工所具备的能力素质进行评定的过程。员工在工作中判断理解指令时,是否正确、迅速;协调上下级关系时,是否得体、有效;依据员工在工作中的行为和表现,参照标准或要求,评价他的能力发挥得如何,评判其能力是大是小、是强是弱等。

从具体的管理实践看,主要有基于任职资格的能力考评指标、基于胜任特征的能力考评指标、基于潜在能力的能力考评指标。在进行能力考评时,尽量避免主观因素带来的误差,要对考评的项目进行定义和描述。

3. 态度考评

工作态度是工作能力向工作业绩转换过程中的调节变量,通过对工作态度的考评引导员工改善态度,是充分发挥员工工作能力,继而促使员工达成绩效目标的重要手段。对工作态度的考评往往采用过程考评的方式进行。常见的工作态度指标主要体现在员工职业道德(敬业精神、奉献精神等)、对工作的态度(积极性、主动性、工作热情、责任感等)、工作制度的遵守等方面。

由于工作条件恶化使业绩受挫,而并非个人不努力,在进行绩效管理时也必须予以充分考虑。这是态度考评和业绩考评的不同之处。

三、设计绩效考评的程序

绩效考评的程序主要有“自上而下”和“自下而上”两种。“自上而下”的绩效考评是先确定上级部门的绩效结果,然后再对员工的绩效进行评价;“自下而上”的绩效考评是先对员工绩效进行评价,然后汇总形成部门乃至整个企业的绩效结果。

1.“自上而下”的绩效考评

(1)对单位绩效进行考评。就某种程度而言,单位的绩效就是单位主管领导的业绩,因为领导必须对本单位的绩效负责。

(2)对单位内部员工进行考评。对每位员工的绩效进行打分,或排列出相对名次,形成个体的绩效结果。

(3)对员工绩效进行调整。将个体绩效与单位绩效联系起来,需要对个体绩效进行调整。调整方式有两种:一是利用难度系数进行调整,即根据不同部门的工作难易程度赋予不同的难度系数;二是根据部门绩效结果进行调整,确保考评结果总体上客观公正。

2.“自下而上”的绩效考评

这种方式一般先从基层员工开始,进而对中层人员考评,形成自下而上的过程。这种考评方式更适合于生产、市场等部门,对职能部门不适合。操作程序如下:

(1)以基层为起点,由基层部门的领导对其直属下级进行考评;

(2)在基层考评的基础上,对各个中层部门进行考评;

(3)完成逐级考评之后,由企业的上级机构或董事会对企业高层领导进行考评,其内容主要是经营效果方面硬指标的完成情况,如总产值、总收益、市场占有率、成本利润率等。

四、掌握绩效考评的步骤

完整的绩效考评主要包括以下五个步骤。

(1)科学地确定考评的基础。一是确定工作要项(指工作结果对组织有重大影响的活动或大量的重复性活动),一个岗位的工作要项一般为4~8个;二是确定绩效标准。

(2)评价实施。将工作的实际情况与考评标准逐一对照,评判绩效的等级。

(3)绩效面谈。通过面谈使员工发扬成绩,纠正错误。

(4)制订绩效改进计划。改进计划是绩效考评的最终落脚点,切实可行,有明确的时间性,具体且得到上下级的认同。

(5)改进绩效指导。上级主管经常对下属工作绩效的改进做出正确的指导,切实保证本岗位工作的有效性。

小提示

绩效考评的典型观点有哪些?

结果观:绩效是员工最终行为的结果,是完成工作任务,是员工行为过程产出。

行为观:行为因素,包括素质、能力、有效努力程度等,才能反映绩效的本质。

综合观:绩效是“行为与结果的统一”。

步骤二　收集处理绩效考评信息

一、设计与发放绩效考评表格

在收集绩效信息时往往都要使用表格，各企业所采用的考评表格没有统一的形式、繁简不一，表格的形式并无严格要求，只要达到考评目的、简洁适用就可以。绩效考评表格设计内容包括如图 4－15 所示内容。

图 4－15　绩效考评表设计内容汇总

二、选择信息采集方法

绩效考核信息采集的方法包括如表 4.13 所示五种。

表 4.13　绩效考核信息收集方法

实地调查法	负责考评的人员到实际工作地点调查工作完成的情况，对工作地点有关人员提供的绩效考核信息，考评人员客观、如实记录，并要求提供绩效信息者对所提供信息的验证签字，以确保绩效信息的准确性
现场记录法	考评人员到工作现场或绩效指标要求指定场地进行检查，采集绩效信息
数据积累法	考评人员到有关数据统计或汇总的权威部门查证有关数据，采集考核信息
问卷调查法	通过向服务对象发放调查表，征求服务对象的意见和满意度，以此作为考评的依据
抽样调查法	单纯随机抽样，系统抽样，整群抽样，分层抽样

三、处理分析绩效信息

1. 处理绩效信息失真问题

1）查明绩效信息失真的原因

现实中由于受主客观因素的影响，绩效信息与信息原始状态相背离的情况时有发生。采取有力措施处理绩效信息失真，是绩效评估走向科学化、规范化和系统化的内在要求。

（1）组织内部绩效信息传输渠道不畅。

（2）绩效信息提供者提供虚假数据。

（3）绩效信息监督机制缺失。

2）找到处理问题的方法

(1)科学构建绩效考评指标体系。

(2)不断完善绩效信息收集方式。

(3)健全绩效信息资源开发质量保障体系。

(4)不断提高绩效信息提供者的职业道德和责任意识。

2. 分析绩效数据

分析绩效数据的方法主要包括顺序法、能级分析法、对比分析法、综合分析法和常模分析法,具体内容如表4.14所示。

表4.14 分析绩效数据的方法

顺序法	指将绩效分数按照其大小顺序进行排列,根据员工考评得到的分值所处的位置,说明员工在考评中的排序
能级分析法	指用一定的临界点将考评得分划分为若干级,并对此进行考评的方法
对比分析法	指将两个以上的考评结果进行对比分析,比较他们的绩效情况,可以用数据的总分比较,也可以采用要素或结构得分进行比较
综合分析法	指运用绩效数据对员工进行全面细致综合的考评,这种考评只根据考评标准进行分析,不与别人的考评结果进行对比
常模分析法	指将某个员工的考评结果与某个固定的岗位模式要求进行分析比较,看与这个模式相符的程度,从而对其绩效进行考评

步骤三　评定总结绩效考评的结果

一、强制分布绩效结果

强制分布法就是按事先确定的比例将被考评者分别分配在各个绩效等级上,有时还将强制分布法称为硬性分布法。最简单的强制分布法就是由考评者通过主观判断将考评对象归为特定的等级,但在实际应用中,该方法往往不是单独使用,而是与各种各样的绩效考评方法结合使用。强制分布法的操作如表4.15所示。

表4.15 强制分布法的操作

体系设计	1. 确定如何使用排名; 2. 确定将如何处理排名结果; 3. 确保排名所使用的标准与绩效有关; 4. 确保强制分布的可接受性和合法性
系统实现	1. 评估者应该接受一些培训,包括如何解释评估标准,如何准确地观察员工行为,参加排名的讨论机制是什么样的; 2. 排名过程本身需要精心设计; 3. 组织必须有明确的规范程度来确保在评估完成后与被排名的员工进行讨论

二、计算绩效考评得分

1. 判断策略

首先对员工绩效各个部分的情况加以考虑,然后得出一个具有说服力的总体结论,是一个整体性决策程序,主要依靠评价者的能力来生成一个公平且准确的总体分数。

2. 机械策略

首先考虑评价表格中每个部分的得分情况,然后将这些得分进行加总,得出绩效总分。具体方法包括简单相加法、加权法、连乘积法。

三、确定绩效考评等级

从具体的划分方法来看,绩效考评等级可分为绝对定级法和相对定级法两种形式,如表4.16所示。

表4.16　绩效考评等级方法

绝对定级法	事先确定各个绩效定级及对应标准,这种方法的优点是操作简便、易于实施
相对定级法	事先只是规定了绩效等级和各等级上的人员比重,但是没有定义绩效标准,因此在对员工绩效结果归档时不是直接使用员工绩效结果,而是首先对同级别员工绩效结果进行排序,然后再按照相应的比重划归到对应的等级上

四、总结绩效管理工作

为加强企业人力资源管理,要对绩效管理进行定期总结,主要应围绕以下内容重点展开:

(1)为企业提供薪酬方面的相关信息;

(2)为员工的晋升、调动等人事计划的制订提供依据;

(3)对企业员工士气和工作氛围进行评估,完善企业文化建设;

(4)对部门及员工的业绩做出评估,提出改进的方针和措施;

(5)不断挖掘企业员工的潜力,探索实现员工与企业共同发展的途径和方法;

(6)分析员工总体素质状况,进行培训需求分析,提出员工技能开发的改进措施和计划。

五、保管好绩效考评文档

1. 集中归档管理

对绩效管理文档进行集中归档管理,有利也有弊,具体体现如表4.17所示。

表4.17　集中归档管理法的特点

优点	不足
1. 可以避免考评资料的重复; 2. 只需一种存档程序; 3. 工作人员能提供质量更好的服务; 4. 不会出现积压、等待归档的考评资料	1. 不同部门可能会需要某些考评记录,导致这些记录必须复制; 2. 一种归档制度不能满足各部门的需求

2. 绩效文档进行分类

(1)按字母顺序,这是最常见的文档分类方法。

(2)按数字顺序,每一个文件分配一个号码,而文件则按数字从低到高顺序排列,一个员工一个号码,因此要在卡片上保留所有的号码索引。

3. 确保绩效文档的安全性

确保考评数据资料的安全,应采取下列相应措施:

(1)相关资料应立即归档,不应留在桌子上;

(2)文件柜应锁好;

(3)当离开办公室时,应注意锁上办公室的门和抽屉;

(4)复印考评资料完成后,不要忘记拿走原件;

(5)只供有此权限的人使用,借用要签收;

(6)清理不再需要的考评资料时,要用碎纸机粉碎;

(7)考评文档在办公室之间互相传递时,应始终放在文件夹中携带,以防散落丢失。

任务四　绩效反馈与改进

【任务目标】

通过本任务的学习,学生应掌握以下职业能力:

(1)掌握绩效面谈的类型和内容;

(2)掌握绩效申诉的处理;

(3)了解绩效诊断的方法;

(4)掌握改进绩效的策略。

扫码获取课程视频

【任务描述】

绩效反馈,就是将绩效评价的结果反馈给被评估对象,并对被评估对象的行为产生影响。绩效反馈是绩效评估工作的最后一环,也是最关键的一环,能否达到绩效评估的预期目的,取决于绩效反馈的实施。通过任务四的学习,掌握绩效面谈的类型和内容,能够处理绩效申诉,掌握绩效诊断和改进的方法。

【步骤方法】

步骤一　绩效面谈

一、划分绩效面谈的类型

绩效面谈按照具体内容分为绩效计划面谈、绩效指导面谈、绩效考评面谈和绩效反馈面谈四类,具体内容如表4.18所示。

表4.18　绩效面谈的类型

类型	时期	内容
绩效计划面谈	初期	围绕绩效计划的目标、内容、实现目标的措施、步骤和方法面谈
绩效指导面谈	过程中	根据下级不同阶段的实际表现,围绕思想认识、工作程序、操作方法、新技术应用、新技能培训等方面的问题进行的面谈
绩效考评面谈	末期	根据绩效计划贯彻执行情况,围绕工作表现和工作业绩等进行全面回顾、总结和评估
绩效反馈面谈	活动完成后	将考评结果及相关信息反馈给员工本人,为下期绩效管理活动创造条件

二、明确绩效面谈的内容

1.谈工作业绩

将评估结果及时反馈给下属,如果下属对绩效评估的结果有异议,需要和下属一起回顾上一绩效周期的绩效计划和绩效标准，并详细地向下属介绍绩效评估的理由，总结绩效达成的经验，找出绩效未能有效达成的原因，为以后更好地完成工作打下基础。

2. 谈行为表现

对员工工作态度和工作能力的关注可以帮助下属更好地完善自己，提高技能，进行职业生涯规划。

3. 谈改进措施

针对下属未能有效完成的绩效计划，主管和下属一起分析绩效不佳的原因，设法帮助下属提出具体的绩效改进措施。

4. 谈新的目标

主管结合上一绩效周期的绩效计划完成情况，结合下属新的工作任务，和下属一起提出下一绩效周期新的工作目标和工作标准，帮助下属一起制订新的绩效计划。

小提示

绩效反馈面谈的目的

◎ 使员工认识到自己的进步和缺点，了解主管对自己工作的看法，改善绩效。

◎ 对绩效评价结果达成共识，分析原因，找出需要改进的地方。

◎ 制订绩效改进计划，共同商讨确定下一个绩效管理周期绩效目标和计划。

◎ 为员工的职业规划和发展提供信息。

三、提高绩效面谈质量

1. 做好面淡的准备工作

(1)拟订面谈计划，明确主题，预先告知面谈时间、地点，准备绩效记录和资料，具体准备工作如表4.19所示。

表4.19　面谈的准备工作

确定好时间	选择双方都有空闲的时间，尽量不要安排在刚上班或下班，时间尽量避开整点，确定后要征询一下员工的意见，并要提前3天通知员工
选择好场所	尽量选择不受干扰的场所，要远离电话及其他人员，避免面谈中途被打断，最好是小型会议室或接待室
准备好资料	准备好员工评价表、员工的日常表现记录、员工的定期工作总结、岗位说明书、薪金变化情况等
整理优缺点	员工本阶段的最大优点和急需改进的几点不足，面谈时有针对性
拟定好程序	计划好如何开始、如何结束，面谈过程中先谈什么、后谈什么以及各阶段的时间分配

(2)收集与绩效相关的信息资料。考评者将自己所掌握的有关资料与下属的自评报告及所提供的资料进行对比，会提高绩效面谈的质量，提高绩效考评的针对性和有效性。

2. 提高面谈有效性

(1)针对性：考评者反馈的信息应当针对某一类行为而不是针对某个被考评者，这种行为通过自身的努力能够改进和克服。

(2)真实性:信息反馈总是会给下属带来一定的压力,极容易使信息接收者产生曲解和误会,所以反馈的信息应该"去伪存真"、具体详细,让参与者再复述一下所传输信息的内容,进行核实。

(3)及时性:对被考评者近期行为提出有意义的信息反馈,将会对工作绩效的改进具有较大的裨益。

(4)主动性:为了不断地提高自身素质和工作绩效,被考评者应主动提问,寻求上级主管的信息反馈,考评者主动给予必要的解释和说明,以便及时纠正不正确的工作行为。

(5)适应性:

① 反馈信息应因人而异,不同的人采用不同的反馈方式方法;

② 反馈信息应交流沟通,而不是给下属提出某种指令和要求;

③ 反馈信息应集中关键事项,信息量过大会降低反馈信息的适应性;

④ 反馈信息应考虑下属心理承受能力,强调下属所说、所做以及怎么做的,而不过多揣测下属的某种行为的动机和意图,引起下属的"自我保护意识"的心理反应,造成关系疏远。

(6)配套性:辅之必要措施和手段,如薪酬、提升、激励、惩罚等,促进组织与员工绩效改进与提高。

案例展示

(差五分钟下班,客服经理小张正收拾整理文件准备下班后去幼儿园接孩子,王总走了进来)

王总:小张,你现在不忙吧?考核结果你也知道了,我想就这件事与你谈一谈。

小张:王总,我下班后还有点事……

王总:没关系,我今晚上也有个应酬,咱们抓点儿紧。

小张(无奈地):那我就来。

(总经理办公室,办公桌上文件堆积如山。小张心神不宁地在王总对面坐下)

王总:小张,绩效考核结果你也看到了……

(电话铃响,王总拿起了电话,"喂,谁?啊,李总呀,几点开始?好,一定!……")

(通话用了五分钟。放下电话,笑容满面的脸重新变得严肃起来)

王总:刚才我们谈到哪里了?

小张:谈到我的绩效考核结果。

王总:嗯,你上一年的工作嘛,总的来说还过得去,有些成绩还是可以肯定的。不过成绩只能说明过去,我就不多说了。我们今天主要来谈谈不足。小张,这可要引起你的充分重视呀,尽管你也完成了全年指标,但你在与同事共处和保持客源方面还有些欠缺,以后得改进呀。

小张:您说的"与同事共处、沟通和保持客源方面还有些欠缺"具体指什么?

(电话铃再次响起,王总接起电话"啊,李总呀,改成六点了?好好就这样。"王总放下电话)

王总:小张,员工应该为领导分忧,可你非但不如此,还给我添了不少麻烦!

小张:我今年的工作指标都已经完成了,可考核结果……

王总:考核结果怎么了?别看公司人多,谁平时工作怎样,为人处世如何,我心里可是明镜似的。

小张(委屈地):我觉得您可能对我有些误会,是不是因为在上次销售报告会议上我的提议与李部长发生冲突,弄得很不愉快……

王总:你不要乱琢磨。你看看陈刚,人家是怎么处理同事关系的。

小张:王总,陈刚是个老好人,自然人缘好;但我是个业务型的人,比较踏实肯干,喜欢独立承担责任,自然会得罪一些人……

王总:好了,李总又该催我了,今天就这样吧。年轻人,要多学习,多悟!

小张(依然一头雾水):……

王总自顾陪客人吃饭去了,留下小张一个人愣在那里。

步骤二 绩效申诉

一、分析绩效考评中的矛盾冲突

考评者与被考评者双方在绩效目标上的不同追求,可能产生三种矛盾,如表4.20所示。

表4.20 绩效考评中的矛盾冲突

员工自我矛盾	个人需求目标双重性的矛盾: 1.希望得到客观公正的考评信息; 2.希望上级主管给予自己特别的关照
主管自我矛盾	1.主管考评过严容易导致关系紧张; 2.考评宽松不能持续完成绩效目标
组织目标矛盾	员工自我矛盾和主管自我矛盾交互作用导致: 1.组织绩效目标和个人既得利益目标的冲突; 2.组织开发目标和个人自我保护要求发生冲突

二、找到避免和解决矛盾的方法

为了化解矛盾冲突,建议采用以下一些措施和方法。

(1)绩效面谈时:良好的态度,正确的观念,与下属沟通交流。

(2)绩效考评中:适当区分过去、当前、今后目标,严格区分近期考核与远期开发目标。

(3)考评各阶段:适当下放权限,鼓励下属参与。

三、处理员工绩效申诉

1. 了解受理内容

绩效申诉受理内容主要包括两个部分:一是结果方面的,二是程序方面的。

(1)结果方面:员工对于自身的绩效结果无法认同,或发现绩效考评数据不准确,可以向人力资源部提出申诉,并阐明申诉理由。

(2)程序方面:员工认为考评者在进行绩效考评时,违反了相关程序和政策,或存在失职行为，也可以进行绩效申诉，要求人力资源部进行处理。

2. 成立处理机构

绩效考评机构一般由绩效管理委员会和绩效管理日常管理小组组成。绩效管理日常管理小组的简介如图 4 – 16 所示，绩效管理委员会的简介如图 4 – 17 所示。

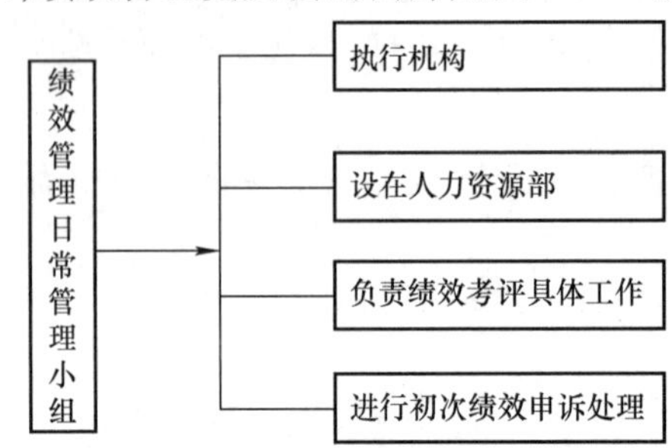

图 4 – 16　绩效管理日常管理小组简介

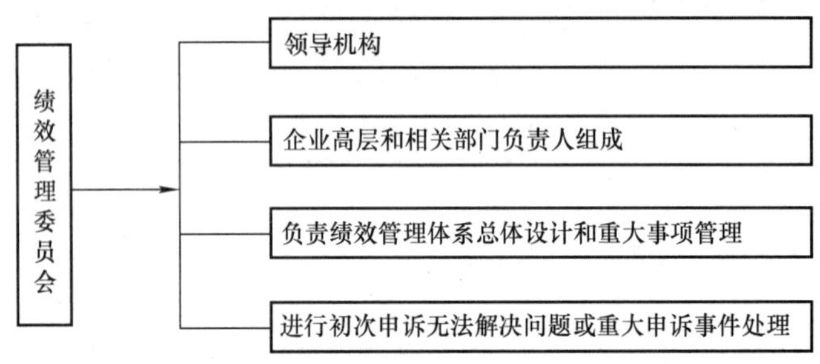

图 4 – 17　绩效管理委员会简介

3. 设计处理流程

为了保证绩效申诉切实有效，企业一般为员工提供两次申诉机会，申诉处理流程如下。

（1）初次申诉处理：规定期限内向人力资源部提出申诉。

（2）二次申诉处理：规定期限内向绩效管理委员会提出申诉。

（3）申诉材料归档：将申诉表归入考评档案中作为考评过程记录。

技能练习

某公司多年来为了提高对一线员工的绩效管理水平，一直坚持分类管理原则，即一般生产岗位的人员采用结果导向型的方法，如以生产原始记录为基础的直接指标法；而服务性和辅助性岗位的人员则采用行为导向型考评方法，如行为观察量表法等。这些虽然能体现岗位工作性质和特点，但人力资源部常收到员工投诉，出现了诸如考评指标过高或过低，同级岗位员工绩效水平相当但考评结果相差很大，各级主管对考评程序和方法把握得不好，各个单位进度参差不齐，尺度有松有紧等问题。

请结合本案例说明为了有效避免和解决上述可能出现的问题，在绩效考评中应该注意采用哪些必要的措施和方法。

步骤三　绩效诊断

一、分析工作差距

分析工作绩效差距的方法有三种，分别是目标比较法、水平比较法和横向比较法。

1. 目标比较法

目标比较法是将考评期内员工的实际工作表现与绩效计划的目标进行对比，寻求工作绩效的差距和不足的方法。

某下属绩效计划的目标是在本期内市场销售额达到100万元，实际只完成了80万元，实际与计划相比，有20万元的差距。

2. 水平比较法

水平比较法是将考评期内员工的实际业绩与上一期（或去年同期）的工作业绩进行比较，衡量和比较其进步或差距的方法。

某个员工上个季度考评时，一次产品抽查的不合格率为3%，而本季度该员工的一次产品抽查的不合格率为5%，虽然没有超过企业5%的考评标准，但却比上个季度高出2个百分点，说明该员工尚有潜力可挖掘。

3. 横向比较法

横向比较法是在各个部门或单位之间、员工之间进行横向对比，发现组织与员工工作绩效实际存在的差距和不足的方法。

二、查明产生差距的原因

找出员工工作绩效的差距之后，各级主管还应当会同被考评者，一起查找和分析产生这些绩效差距和不足的真正原因。员工的工作行为和工作表现受到多种因素的影响，主要包括员工的主观因素、企业的客观因素、物质的影响因素和精神的影响因素。员工绩效影响因素如图4－18所示。

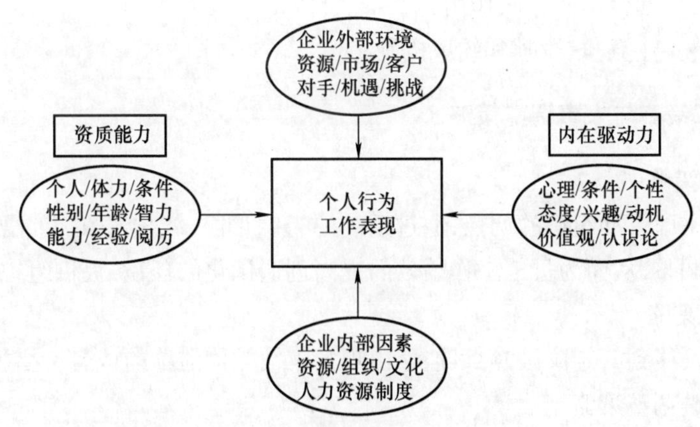

图4－18　员工绩效影响因素

步骤四　绩效改进

一、预防性策略与制止性策略

1. 预防性策略

预防性策略是作业前制定绩效考评标准，明确什么是正确的、有效的行为，什么是错误的、无效的行为，并通过专门、系统性的培养和训练，使员工掌握具体的作业步骤和操作方法，从而可以有效地防止和减少员工在工作中出现重复性差错和失误。

2. 制止性策略

制止性策略是作业过程由各个管理层次管理人员进行全面的跟踪检查和监测，对员工的工作、劳动过程进行全面的跟踪检查和监测，发现问题，及时纠正，使员工克服自己的缺点，发挥自己的优势，不断地提高自己的工作业绩。

二、正向激励策略与负向激励策略

1. 正向激励策略

正向激励策略是通过制定一系列行为标准以及与之配套的人事激励政策，如奖金、晋级、升职、提拔等，鼓励员工更加积极主动工作。

(1)制定高精度、高水平的工作行为和表现的衡量指标和标准。

(2)让组织中所有员工对行为标准有明确了解。

(3)制订具体的实施计划，对实现和达到计划目标后所应受到奖励做出具体详细规定。

2. 负向激励策略

负向激励策略也称反向激励策略，它对待下属员工与正向激励策略完全相反，采取了惩罚的手段，以防止他们绩效低下的行为。具有以下三种作用：

(1)使表现差的员工看到不足；

(2)对其他员工起警示和告诫作用；

(3)利于完善企业竞争、激励和约束机制。

三、组织变革策略与人事调整策略

1. 组织变革策略

组织变革策略即劳动组织的调控，通过系统的组织诊断，找出存在的问题，有针对性地进行组织的整顿和调整，从而为员工工作绩效的提高创造优化的环境，提供组织上的保障。

2. 人事调整策略

当绩效管理发展到一定阶段时，可能会出现员工绩效停滞不前或各种措施失效的情况，应当采取应急性人事调整策略。

知识网络图

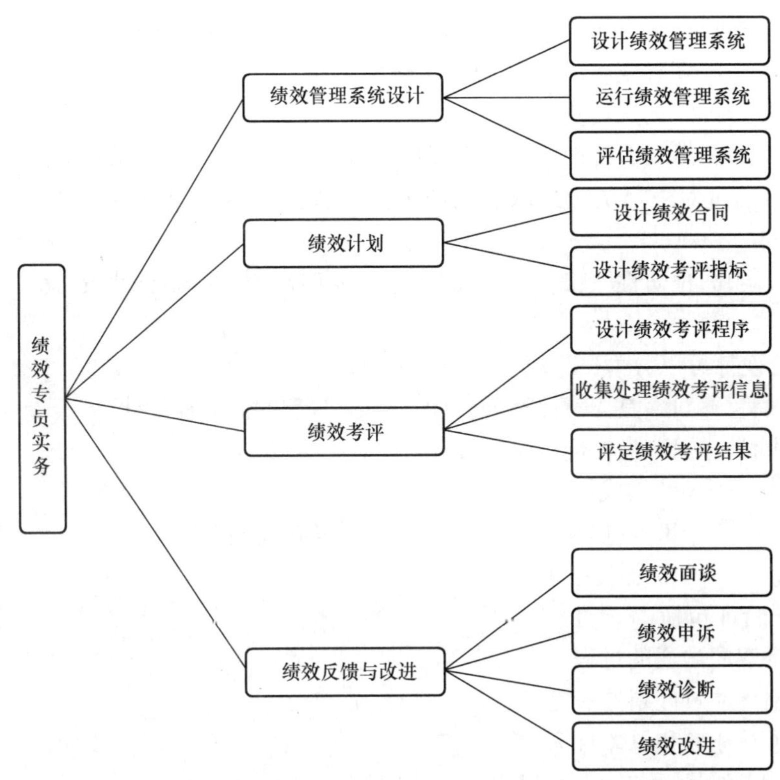

真题自测

一、单选题

1.(　　)是企业单位组织实施绩效管理活动的准则和行为规范。

A. 绩效管理制度　B. 绩效管理目标　C. 绩效管理方法　D. 绩效管理内容

2. 在考评的组织考评阶段,无须注意(　　)。

A. 考评信息的虚假程度　B. 考评的准确性

C. 考评结果的反馈方式　D. 考评的公正性

3. 在绩效管理的各个环节中,管理者关心的中心和焦点应当始终是(　　)。

A. 考评指标　B. 考评标准　C. 考评方法　D. 被考评者

4.(　　)主导型绩效考评,以考评员工潜质为主,着眼于“他这个人怎么样”。

A. 品质　B. 特征　C. 行为　D. 结果

5. 在一些大公司中,总经理、管理人员或专业人员的绩效考评宜采用(　　)。

A. 结果导向型　B. 行为导向型主观　C. 品质导向型　D. 行为导向型客观

6.(　　)是保证考评者和被考评者正常活动的前提和条件。

A. 企业成本管理体系 B. 企业绩效管理体系 C. 企业文化管理体系 D. 企业薪酬管理体系

7. 以下关于行为观察法的说法,不正确的是(　　)。

A. 首先确定工作行为出于何种水平　　B. 是在关键事件法的基础上发展起来的
C. 与行为锚定等级评价法的量表在结构上不同
D. 评价者根据工作某一行为发生频率对被考评者打分

8. 在选择绩效考评方法时,应当充分考虑的重要因素不包括(　　)。
A. 工作适用性　B. 管理成本　C. 工作实用性　D. 成果效用

9. (　　)一般是在绩效管理初期进行。
A. 绩效考评面谈　B. 绩效总结面谈　C. 绩效计划面谈　D. 绩效指导面谈

10. 在绩效管理中,通过对下属员工采取惩罚的手段,以防止和克服他们绩效低下的行为,属于绩效改进策略的(　　)。
A. 正向激励策略　B. 预防性策略　C. 负向激励策略　D. 制止性策略

二、多选题

1. 绩效管理程序的设计可以分为(　　)。
A. 绩效管理制度设计　B. 具体考评标准设计　C. 管理的总流程设计
D. 具体考评程序设计　E. 考评信息系统设计

2. 绩效管理由(　　)等环节构成。
A. 目标设计　B. 过程指导　C. 考核反馈
D. 系统管控　E. 激励发展

3. 绩效计划的主要特征包括(　　)。
A. 绩效计划是一个双向沟通的过程
B. 参与和承诺是制订绩效计划的前提
C. 绩效计划体现了总任务和总体目标
D. 绩效计划是关于工作目标和标准的契约
E. 绩效计划是上级主管对未来的发展预测

4. (　　)属于行为导向型考评方法。
A. 行为观察法　B. 成对比较法　C. 选择排列法
D. 强迫分布法　E. 关键事件法

5. 下列关于目标管理法的说法,正确的是(　　)。
A. 目标管理法的结果易于观测　B. 目标管理法适合对员工提供建议
C. 便于不同部门的绩效横向比较　D. 目标管理法直接反映员工的工作内容
E. 目标管理法适合对员工进行反馈和辅导

6. 原始记录的登记制度能保证绩效管理信息的有效性和可靠性,它要求(　　)。
A. 说明材料的来源　B. 以图像记录为依据
C. 应包括有利和不利的记录　D. 详细记录事件发生的时间、地点和参与者
E. 尽可能对行为的过程、环境和结果做出说明

7. 根据面谈内容的不同,绩效面谈可以区分为(　　)。
A. 绩效计划面谈　B. 绩效提高面谈　C. 绩效指导面谈
D. 绩效总结面谈　E. 绩效考评面谈

8. 建立员工申诉系统,主要功能应包括(　　)。
A. 减少矛盾和冲突　B. 使考评者了解员工意愿

C. 提高员工的工作积极性　　　　D. 允许员工对考评结果提出异议

E. 使考评者重视信息的采集和证据的获取

9. 绩效受多方面因素的影响,其中个人行为和工作表现的影响因素包括(　　)。

A. 企业外部环境　　　B. 个人生理条件

C. 企业内部因素　　　D. 个人心理条件　　　E. 国内政治局势

10. (　　)可以分析出工作绩效的差距。

A. 目标比较法　　　B. 纵向比较法

C. 水平比较法　　　D. 组合比较法　　　E. 横向比较法

HR书架

《笑着离开惠普》　高建华

高建华,著名实战派市场营销专家、企业管理专家,是国内为数不多的具有国际一流水平的职业经理人之一。曾在中国惠普公司工作15年,从助理工程师做起,先后担任市场总监、战略规划总监、华北区总经理、助理总裁、首席知识官(CKO)、中国惠普决策委员会成员等职。

高建华在惠普工作近20年时间,在这个团队内充分感受到这个世界一流企业的人性化、人情化的企业文化。该书告诉我们一个优秀的团队是如何从各处汇聚到惠普,即使在离开的时候,也是能够说,惠普,好样的!对于现代人来说,更换工作是一件十分平凡的事情。但是你是在怎样的情况下离开公司的?是垂头丧气还是尴尬无奈?有没有一种离开,可以微笑着走呢?经营好的企业意味着赚钱,管理好的企业意味着健康,文化好的企业意味着快乐。惠普,就是一个能够让员工笑着离开的地方!

作者以丰富的管理实践、深刻的感悟、融汇中西的视野,将惠普之道的精髓展现在读者面前,使大家体验到人性化管理的内涵,并通过学习借鉴达到少走弯路、少交学费的目的,推动中国企业的管理水平上升到新台阶。

模块五　薪酬专员实务

学习目标

通过本模块的学习，掌握以下职业能力：

◎ 了解薪酬专员的岗位职责；

◎ 掌握企业薪酬管理的程序和方法；

◎ 掌握员工工资形式和计算方法；

◎ 能够采集薪酬信息和工作岗位评价信息；

◎ 能够办理社会保险的核算与统计；

◎ 掌握企业建立工资、福利和保险台账的方法。

导入案例

扫码获取课程视频

阿里巴巴：员工最有幸福感

在18日的新浪微博上，阿里巴巴的员工们成为网友们“最羡慕的人”——阿里巴巴集团前天晚上宣布，推出30亿元的“iHome”置业贷款计划，向员工提供无息住房贷款；同时投入5亿元成立教育基金，解决员工子女的学前和小学教育问题；考虑到CPI上涨压力，还将给基层员工发放超过4000万元的一次性物价和子女教育补贴。

17日晚间，阿里巴巴集团旗下的两万多员工都收到了一封邮件，邮件是集团的首席人力官彭蕾写的。集团里涉及员工福利、薪酬调整的很多邮件都以她的名义发出。彭蕾正式告诉大家，阿里巴巴将启动中国内地民营企业自发启动的最大规模员工福利计划。

阿里巴巴12年收获了最重要的财富：客户和员工。集团希望帮助员工和家人享受到公司成长带来的更好生活。阿里巴巴的员工，平均年龄为26~27岁，对这个年龄段的年轻人来说，住房和子女读书问题是当下最大的需求。现在，很多年轻员工开始承担家庭和社会的压力、责任。要怎样做，才能“让员工感到体面和尊严”？此次福利计划最大程度向基层和普通员工倾斜，尤其是住房无息贷款，“总监及以上级别管理层将不能享受”。

马云说：要让阿里巴巴员工最有幸福感。在讨论“iHome”大规模福利计划时，董事局主席马云曾发出了这样的感慨：“房子贷款，我们也许解决不了所有问题，毕竟很难解决，但是表达我们的心意；对于托儿所、幼儿园、小学，我们进行投资发展。甚至有必要的话，我们跟人合建，希望集团能够在这里有所作为。能解决什么问题？可能解决不了多少，但是我们表达心意。”

关心员工就是关心企业，按照国际上普遍认同的定义，所谓企业社会责任，就是企业在创造利润、对股东利益负责的同时，还要承担对员工、对社会等的社会责任，改善提升员工的生活品质，让员工生活得更体面、更有尊严，更能体现企业的社会责任。

阿里巴巴集团已连续五年荣登“大学生最佳雇主”中国区榜首。但马云表示，阿里巴巴的下一步应该把最佳雇主公司努力转变为员工最具幸福感的公司。

“也许我们的员工不是最有钱、不是收入最高的，但是他们在阿里巴巴工作是最有幸福感的”。

（案例来源：http://www.chinahrd.net/case/info/187916）

［案例思考］

从阿里巴巴的员工福利计划中能得到哪些启示？如何看待阿里巴巴的员工福利计划与员工的幸福感？

企业在推行战略性的人力资源管理时，应当使员工清楚地认识到：员工所获得的薪酬和享受的福利保险是企业成功发展的结果。企业应当坚持“对外具有竞争力，对内具有凝聚力”的原则，构建和完善企业薪酬制度。

职位预览

薪酬专员职位说明书

职位名称	薪酬专员	所属部门	人力资源部
直接上级	薪酬主管	直接下级	无
岗位概述			
为了推动公司人力资源开发与管理工作，发挥薪酬工作激励作用，根据国家法律法规及公司管理制度，负责薪酬方案制定、工资核算、考勤管理等工作			
工作职责一	职责表述：薪酬调查		
	1. 通过各种渠道了解当地整体薪酬水平和同类企业的薪酬水平，为企业制定公平、合理的薪酬政策与工资标准提供依据。 2. 每年至少对当地薪酬市场情况进行一次调查，并形成调查报告		
工作职责二	职责表述：建立薪酬福利体系		
	1. 依据企业发展规划及当地同业薪酬水平，协助企业领导制定合理可行的薪酬体系。 2. 参与薪酬管理制度方案的制定。 3. 与绩效专员配合，使企业的薪资方案具有竞争性和公平性		
工作职责三	职责表述：薪酬管理		
	1. 负责员工考勤的审核及汇总。 2. 负责员工奖金、津贴、奖罚等相关单据的收集及汇总。 3. 每月末根据企业薪酬方案和员工日常考勤编制企业员工工资表，报送财务部。 4. 负责员工年度效益奖金的核算		
工作职责四	职责表述：社会保险管理		
	1. 负责保险基数的核定并登记。 2. 负责社保费用的申报及缴纳。 3. 协助有关部门和领导处理及解决企业劳动纠纷和其他相关问题		
任职资格			
1. 大专及以上学历，人力资源管理等相关专业； 2. 有一年以上人力资源工作经验			
专业知识与能力要求			
1. 熟悉薪酬管理基本知识；2. 具有一定的财务基本知识；3. 熟悉人力资源工作流程； 4. 熟练操作 Office 办公软件；5. 具有较强的执行力、责任心			

任务一　企业薪酬管理认知

【任务目标】

通过本任务的学习,学生应掌握以下职业能力:

(1)了解企业薪酬管理的目标和内容;

(2)掌握与企业薪酬管理相关的法规;

(3)掌握企业薪酬管理的基本程序和方法。

【任务描述】

薪酬管理是企业人力资源管理的一项重要工作,通过任务一的学习,了解企业薪酬管理的目标和内容,能够掌握薪酬管理的基本程序和方法,熟悉薪酬管理相关法规,能够进行企业薪酬管理现状综合分析。

【步骤方法】

步骤一　了解薪酬

薪酬是员工为企业提供劳动而得到的各种货币与实物报酬的总和,包括工资、奖金、津贴、分红、福利等。与薪酬相关的概念较多,具体如表5.1所示。

表5.1　薪酬基本概念

名称	含义	备注
薪金	又称薪水,以较长时间为单位计算的劳动报酬	如月薪、年薪
工资	以工时或产品件数来计算的劳动报酬,"工资"一般泛指"薪金"和"工资"	如计时工资、计件工资
报酬	员工完成任务后所得的一切有形和无形的待遇	
收入	员工所获得的全部有形报酬	包括薪资、奖金、津贴、加班费等项目的总和
薪给	分为工资和薪金两种形式	相当于薪资
奖励	员工超额劳动的报酬	如红利、佣金、利润分享计划
福利	公司提供的除工资和奖金以外的待遇	如各种保险、带薪年假
分配	指在一段时期内对国民收入的分配,包括初次分配和再分配	初次分配包括一次分配(国家与企业)和二次分配(企业与员工)

薪酬的实质是组织对员工贡献(包括行为、态度、业绩等)所做出的各种回报。从广义讲,薪酬包括工资、奖金、休假等外部回报,也包括参与决策、承担更大责任等内部回报。

外部回报是指员工因为雇佣关系从自身以外所得到的各种形式的回报,也称外部薪酬。内部回报指员工自身心理上感受到的回报措施,主要体现为社会和心理方面的回报,如果运用得当,内部回报也能对员工产生较大的激励作用,具体内涵如图5-1所示。另外,员工薪酬实质上也是一种交换和交易,必须服从劳动力市场的交换和交易规律。

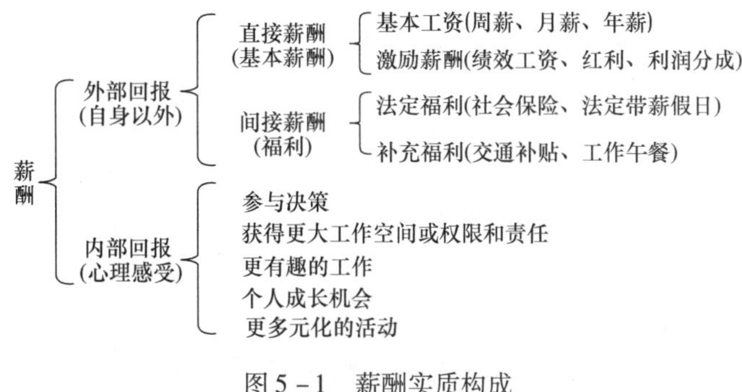

图5－1　薪酬实质构成

步骤二　薪酬管理的目标、内容和基本程序

薪酬管理是在企业总体战略和人力资源管理战略的指导下,对企业的薪酬策略、薪酬水平、薪酬结构、薪酬构成进行确定、分配和调整的动态管理过程。

一、企业薪酬管理的基本目标

(1)吸引、留住人才:保证薪酬的竞争性,吸引、留住优秀人才。

(2)肯定员工贡献:对员工贡献给予肯定,使员工及时得到回报。

(3)控制人工成本:合理控制企业人工成本,提高劳动生产率,增强企业竞争力。

(4)谋求共同发展:通过薪酬激励机制的确立,将企业与员工的利益有机结合,促进公司与员工结成利益关系共同体,谋求员工与企业共同发展。

小提示

企业薪酬管理的基本原则:

◎ 对外具有竞争性原则;

◎ 对内具有公正性原则;

◎ 对员工具有激励性原则;

◎ 对成本具有控制性原则。

薪酬原则实际上是企业给员工传递信息的渠道,是企业价值观的体现。

告诉员工:企业为什么提供薪酬,员工的什么行业或结果是企业关注的,员工的薪酬构成是为对员工的什么行为或结果产生影响,员工什么方面提高才能获得更高的薪酬等。

二、企业薪酬管理的内容

企业薪酬管理的内容包括薪酬制度设计和薪酬日常管理两方面。

薪酬制度设计主要是指薪酬策略设计、薪酬体系设计、薪酬水平设计和薪酬结构设计等,薪酬制度设计是薪酬管理最基础的工作。不同的企业薪酬制度有不同的适用对象和范围,关键是要选择与企业总体发展战略以及实际情况相适应的薪酬制度。

薪酬日常管理是由薪酬预算、薪酬支付、薪酬调整组成的循环,又称为薪酬成本管理循环。薪酬制度建立后,应密切关注薪酬日常管理中存在的问题。

企业的薪酬水平有宏观薪酬水平和微观薪酬水平。宏观薪酬水平即企业工资总额,它反映了企业总体的人工成本状况。微观薪酬水平即企业员工个体的薪酬额度,其基本原则是按照员工对企业的贡献大小确定不同的薪酬水平。

企业薪酬管理内容及管理方法,如表5.2所示。

表5.2 企业薪酬管理内容及管理方法

内容	管理方法
薪酬制度设计与完善	薪酬结构完善,确定员工薪酬项目构成及所占比例; 薪酬等级标准设计和薪酬支付形式设计; 关键要选择与企业总体发展战略及实际情况相适应的薪酬制度
工资总额管理	考虑确定合理工资总额所需考虑的因素(如企业支付能力、员工生活费用、市场薪酬水平及员工现有薪酬状况); 计算合理的工资总额,可采用工资总额与销售额比、盈亏平衡点、工资总额占附加值比例三种方法推算; 工资总额 = 计时工资 + 计件工资 + 奖金 + 津贴和补贴 + 加班加点工资 + 特殊情况支付的工资
薪酬水平控制	按照员工对企业贡献大小确定不同的薪酬水平; 根据劳动力市场的供求关系及社会消费水平变化,及时对员工的总体薪酬水平适时调整
日常薪酬管理	薪酬市场调查、统计分析、写调查分析报告; 制订年度员工薪酬激励计划,统计分析计划执行情况; 调查各类员工薪酬状况,进行必要的员工满意度调查; 对报告期人工成本进行核算,检查人工成本计划执行情况; 根据公司薪酬制度要求,结合各部门绩效目标的实现情况,对员工薪酬进行必要调整

三、薪酬管理的基本程序

企业薪酬管理与企业的薪酬原则和策略、地区及行业的薪酬水平、企业的竞争力、支付能力等许多因素有关,依据科学化原则,企业薪酬管理分为六个基本环节,如图5-2所示。企业薪酬管理各环节实施要点如表5.3所示。在薪酬管理过程中,企业遇到的最主要问题是薪酬的调整和薪酬总体水平的控制问题,目前很多企业建立了年度薪酬调整制度。企业工资制度主要特点:级别多、级差小、水平低。

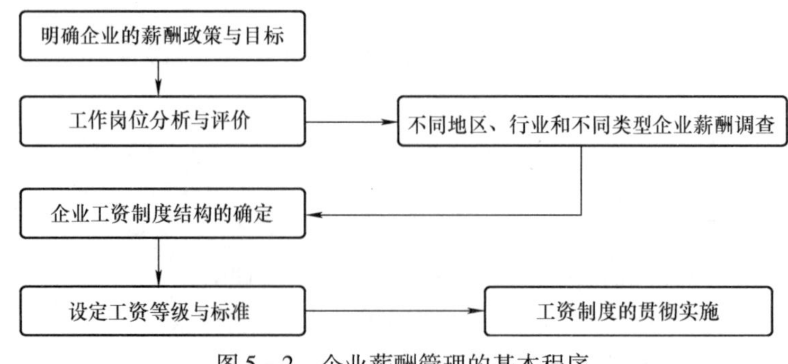

图5-2 企业薪酬管理的基本程序

表 5.3　企业薪酬管理各环节实施要点

管理环节	实施要点
明确企业的薪酬政策与目标	明确企业是采用高薪资、低薪资政策，还是平均价位；薪酬政策必须与企业总体人力资源策略相匹配
工作岗位分析与评价	工作岗位分析与评价是制定科学合理的工资制度的前提和依据。工作岗位评价目的在于确定每个岗位的相对价值
不同行业地区不同类型企业薪酬调查	掌握影响企业薪酬的因素，确保薪酬制度对外具有竞争力，对内具有公平性。内在因素有劳动差别、工资形式、企业经济效益、报酬政策；外在因素有劳动法规、劳动力市场、物价、工会、社会保障水平、经济发展状况
企业工资制度结构的确定	明确各岗位相对价值与实付工资对应的数值关系，形成“工资结构线”。工资结构线越陡，各等级之间工资差距就越大
设定工资等级与工资标准	将各类型岗位工资归并，形成一个工资等级系列，确定企业内各岗位具体工资范围。各等级工资范围变化幅度不一定相同，不同工资等级岗位的实付工资可能相同，同一工资等级岗位的实付工资可能不同
工资制度的贯彻实施	建立工作标准与工资的计算方式；建立绩效管理体系，进行工作业绩动态考评；通过有效的激励机制和薪酬计划，表彰优秀，激励员工

步骤三　企业薪酬制度分析

薪酬制度是让员工和雇主都满意的有关薪酬的支付方式、支付方法的规则的集合。薪酬制度涉及薪酬战略、薪酬体系、薪酬结构、薪酬政策、薪酬水平和薪酬管理等方面的内容。

从横向分类看，薪酬制度又可分为工资制度、奖励制度、福利制度和津贴制度，其中最主要的是工资制度。薪酬制度的分类及内容要点如表 5.4 所示。

表 5.4　薪酬制度分类及内容要点

名称	内容要点
工资制度	薪酬制度中最基本的制度，关系着员工的切身利益，也是吸引优秀人才的重要方面。分为计时工资和计件工资
奖励制度	奖励性薪酬是一种补充性劳动报酬形式，指对员工超额劳动或工作高绩效的一种货币形式的劳动报酬。分为绩效奖、建议奖、特殊贡献奖、节约奖及超利奖等
福利制度	福利是企业对员工劳动贡献的一种间接补偿。可分为法定福利和补充福利、集体福利和个人福利、经济性福利和非经济性福利
津贴制度	津贴是对员工额外劳动消耗或因特殊原因而支付的劳动报酬，是员工工资的一种补充形式，是员工工资的重要组成部分。分为岗位性津贴、地区性津贴和保证生活性津贴

为加强对员工薪酬制度的管理，提高企业人力资源管理水平，应重视对企业薪酬制度现状的综合分析，企业薪酬制度现状分析的主要依据如图 5－3 所示。

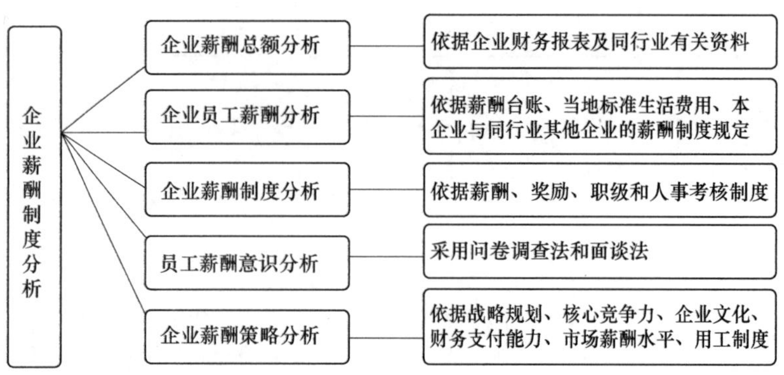

图 5－3　企业薪酬制度现状分析图

技能练习

某房地产集团属下有一家物业经营管理公司。成立初期，该公司非常注重管理的规范化和充分调动员工积极性，制定了一套完善的薪酬管理制度，公司得到了较快的发展。随着规模的扩大，该公司的经营业绩却不断滑坡，客户的投诉也不断增加。员工对工作失去了往日的热情，出现了部分技术、管理骨干离职，其他人员也出现不稳定的征兆。经过对公司内部管理的深入了解和诊断，发现问题出在公司的薪酬系统上：关键的技术骨干员工的薪酬水平明显低于市场水平，对外缺乏竞争力，公司的薪酬结构也不尽合理，从而导致技术骨干和部分中层管理人员不断流失。针对这一具体问题，该公司进行了薪酬市场调查分析，并对公司原有薪酬制度进行调整，制定了新的与企业战略和组织架构相匹配的薪资方案，激发了员工的积极性和创造性，公司发展又开始恢复良好的势头。

请问该公司员工流失的原因是什么？从中能够获得什么启示？

任务二　采集企业薪酬信息

【任务目标】

通过本任务的学习，学生应掌握以下职业能力：

(1)了解企业内部和外部薪酬信息构成；

(2)掌握采集薪酬信息的方法；

(3)能够设计市场薪酬调查问卷；

(4)能够采集岗位评价信息。

【任务描述】

企业薪酬信息是指企业薪酬体系建立和运行过程中必需的关于薪酬的消息、指令、数据等内容，具有复杂性、隐蔽性和变动性等特点。获取薪酬信息是薪酬管理的基础工作，只有获取薪酬信息才能了解市场行情，准确定位薪酬水平，避免过高或过低的薪酬支付，影响企业的运作成本或破坏员工保留计划。通过任务二的学习，了解企业内外部薪酬信息的构成，掌握采集薪酬信息和岗位评价信息的方法。

【步骤方法】

步骤一　掌握内部薪酬信息

企业内部薪酬信息是指关于企业薪酬体系运行的所有信息，包括企业的薪酬策略、薪酬制度、薪酬水平、薪酬等级、薪酬结构、员工薪酬满意情况等，这些信息的获取和应用能保证薪酬体系具有内部公平和员工激励功能。

企业薪酬信息可分为政策信息、技术信息和结果信息三种，具体内容如表 5.5 所示。

表 5.5　企业内部薪酬信息构成及要点

分类	项目	要点
薪酬政策信息	薪酬等级评定依据	以何种标准（岗位、技能、资历和业绩等）对员工的薪酬进行等级划分，规定员工薪酬升级的依据
	薪酬组合方式	让员工了解薪酬具体组合形式的意图，把握薪酬稳定部分与可变部分的比例、短期薪酬与长期薪酬的搭配原则
	特殊群体的政策倾向	企业对不同群体员工的薪酬，采用不同的薪酬政策。对掌握关键知识、技能和信息的发明者或技术人员、经营管理人员，企业往往给予特殊的薪酬激励
薪酬技术信息	市场薪酬信息	收集劳动力市场支付给不同类型员工的薪酬水平和薪酬结构等信息
	岗位评价信息	在岗位薪酬体系中，区别员工劳动价值的鉴别依据是岗位的劳动对企业贡献的大小。岗位评价信息包括岗位等级结构、薪酬要素、各要素的权数、等级排列或点数确定的依据
	技能等级信息	在技能薪酬体系中，不同人员的薪酬高低在于员工对企业做出贡献的技能或能力差异。技能等级信息包括技能模块设计依据、技能等级界定依据、不同等级的定价、技能的认证方式、培训方式等，需与员工充分沟通
	绩效考核信息	在以绩效为基础的薪酬体系中，员工的薪酬直接与特定的绩效指标相联系，这些绩效指标可量化，指向员工具体的工作结果
结果类信息	员工收入明细清单	结果类信息是能静态反映企业薪酬体系特征的信息。通过收入明细清单，员工了解自己的收入总额和结构，进一步了解整个企业的薪酬体系。企业根据实际情况采取保密或公开策略进行管理

小提示

薪酬信息公开好还是保密好？

	优点	缺点
公开	1. 增加管理的透明度； 2. 明确薪酬所对应的权利和义务，减少管理者的工作量； 3. 尽量达到同工同酬	1. 员工容易产生收入攀比行为； 2. 缺少灵活性，无法满足特殊情况的激励要求； 3. 无法避免薪酬收入差距对员工心理承受力的冲击
保密	1. 减少员工之间的攀比行为； 2. 薪酬由企业和员工双方协商确定，可使双方都比较满意； 3. 随环境变化，可及时调整工资	1. 可能出现同工不同酬； 2. 员工薪酬水平与谈判能力有关，不符合薪酬基本原理； 3. 谈判耗时较多

步骤二　了解外部薪酬信息

企业薪酬管理需要掌握的外部薪酬信息包括市场薪酬水平、最低工资制度、工资指导线制度、劳动力市场工资指导价位和人工成本预测预警制度。

1. 市场薪酬水平

狭义的市场薪酬水平是指劳动力市场中与企业特定岗位或职位工作性质相类似的平均薪酬水平。企业人力资源部门应定期通过各种渠道了解同行业、同岗位的薪酬水平，形成企业薪酬调查表，作为公司制定薪酬标准的主要依据。

2. 最低工资制度

《劳动法》和《最低工资规定》是企业制定最低工资标准的两个最主要的法规。《劳动法》明确规定，国家实行最低工资保障制度。

最低工资与最低工资率这两个重要概念需要理清。最低工资是指劳动者在法定工作时间内提供了正常劳动的前提下，企业应支付的最低劳动报酬；最低工资率是指单位劳动时间的最低工资数额，相关法律规定如表 5. 6 所示。

表 5. 6　最低工资与最低工资率的相关规定

	相关法律规定
最低工资	最低工资应以法定货币按时支付； 最低工资不包括加班加点工资、特殊津贴、劳动者保险、福利待遇； 必须将政府对最低工资的有关规定告知本单位劳动者； 本人未提供正常劳动的不适用最低工资制度，按规定休假和依法参加国家和社会活动视为提供了正常劳动； 就最低工资发生争议按我国《劳动争议调解仲裁法》处理，企业违反规定，劳动行政主管部门责令限期改正，未改，给予经济处罚，补发欠付工资，并可责令按所欠工资的 1 ~5 倍支付赔偿金
最低工资率	最低工资率的确定实行政府、工会、企业三方代表民主协商原则，国务院劳动行政主管部门对全国最低工资制度实行统一管理； 最低工资率应参考当地就业者最低生活费用、员工的平均工资、劳动生产率、城镇就业状况和经济发展水平等因素，高于当地社会救济金、失业保险金标准，低于平均工资； 企业支付给劳动者的工资不得低于其适用的最低工资率； 最低工资率一般按月确定，也可按周、日或小时确定； 不同经济发展区域和行业可以确定不同的最低工资率

3. 工资指导线制度

工资指导线制度是企业工资宏观调控办法改革的重要举措，政府运用工资指导线对国有企业及其他各类企业的工资分配进行指导与调控，使企业工资增长符合经济和社会发展的要求。工资指导线在每年三月底以前公布，执行 1 个日历年度(1 月 1 日至 12 月 31 日)。

工资指导线的基本内容包括两个方面：一是经济形势分析，二是工资指导线意见(包括本年度企业货币工资水平增长基准线、上线、下线)。

不同类别企业实行不同的调控办法。国有企业、国有控股企业应严格执行政府颁布的工资指导线，企业在工资指导线规定的上下线区间内，围绕基准线，合理安排工资分配；非国有企业(城镇集体企业、外商投资企业、私营企业等)应依据工资指导线进行集体协商确定工资，在生产经营正常的情况下，不应低于基准线水平。

小提示

工资指导线制定应遵循的原则和依据

◎ 坚持“两低于”原则:企业工资总额的增长低于经济效益增长;职工实际工资水平的增长低于劳动生产率增长。

◎ 结合地区、行业、企业特点,实行分级管理、分类调控的原则。

◎ 实行协商原则,以劳动行政部门为主,政府部门、工会、企业协会等共同制定。

工资指导线水平制定的主要依据:本地区年度经济增长率、社会劳动生产率、城镇居民消费价格指数,并综合考虑城镇就业状况、劳动力市场价格、人工成本水平、对外贸易状况等相关因素。

4. 劳动力市场工资指导价位

劳动力市场工资指导价位是国家对企业工资分配进行指导和间接调控的方式。政府部门公布有代表性的职业(工种)的工资指导价位,规范劳动力市场供需双方的行为,微观指导企业合理确定劳动者工资水平和各类人员的工资关系。有利于发挥市场机制对工资分配的基础性调节作用,促进市场均衡工资率形成;有利于指导企业形成科学合理的工资分配关系;有利于企业工资宏观调控体系建设。

5. 人工成本预测预警制度

人工成本预测预警制度是政府对企业人工成本管理和工资分配间接调控方式。政府部门收集整理社会人工成本信息,定期(一般是每年1次)公开发布,对人工成本偏高的企业进行预警预报。有利于企业加强人工成本管理,促进企业内部分配自我约束机制形成;有利于调节行业间、企业间的分配关系。

技能练习

某企业实行职务工资,员工的工资取决于员工的职务。由于历史原因,企业中高等级职务都由老员工占据着,但这些员工由于知识老化,难以胜任现任的职务,但又不能让他们下来。年轻的或新来的能力强、贡献大的员工却没有合适的职务,使他们看不到个人发展的希望。为此,企业准备实行薪酬调整,请问需要收集哪些资料?

步骤三　采集薪酬信息的方法

除了常规的由公司自己操作的薪酬调查之外,有六种渠道也可以提供比较准确的外部薪酬数据。

1. 利用招聘收集信息

通过招聘活动,可以详尽了解应聘人员所在单位薪资水平。通过调查薪资期望值和科学严格的笔试、面试,做到能力与薪资状况的对应,可推算出市场的薪资水平。另外,对其他企业招聘活动的关注,也有助于获取薪酬信息。

2. 离职分析

通过分析离职率和因薪资问题离职人员占所有离职人员的比重,可换算出目前企业的薪资水平在市场上的位置,为薪酬决策提供依据。

3. 人际关系网络收集

企业人力资源管理人员应积极参加交流会、学术会等各项活动,建立人际关系网络,获取薪酬信息。

4. 跟踪标杆企业

选择一家经营目标相似、人才需求类似、薪资水平定位类似、管理规范,并有定期薪酬调查的企业作为标杆企业,以该企业的薪资水平为基准,根据本企业的薪资政策、市场情况和公司利润对本企业的薪酬进行调整。标杆企业跟踪法的优点是节省费用,保证薪酬政策的有限理性。

5. 网络调查

通过互联网方便快捷、低成本地获取大量薪酬信息,比如国内大型职业中介网站、招聘网站、人力资源管理网站,可借鉴其薪酬调查数据,确定企业的薪酬策略和薪酬水平。人力资源和社会保障部门的门户网站定期发布的本地区劳动力市场指导价位,可作为重要的参考依据。

6. 购买薪酬数据

国内专业公司提供薪酬数据服务,每年都要开展全国或区域性的薪酬调查,可考虑向专业公司购买数据或合作进行专题调查,这种做法成本较高。

步骤四　设计市场薪酬调查问卷

在薪酬调查中,很多企业采用问卷方式进行市场薪酬调查。设计调查问卷的具体要求如表 5.7 所示。

表 5.7　设计薪酬调查问卷的基本要求

	具体要求
1	明确薪酬调查问卷要调查的内容后,再设计表格
2	确保表格中的每个调查项目都是必要的,以提高问卷的有效性和实用性
3	请若干人员试填表格样本,了解表格设计是否合适
4	要求语言标准,问题简单明确
5	把相关问题放在一起
6	尽量采用选择判断式提问,尽可能减少表中的文字书写量
7	保留足够的填写空间
8	使用简单的打印样式以确保易于阅读,可采用电子问卷,便于统计分析软件处理
9	可注明填表须知,填写问卷时间不应超过半小时
10	充分考虑信息处理的简便性和正确性

步骤五　采集岗位评价信息

岗位评价是在岗位分析的基础上,按预定的衡量标准,对岗位的工作任务的繁简难易程度、责任权限大小、所需的资格条件及劳动环境等方面所进行的测量、评定和估价。

岗位评价的中心是客观存在的“事”和“物”,不是现有的人员,是以岗位员工的工作活动为评价对象。岗位评价是对各类岗位的相对价值进行衡量的过程,是对同类不同层级岗位的相对价值衡量评比的过程。

小提示

岗位评价的基本功能

(1)为实现薪酬管理的内部公平公正提供依据。

(2)量化岗位的综合特征。

(3)横向比较岗位的价值。

(4)为岗位归级列等奠定了基础。

岗位评价的信息来源有直接信息来源,即通过组织现场岗位调查,采集有关数据资料;有间接信息来源,即通过现有的人力资源管理文件,对岗位进行评价。岗位评价所依据的各种信息绝大部分可通过岗位调查、岗位分析和岗位设计等环节获得,工作说明书、岗位规范等是岗位评价所需信息的主要来源。

1. 常见的岗位评价方法

常见的岗位评价方法有排序法、岗位归类法、要素计点法和因素比较法,其基本程序如表5.8 所示。

表 5.8　不同岗位评价方法的基本程序

名称	含义及特点	步骤
排序法	又称序列法,是较为简单的岗位评定方法。由评定人员凭自己的工作经验主观进行判断,根据岗位的相对价值按高低次序对岗位进行排序的方法。 将每个工作岗位作为一个整体来考虑,并通过比较简单的现场写实观察或相关岗位信息进行比较	1. 获取岗位信息; 2. 选择等级参照物并划分岗位等级; 3. 选择报酬因素; 4. 对岗位进行排序
岗位归类法	是排序法的改进。各种级别及其结构是在岗位被排序之前就建立起来的。对所有岗位的评价只需参照级别的定义套进合适的级别里面。可用于多种岗位评价,对不同系统的岗位评比存在主观性,准确度较差	1. 岗位分类:将相似的岗位划分为一类 2. 岗位分级:将复杂度相似的同类岗位划分为一级
要素计点法	选定岗位的主要影响因素,并采用一定点数(分值)表示每一因素,然后按预先规定的衡量标准,对现有岗位的各个因素逐一评比、估价,求得点数,经加权求和,最后得到各个岗位的总点数	1. 确定岗位系列; 2. 搜集岗位信息; 3. 选择评价要素; 4. 定义评价要素; 5. 确定要素等级; 6. 确定各要素的权重; 7. 确定各要素及各要素等级的点值
因素比较法	从要素计点法衍化而来。与要素计点法的区别:各要素的权重不是事先确定的。先选定岗位的主要影响因素,然后将工资额合理分解,使之与各影响因素相匹配,再根据工资数额的多寡决定岗位的高低	1. 获取岗位信息;2. 确定薪酬评价要素;3. 选择关键基准岗位;4. 根据薪酬要素将关键岗位排序;5. 对每个岗位分别分配各评价因素所占权重;6. 按权重对岗位进行排序;7. 确立各岗位每个评价因素所对应的薪酬;8. 将其他岗位与关键岗位按评价要素进行比较

2. 收集岗位评价信息的工作程序

在进行岗位评价时,必须收集有关信息,保证对岗位进行科学合理的评价。收集岗位评价有关信息的工作程序分为三步。

第一步:确定所需的信息。采用不同的方法进行岗位评价,所需要的信息不同,所需信息的详细程度可能也不同。比如,选用要素计点法的海氏系统法主要收集任职资历、人际关系及沟通技巧、管理范围、岗位资源、岗位竞争、任务的艰巨和复杂性六方面的信息,用调查表格收集较为合理。

第二步:设计各种专用的表格。常用的表格有问卷调查、调查汇总表。

第三步:岗位评价结果汇总。汇总时要审核清楚,记录、汇总信息可按相关软件要求录入数据。

任务三　员工工资的统计分析

【任务目标】

通过本任务的学习,学生应掌握以下职业能力:

(1)了解企业常见的工资制度;

(2)掌握工资形式的内容、种类和计算方法;

(3)掌握工资总额动态指标的计算方法。

【任务描述】

员工工资的统计分析是从事人力资源管理工作的基本技能之一,通过任务三的学习,了解企业常见的七种工资制度,能够掌握企业工资形式及计算方法,掌握工资总额动态指标的计算方法。

【步骤方法】

扫码获取课程视频

步骤一　了解企业工资制度

目前常见的企业工资制度有计件工资制、销售提成制、技术等级工资制、岗位或职务等级工资制、结构工资制、岗位技能工资制和薪点工资制。

不同的企业有不同的工资制度,在选择最适合的工资制度时,一般考虑企业的盈利水平、企业所处行业的发展进度、企业规模和工资管理成本四个因素。如盈利水平低,可采用岗位或职务等级工资制;盈利水平高,可采用结构工资制。行业发展进度快,可采用岗位技能工资制;行业发展速度缓慢,可采用结构工资制。企业规模小,不适合采用太复杂的工资制度。还要综合考虑工资管理的成本,包括机会成本。

目前,企业工资制度的改革热点是劳动分红、员工持股计划、年薪制、股票期权等。各种工资制度的含义、内容、适用范围如表5.9所示。

表5.9　常见企业工资制度

名称	含义	内容	适用范围
计件工资制	以员工完成的合格产品或工作量和计件单价计算出来的工资	员工计件工资 = 产品量(工作量)×计件单价	生产目的是提高产量,且生产有连续性和稳定性; 产量或工作量可以计量; 企业有科学的定额制度

续表

名称	含义	内容	适用范围
销售提成制	根据员工所销售产品的数量或金额，按照一定的提成金额或比例而计算出的工资	员工工资 = 销售量（销售额）× 提成金额（提成比例）	销售人员
技术等级工资制	按技术等级规定工资标准的工资制度	由工资等级表、技术等级标准、工作标准三项组成。用工种等级线来确定各工种起点等级、最高等级	技术复杂程度高的工种； 劳动熟练程度差别大的工种； 工作物等级不同的工种
岗位或职务等级工资制	按照岗位或职务规定工资标准的一种工资制度	根据岗位或职务的重要性、责任大小、技术复杂程度等因素，按评价高低规定统一的工资标准，由岗位或职务等级表、工资标准等组成	各类生产技能人员； 各类管理人员； 各类专业技术人员
结构工资制	又称多元化工资、组合工资、分解工资。将构成工资标准的因素按作用差别划分为几个部分，分别规定工资数额，构成劳动者的全部工资	结构工资的组成部分： 基本（基础）工资； 职务（岗位）工资； 技能工资； 年功（工龄）工资； 奖励工资（效益工资）	企业生产、管理、技术等各类员工
岗位技能工资制	根据按劳分配原则，以劳动技能、责任、强度和条件等岗位评价为基础，以岗位工资和技能工资为主的工资制度	岗位技能工资由岗位（职务）工资和技能工资组成。优点是：激励员工不断提高专业技术水平；缺点是：岗位工资和技能工资所占的比例难以确定	适用前提： 完善的工作岗位分析与评价制度； 定期对员工进行职业技能鉴定和分级
薪点工资制	用点数和点值来确定员工工资的工资制度	员工工资 = 薪点数 × 点值 特点：是一种基于量化考核方法的分配形式；点值取决于企业和所在部门的经济效益；点数取决于岗位、技能、个人贡献（绩效）等	

步骤二　掌握薪酬形式和计算方法

薪酬形式是指劳动计量和薪酬支付的方式，是在确定员工工资标准的基础上，计量劳动数量，并把员工的工资等级标准同劳动数量联系起来，计算出企业应当支付给员工的工资报酬量，并由企业按预定的支付周期直接支付给员工。

薪酬形式的内容包括：一是劳动计量，以劳动时间直接计量或者以劳动产品及其他形式表现的劳动成果间接计量，反映劳动者的劳动数量；二是薪酬支付，按既定的薪酬标准和计量的实际劳动量计算应付薪酬，并向劳动者支付，包括支付项目、支付水平、支付形式、支付对象、支付时间及特殊情况下支付的薪酬。

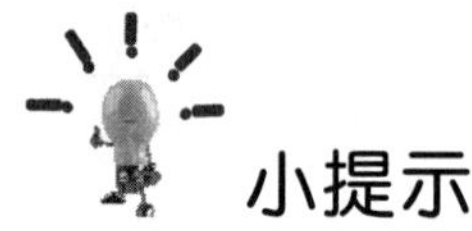

小提示

选择薪酬形式的原则有哪些?

◎ 具体薪酬形式要与岗位特点相吻合。

◎ 员工收入与工作效率成正比关系。

◎ 计划简明易懂、便于计算。

◎ 薪酬发放要及时。

◎ 薪酬实施计划一经制订,应当比较稳定。

一、薪酬形式的种类及计算

薪酬形式的种类有计时工资制、计件工资制、奖金、津贴和补贴、加班加点和特殊情况下支付的工资等。

1. 计时工资制与计件工资制

计时工资制与计件工资制优缺点对比如表5.10所示。

表5.10 计时工资与计件工资对比

类型	定义	优点	缺点
计时工资制	按计时工资等级标准和工作时间支付给个人的劳动报酬。包括:对已做工作按计划工资标准支付的工资;实行结构工资制的单位支付给员工的基础工资和职务(岗位)工资;新参加工作员工的见习工资(学徒生活费)等。分为月、日、小时工资制三种形式。 目前,绝大部分企业采用计时工资制	计时工资的基础是按一定质量劳动的直接持续时间支付工资,工资数额的多少取决于员工工资等级标准的高低和劳动时间的长短。 鼓励和促进劳动者从物质利益上关心自己业务技术水平的提高; 鼓励和促进提高出勤率; 简单易行、适应性强、适用范围广	侧重以劳动的外延量计算工资,不能准确反映劳动强度; 就员工本人来说,工资难以准确反映实际提供的劳动数量和质量; 就同等级劳动者而言,付出的劳动量、劳动质量有差别,计时工资不能反映出,不利于激励劳动者的积极性
计件工资制	根据员工完成合格产品的数量,按计件单价支付的劳动报酬。与计时工资计量劳动的方式不同	能反映不同等级和同等级工人之间的劳动差别。 提高了薪酬的公平性; 提高劳动生产率。产量与工资直接挂钩,促使工人改进工作方法,提高劳动生产率。	片面追求产品数量,忽视产品质量、消耗定额等倾向; 因管理或技术改进而提高生产效率时,提高定额会遇到困难; 因追求收入会使工人工作过度紧张,有碍健康; 企业以利润最大化为目标时,容易滥用计件制; 计件工资制本身不能反映物价的变化

计件工资制由工作物等级(工作等级)、劳动定额、计件单价组成。

工作等级是计算计件单价的基础。工作物等级又称“工作等级”,是根据某项工作的技术复杂程度及劳动繁重程度而划分的等级,是区分各种工作及从事该工作的工人技术等级的主要标志,是确定劳动定额水平、计件单价、合理安排劳动力的科学依据。

劳动定额规定单位生产时间内完成合格产品数量的标准尺度，是实行计件工资制的关键。

计件单价是完成某种产品或作业的单位产量的工资支付标准，计件单价的合理性取决于工作等级和劳动定额确定得是否正确。

计件工资制的具体形式包括：实行超额累进计件、直接无限计件、限额计件、超定额计件等工资制，按劳动部门或主管部门批准的定额和计件单价支付给个人的工资；按工作任务包干办法支付给个人的工资；按营业额提成或利润提成办法支付给个人的工资。计件工资制的具体形式如表5.11所示。

表5.11　计件工资制的具体形式

形式	含义	备注
直接无限计件工资制	无论工人完成或超额完成劳动定额多少，都按同一计件单价计发工资	
直接有限计件工资制	给计件工人规定超额工资不得超过本人标准工资的一定比例或绝对金额的限制	防止和控制超额工资过多，也是为保护工人身体健康
累进计件工资制	产量在定额以内部分，按一种计件单价计算工资，超额部分按一种或几种递增的计件单价计算工资	
超额计件工资制	定额以内按完成比例计发工资，完成定额可得标准工资，完不成定额则酌减，但须保证本人80%~85%的标准工资。超额部分，不同等级的工人按照同一单价计发超额计件工资。 定额以内部分实行计时，按计时工资标准计发工资，保证本人的标准工资。超额部分，不同等级的工人按照同一单价计发超额计件工资	"有计时工资的计件工资制"
包工工资制	将一定数量和质量的生产或工作任务包给个人（班组或工程队），预先规定完成期限和工资总额，按期完成任务后，承包人可领取全部包工工资	
提成工资制	从个人营业额和所创利润提取一定比例，作为员工工资	
间接计件工资制	针对辅助工作制定的计件工资制，根据服务对象完成的产量或根据车间、工段的实际产量，计算应得工资	直接计件工资的对称
综合计件工资制	计件单价不仅以产量定额来计算，而且综合考虑质量、原材料消耗及产品成本	

2. 计时工资的计算

计时工资＝工资标准×实际工作时间

月工资制是按月计发的工资制度，遇有加班、缺勤等需要加发或减发工资时，一般按日工资标准处理（每周40小时工作制，平均每月法定工作天数21.75天）。

日工资制是按日计发的工资制度。小时工资制是按小时计发的工资制度。

钟点工一般采用小时工资制，双方可谈定雇用条件和小时标准，也可先定月工资或日工资标准，再计算小时工资标准。

技能练习

某清洁工的月工资标准为1980元/月。10月份，该清洁工请假5天，周末加班12小时，国庆期间加班10小时。

请问：该清洁工10月份的工资应为多少？

3. 计件工资与计件单价的计算

计件工资＝合格产品数量×计件单价

计件工资制可用两种方法计算工资。第一种方法是每件工作任务的单价乘以完成的任务数,无论完成多少任务,单价不变;第二种方法是完成不同的任务量,其任务单价也不同。

【例】 某企业为鼓励员工多做工作,以实现按期按量完成合同目标,对多完成任务的员工实施奖励政策。如果搬运500块砖,单价为0.08元,搬运到500块砖以上,则每多搬一块砖可得0.10元。现某员工已搬5 000块砖,计算他的工资。

某员工的工资 = 500 × 0.08 + (5 000 − 500) × 0.10 = 490(元)

计件单价的计算。

1)个人计件

产量定额:计件单价 = 工资标准/产量定额

工时定额:工时单价 = 工资标准/对应工时总数

计件单价 = 工时单价 × 单位产品的工时定额

2)集体计件

产量定额:计件单价 = 集体工资标准总额/集体产量定额

工时定额:工时单价 = 集体工资标准总额/对应集体工时总数

计件单价 = 工时单价 × 单位产品的工时定额

3)其他计算方法

(1)缺乏明确的工作等级:计件单价 = 工人的平均等级工资标准/产量定额。

(2)按最高产量水平确定:计件单价 = 工资成本总额/历史最高产量。

(3)质量等级不同,计件单价不同,节约物料发节约奖。

(4)计件单价随全厂或车间所得奖金总额或实现利润浮动,常用于实行超额计件工资制的集体计件单位。

技能练习

练习一 某企业生产部实行累进计件工资制,工资计算标准如下表所示。

产量(件)	计件单价(元/件)
0 ~ 1 000	1
1 001 ~ 1 500	1.5
1 501 ~ 2 000	2.5
2 001 ~ 2 500	4
2 501 ~ 3 000	6
3 000 以上	10

白先生10月份完成了2400件产品,经检验全部合格。请计算:10月份生产部应实付给白先生多少工资?

练习二　某玻璃制品公司下属各生产厂自去年推行累进综合工资制以来,取得十分明显的经济效益,产品质量直线上升,受到客户的好评。其累进计件工资制的工资核算标准,如下表第(1)、(2)栏所示。同时,为了提高优质品产量,在核算员工工资总额时,各生产厂增加了优质品比例调整系数,如下表第(3)、(4)栏所示。如技工王建平在10月份共加工完成2250件合格产品,其中优质品270件。

请计算该技工10月份的工资总额。

产品产量(件)	计件单价(元/件)	优质品产量比例	计件工资总额调整系数
0~500	1	10%及以下	1.05
501~1 000	1.5	10%~20%	1.1
1 001~1 500	2	20%~30%	1.15
1 501~2 000	2.5	30%~40%	1.2
2 000以上	3	40%以上	1.25

4. 奖金的特点及计算

奖金是给予付出超额劳动的劳动者的现金奖励,按超额劳动对生产的作用是否直接分为生产性奖金或工资性奖励、创造发明奖或合理化建议奖两大类。

奖金的特点主要有:单一性,仅反映某一方面的劳动差别;灵活性,奖励条件多种多样,调整灵活;及时性,周期短,奖励及时,鼓励性强;政治荣誉性,表扬先进,树立劳动光荣新风尚。

不同工作性质的员工有不同的奖金分配方法,企业效益奖适合所有员工的分配,计件工资适合生产和服务人员,销售提成工资适合销售人员。常见的奖金是根据企业的经济效益、员工绩效考核结果进行分配的,也与员工所处的薪酬等级有关。员工奖金分配原则:依据不同岗位的工作性质,非关键岗位重保障,中高级管理岗位重激励。

1)计算奖金总额

(1)按企业超额利润的一定百分比提取奖金。

奖金总额=(本期实际利润-上期利润或计划利润)×超额利润奖金系数

(2)按产量、销售量、成本节约量来发放奖金总额。

① 根据企业实际经营效果和实际支付人工成本提取奖金。

奖金总额=生产(或销售)总量×标准人工成本费用-实际支付工资总额

② 根据企业年度产量(或销售量)超额程度提取奖金。

奖金总额=(年度实现销售额-年度目标销售额)×计奖比例

③ 按成本节约量的一定比例提取奖金总额。

奖金总额= 成本节约额×计奖比例

2)计算个人奖金额

(1)根据各项奖励规定的最高分数及员工完成定额情况所得分数计算。

个人奖金额=(企业奖金总额÷企业各人考核总得分)×个人考核得分

(2)根据岗位贡献大小确定岗位资金系数,再根据个人完成定额情况的系数计算。

个人奖金额=[企业奖金总额÷ $\sum$ (岗位人数×岗位系数)]×个人岗位计奖系数

技能练习

某企业有销售人员10人,后勤管理人员20人,研发人员10人。企业管理落后,薪酬水平较低,奖金分配只与员工的岗位级别、工龄相关,与员工的实际业绩没有联系,激励度小,员工认为干好干坏都一样,现在企业需要重新设计一个奖金分配制度。

请为该企业提出一个更具可行性的奖金分配方案。

5. 津贴和补贴

津贴和补贴是国家或企业对员工在特殊劳动条件下工作而付出的额外劳动消耗和生活费用支出所给予的补偿,生产性质的补偿称为“津贴”,生活支出方面的补偿称为“补贴”。

津贴和补贴是员工工资的一种补充形式,具有补偿性、单一性、灵活性的特点。

津贴和补贴的种类主要有补偿特殊或额外劳动的津贴、保健性津贴、补偿生活费用的额外支出的补贴、生活消费品价格补贴。此外,还有技术性、年功性、福利性的津贴等。

6. 加班加点和特殊情况下支付的工资

加班加点工资是指按规定支付的加班工资和加点工资。

特殊情况下支付的工资包括:根据国家法律、法规和政策规定,因病、工伤、产假、计划生育假、婚丧假、事假、探亲假、定期休假、停工学习、执行国家或社会义务等原因按计时工资标准或计时工资标准的一定比例支付的工资,附加工资和保留工资。

二、国家有关工资形式的规定

为维护劳动者通过劳动获得劳动报酬的权利,规范用人单位的工资支付行为,我国对工资支付、工作时间、经济补偿和个人所得税制定了明确规定。

1. 工资支付

工资支付形式应当以法定货币支付,不得以实物及有价证券替代货币支付。

用人单位不得克扣劳动者工资,可以代扣劳动者工资,包括代扣代缴劳动者的个人所得税、应由劳动者个人负担的社会保险费用、法院判决和裁定中要求代扣的抚养费和赡养费及法律法规规定的其他费用。

如果用人单位克扣或无故拖欠劳动者工资、拒不支付劳动者延长工作时间工资、低于当地最低工资标准支付劳动者工资,属于侵犯劳动者合法权益的行为,由劳动行政部门责令其支付劳动者工资和经济补偿,并可责令支付赔偿金。

关于工资支付的有关规定如表5.12所示。

表 5.12　关于工资支付的有关规定

支付对象	支付时间	特殊情况的工资支付
用人单位应将工资支付给劳动者本人,本人因故不能领取,可由其亲属或委托他人代领; 用人单位可委托银行代发工资; 用人单位必须书面记录支付劳动者工资的数额、时间、领取者姓名及签字,并保存两年以上备查,在支付工资时应向劳动者提供一份个人的工资清单	工资必须在用人单位与劳动者约定的日期支付。 遇节假日应提前在最近的工作日支付。至少每月支付一次,实行周、日、小时工资制的可按周、日、小时支付工资。 对完成一次性临时劳动或某项具体工作的劳动者,应按有关协议规定在完成劳动任务后即支付工资。 解除或终止劳动合同时一次付清工资	参加社会活动:劳动者在法定工作时间内依法参加社会活动期间,用人单位应视同其提供的正常劳动而支付工资。 休假:劳动者依法享受年休假、探亲假、婚假、丧假期间,用人单位应按劳动合同规定的标准支付工资。 停工:非因劳动者造成的停工,一个支付周期内的应按合同规定标准支付;超过一个支付周期的,提供正常劳动的不能低于最低工资,没提供正常劳动的按有关规定办理。 破产:用人单位依法破产时,优先支付本单位所欠员工的工资

2. 工作时间

根据我国工作时间和公休节假日的有关规定,劳动者实行每日工作 8 小时,每周工作 40 小时,并享受 11 天法定带薪节假日,每月制度工日数为 20.83 天(250/12)。月计薪天数 =(365 天 - 104 天)÷12 月 = 21.75 天。

用人单位在完成劳动定额或规定的工作任务后,根据实际需要安排劳动者在法定标准工作日以外工作的,应按如下标准支付工资,实行不定时工时制度的劳动者,不执行下述规定。

(1)工作日的 8 小时以外的加班:不低于 150%。

(2)休息日工作又不能安排补休:不低于 200%。

(3)法定休假节日工作:不低于 300%。

(4)实行计件工资的,则计件单价按以上比例计算。

(5)实行综合计算工时工作制的,延长工作时间按以上比例计算。

3. 经济补偿与赔偿金

因劳动者本人原因给用人单位造成经济损失的,劳动者承担经济损失赔偿。

可从劳动者工资中扣除,每月不得超过当月的 20%;扣除后如低于最低工资标准,则按最低工资标准支付。

我国《劳动合同法》第八十五条规定,用人单位有下列情形之一的,由劳动行政部门责令限期支付劳动报酬、加班费或经济补偿;劳动报酬低于当地最低工资标准的,应当支付其差额部分;逾期不支付的,责令用人单位按应付金额 50% 以上 100% 以下的标准向劳动者加付赔偿金。

(1)未按照劳动合同的约定或国家规定及时足额支付劳动者劳动报酬的。

(2)低于当地最低工资标准支付劳动者工资的。

(3)安排加班不支付加班费的。

此外,经劳动合同当事人协商一致,由用人单位解除劳动合同的,用人单位应根据劳动者在本单位的工作年限,每满一年发给相当于一个月工资的经济补偿金,最多不超过 12 个月,工作时间不满 1 年的按一年的标准发给经济补偿金。

4. 个人所得税及其计算

在中国境内有住所或无住所而在境内居住满一年的个人，从中国境内和境外取得的所得都应依法缴纳个人所得税。在中国境内无住所又不居住，或无住所而在境内居住不满一年的个人，从中国境内取得的所得依法缴纳个人所得税。

缴纳个人所得税的范围：个人工资、薪金所得，经营所得，劳动报酬所得，稿酬、财产租赁和转让所得，特许权使用费所得，偶然所得，利息、股息、红利所得以及经国务院财政部门确定征税的其他所得，均需缴纳个人所得税，通常由个人所在单位代扣代缴。不同来源的个人所得额包括工资、薪金，按不同的税率缴纳个人所得税，工资、薪金所得采用超额累进税率。

个人所得税计算公式：

应纳个人所得税 = 应纳税所得额 × 适当税率 - 速算扣除数

免纳个人所得税的范围：省级人民政府、国务院部委和中国人民解放军军以上单位以及外国组织、国际组织颁发的科学、教育、技术、文化、卫生、体育、环境保护等方面的奖金；国债和国家发行的金融债券利息；按照国家统一规定发给的补贴、津贴、福利费、抚恤金、救济金、保险赔款；军人的转业费、复员费；按照国家统一规定发给干部、员工的安家费、退职费、退休工资、离休工资、离休生活补助费；依照我国有关法律规定应予免税的各国驻华使馆、领事馆的外交代表、领事官员和其他人员的所得；中国政府参加的国际公约、签订的协议中规定免税的所得；经国务院财政部门批准免税的所得。

技能练习

北京某企业A员工的某月收入为工资6000元，B员工的某月收入为工资4000元。请计算两位员工应缴纳的个人所得税。

步骤三 编制工资表

扫码获取课程视频

编制工资表要求把工资的所有数据全部设计并包括在工资表中，通常每个员工的工资均由实发工资和应发工资两部分组成。企业的工资表参见表5.13。

实发工资 = 应发工资 - 应扣款 = 应发工资 -（代扣款 + 直接扣款 + 代缴款）

应扣款包括代扣的水电费、托儿费，代缴的个人所得税、公积金，直接扣款如事假扣款等。

编制工资表主要有两方面内容，即工资计算和工资汇总。

（1）确定工资标准：根据员工对应薪酬等级，对照岗位工资表、能力工资表确定员工的岗位工资标准和能力工资标准。

（2）计算工资额：根据员工所在薪酬等级，确定津贴补贴金额，再根据考勤记录扣除缺勤工资以及各项社会保险个人承担部分及个人所得税，计算实际工资额。

（3）计算奖金：根据员工绩效考核结果、个人所在的薪酬等级，根据企业经济效益和所在部门或小组任务完成情况，按奖金分配办法计算奖金。

企业一般在编制工资汇总表时，同时汇总企业工资总额和各部门工资总额。

表 5.13　某企业工资表

姓名	工资代码	岗贴	基本工资	工龄工资	补发工资	应发工资	水电费	社保缴费	公积金
其他应扣款	个人所得税	应扣工资	实发工资						

步骤四　统计分析工资总额与平均工资

工资统计主要包括工资总额和平均工资两项指标。

工资总额是指各单位在一定时期内直接支付给本单位全部员工的劳动报酬总额。直接支付给员工的全部劳动报酬为计算工资总额的依据。工资总额由计时工资、计件工资、奖金、津贴和补贴、加班加点工资、特殊情况下支付的工资六部分组成。

小提示

工资总额管理的主要内容有哪些?

(1)制定工资总额管理政策。

一般而言,企业工资总额政策目标包括提高生产率、控制成本和实现分配公平。

(2)确定工资总额体系。

确定工资总额的构成和各部分所占的比重,分为高弹性、高稳定和折中模式。

(3)工资总额的控制和调整。

一、工资总额动态指标分析

工资总额动态指标 = 报告期工资总额/基期工资总额 × 100%

工资总额的变动受员工人数变动和员工平均工资变动的影响。统计分析时,要分别计算这两个因素对工资总额的影响。

1. 员工人数变动对工资总额影响(假设工资不变)

员工人数变动对工资总额的影响 = (报告期员工平均人数 - 基期员工平均人数) × 基期员工平均工资

2. 员工平均工资变动对工资总额影响(假设人数不变)

员工平均工资变动对工资总额的影响 = (报告期员工平均工资 - 基期员工平均工资) × 报告期员工平均人数

3. 员工人数和平均工资变动对工资总额变动的影响

报告期工资总额 - 基期工资总额 = (报告期员工平均工资 - 基期员工平均工资) × 基期员工平均工资 + (报告期员工平均工资 - 基期员工平均工资) × 报告期员工平均人数

技能练习

某企业员工人数及工资的统计资料如下表所示，计算员工平均人数增加和员工平均工资增加对工资总额的影响。

某企业员工人数及工资统计表

项目	报告期	基期	动态指标(%)
工资总额(元)	286 000	225 000	127.1
员工平均人数(人)	220	200	110.0
员工平均工资(元/人)	1 300	1 125	115.6

二、平均工资指数分析

平均工资是指一定时期内员工平均每人所得的工资数额，是研究员工生活水平、各类员工工资差别及工资和劳动生产率增长关系的重要指标。

平均工资指数是报告期和基期两个时间的平均工资对比。

平均工资指数＝报告期平均工资/基期平均工资＝(报告期工资总额/报告期员工平均人数)/(基期平均总额/基期员工平均人数)

平均工资的高低，受员工构成变动和平均工资变动的影响。

(1)消除员工构成变动影响，单纯观察工资水平变动，计算固定构成平均工资指数。(构成不变，工资变动)

平均工资固定构成指数＝($\sum$报告期组平均工资×报告期组员工平均人数/$\sum$报告期组员工平均人数)/($\sum$基期组平均工资×报告期组员工平均人数)/$\sum$报告期组员工平均人数)

(2)消除平均工资变动影响，单纯观察各组员工构成变动影响，计算平均工资结构影响指数。(构成变动，工资不变)

平均工资结构变动影响指数＝($\sum$基期组平均工资×报告期组员工平均人数/$\sum$报告期组员工平均人数)/($\sum$基期组平均工资×基期组员工平均人数/$\sum$基期组员工平均人数)

技能练习

练习一 根据某企业两个时期的下列资料，计算平均工资固定构成指数和平均工资结构变动影响指数。

某企业两个时期员工人数与工资水平汇总表

员工组别	工资总额(元)		平均人数(人)		平均工资(元)		指数(%)
	报告期	基期	报告期	基期	报告期	基期	
低级工	180 000	40 000	200	50	900	800	112.5
高级工	450 000	280 000	300	200	1 500	1 400	107.1
合计	630 000	320 000	500	250	1 260	1 280	98.4

练习二　某公司2016—2017年的工资统计数据如下表所示，以2016年为基期，以2017年为报告期。请填写下表，计算平均工资固定构成指数和平均工资结构变动影响指数，并分析计算结果。

某公司2016—2017年的工资统计表

员工组别	工资总额		平均工资(元/人)		平均人数(人)		平均工资指数(%)
	2016年	2017年	2016年	2017年	2016年	2017年	
	X_1T_1	X_0T_0	X_1	X_0	T_1	T_0	
高级技工	800 000	300 000	4 000	3 000	200	100	
一般技工	450 000	60 000	1 500	1 000	300	60	
合计	1 250 000	360 000	5 500	4 000	500	160	

任务四　员工福利管理

【任务目标】

通过本任务的学习，学生应掌握以下职业能力：

(1)了解社会保险的相关法规；

(2)能够办理五大保险的核算与统计；

(3)掌握企业建立工资、福利和保险台账的方法。

【任务描述】

福利对吸引员工、促进企业发展具有十分重要的意义，通过任务四的学习，了解社会保险的相关法规和基本内容，能够办理五大保险的核算与统计，掌握企业建立工资、福利和保险台账的方法。

【步骤方法】

步骤一　了解员工福利

广义的福利是指企业员工除了工资、奖金之外的所有待遇，包括社会保险在内。

狭义的福利是指企业员工除了工资、奖金和社会保险之外，享受的其他待遇。

福利分为法定福利与补充福利、集体福利与个人福利、经济性福利和非经济性福利等类型，福利具有吸引优秀员工、提高员工士气、降低员工辞职率、激励员工、凝聚员工和提高企业经济效益的作用，对促进组织发展具有重要意义。

1. 法定福利与补充福利

法定福利又称基本福利,指按照国家法律、法规和政策规定必须发生的福利项目。

补充福利是指在法定福利之外,由企业自定的福利项目。

法定福利与补充福利的特点与相关内容如表5.14所示。

表5.14　法定福利与补充福利的特点与内容

福利类型	特点	内容
法定福利	1. 只要企业建立并存在,法定福利就存在; 2. 法定福利不受企业所有制性质、经济效益和支付能力的影响	1. 社会保险("五险三津"),五险——生育、养老、工伤、医疗、失业,三津——疾病、遗属、伤残;②法定带薪假日(11天);3. 特殊情况下的工资支付(如婚假、探亲假等支付的工资);4. 工资性津贴(上下班交通费补贴、洗理费、书报费等);5. 工资总额外补贴项目(高温补贴、取暖补贴等)
补充福利	1. 受企业经济效益、支付能力和自身目的的影响;2. 内容不统一,项目五花八门	常见的有:交通补贴、房租补助、免费住房、工作午餐、通信补助、财产保险、法律顾问、心理咨询、贷款担保、内部优惠商品、搬家补助、子女医疗费补助、互助会、女工卫生费

2. 集体福利与个人福利

集体福利是指全部员工都可以享受的公共福利设施,包括:集体生活设施,如员工食堂、托儿所、幼儿园;集体文化体育设施,如图书馆、健身室、泳池;医疗设施,如医院、医疗室等。

个人福利是指个人具备国家及所在企业规定的条件时可以享受的福利,如探亲假、冬季取暖补贴、子女医疗补助、生活困难补助等。

3. 经济性福利与非经济性福利

经济性福利与非经济性福利的目的是全面改善员工的工作生活质量,其主要内容如表5.15所示。

表5.15　经济性福利与非经济性福利的主要内容

福利类型	主要内容	释义或举例
经济性福利	住房性福利	以成本价向员工出售住房,给予房租补贴
	交通性福利	为员工免费购买月票,用班车接送员工上下班
	饮食性福利	免费供应午餐、慰问性水果
	教育培训性福利	员工脱产进修、短期培训
	医疗保健性福利	免费为员工进行例行体检
	有薪节假	节日、假日及事假、探亲假、带薪休假等
	文化旅游性福利	为员工过生日举办活动、集体旅游、购置体育设施
	金融性福利	为员工购买住房提供低息贷款
	其他生活性福利	直接提供的工作服
	企业补充保险与商业保险	补充保险:补充养老保险、补充医疗保险 商业保险:安全与健康保险、养老保险金计划、家庭财产保险等
非经济性福利	咨询性服务	如免费提供法律咨询和员工心理健康咨询等
	保护性服务	如平等就业权利保护(反性别、年龄歧视)、隐私权保护等
	工作环境保护	如实行弹性工作时间,缩短工作时间,员工参与民主化管理等

步骤二　了解社会保险的基本内容

我国现行的社会保障体系包括社会保险、社会救济、社会福利、社会安抚安置和国有企业下岗职工基本生活保障和再就业等方面。其中,社会保险包括养老保险、医疗保险、失业保险、工伤保险和生育保险五个项目。

1. 养老保险

养老保险是国家和社会根据一定的法律和法规,为保障劳动者到龄或因年老丧失劳动能力离开劳动岗位后的基本生活而建立的一种社会保险制度。其有三层含义:

(1)养老保险在劳动者完全或基本退出劳动岗位后才发生作用;

(2)养老保险的目的是保障老年人的基本生活需要;

(3)养老保险是以社会保险为手段来达到保障的目的。

养老保险的主要内容如表5.16所示。

表5.16　养老保险的主要内容

名称	类型	特点	构成
养老保险	世界上实行养老保险制度的类型有投保资助型(传统型)、强制储蓄型(公积金模式)、国家统筹型。 我国采用"社会统筹与个人账户相结合"的基本养老保险制度:由国家、单位和个人共同负担;基本养老保险基金实行社会互济;在基本养老金的计发上采用结构式的计发办法,强调个人账户养老金的激励因素和劳动贡献差别	国家立法、强制实行;由国家、单位和个人三方或单位和个人双方共同负担; 具有社会性,影响大,享受人多,且时间长,费用庞大	基本养老保险(国家统一,强制实施,第一层次); 企业年金,又称企业补充养老保险(企业补充,量力而行,第二层次); 个人储蓄养老保险(个人补充,自愿参加,提倡鼓励)

2. 医疗保险

当员工生病或受伤后,由国家或社会给予的一种物质帮助,即提供医疗服务或经济补偿的一种社会保障制度。医疗保险制度通常由国家立法,强制实施,建立基金制度,费用由用人单位和个人共同缴纳,医疗保险费由医疗机构支付,以解决劳动者因患病或受伤带来的医疗风险。

3. 失业保险

失业保险指国家通过立法强制实行的,由社会集中建立基金,对因失业而暂时中断生活来源的劳动者提供物质帮助的制度,具有普遍性、强制性和互济性的特点。

失业保险所需资金的来源有:

(1)失业保险费(单位缴纳和个人缴纳,主要来源);

(2)财政补贴(政府负担);

(3)基金利息(基金收益);

(4)其他资金(不按期缴纳失业保险费的单位征收的滞纳金等)。

4. 工伤保险

工伤保险是国家为了保障劳动者在工作中遭受事故伤害和患职业病后获得医疗救治、经济补偿和职业康复的权利,分散工伤风险,促进工伤预防的一种社会保障手段。工伤保险要与事故预防和职业病防治相结合。工伤保险费由企业缴纳,员工个人不缴纳。

5. 生育保险

生育保险是国家通过立法,对怀孕、分娩女员工给予生活保障和物质帮助的一项社会政策。其宗旨是向职业妇女提供生育津贴、医疗服务和产假,助其恢复劳动能力。

步骤三　计算基本社会保险费

国家规定的社会保险缴费如表5.17所示。

表5.17　国家规定的社会保险缴费

险种	企业缴费	个人缴费
基本养老保险	不超过20%	8%
失业保险	2%	1%
基本医疗保险	6%	2%
工伤保险	行业差别费率	不缴纳
生育保险	不超过1%	不缴纳
合计	约30%	11%

(1)企业缴费比例以本企业员工的工资总额为基数。

(2)个人缴费比例以本人工资为基数(一般以本人上年度月平均工资为基数,在本地区最低工资标准和3倍月平均工资之间)。

(3)工伤保险和生育保险基金根据“以支定收,收支平衡”的原则筹集资金,由用人单位负责缴纳,员工个人不缴纳。

技能练习

某市基本养老保险企业缴费费率是19%,个人是7%;医疗保险企业缴费费率是10%,个人是2%+3元;失业保险企业缴费费率是1.5%,个人是0.5%;工伤保险企业缴费费率是0.3%。某企业10名员工,其中月工资5000元的1名,月工资3000元的3名,月工资2000元的4名,月工资1000元的2名。

请问该企业四项保险共需缴纳多少保险费?每个员工应该缴纳多少保险费?

步骤四　提取员工福利费用

员工福利费用是国家和单位用于员工生活福利设施和福利补贴的各种费用的总称。在国家机关和事业单位称为“员工福利费”,在企业单位称为“员工福利基金”。

员工福利费用的提取包括以下方式。

(1)企业员工福利基金的提取。按员工工资总额的14%从企业成本中提取。

(2)国家机关事业单位员工福利费的提取。主要由国家财政拨款,按全体员工月平均工资的2%提取,不足时由单位行政经费予以补助。

(3)其他来源:

① 国家为各单位提供的与员工基本生活有关的非生产性建设投资费用;

② 工会经费中用于员工福利的费用;

③ 各单位举办的员工福利设施的收入;

④企业税后留利中提取的法定公益金,最低占企业税后留利的5%。

步骤五　掌握社会保险缴费工作程序

社会保险缴费的工作程序主要如下。

(1)企业向当地社会保险经办机构登记;

①填写社会保险登记表;

②出示相关证件和资料。

(2)企业每月按时报送月报表和有关资料。

(3)社会保险经办机构进行及时审核。

(4)企业缴费申报经批准后在3日内采取下列方式之一缴纳社会保险费:

①企业到其开户银行缴纳;

②企业到社会保险经办机构以支票或现金方式缴纳;

③约定的其他方式。

注意:企业必须在社会保险经办机构核准其缴费申报后的3日内缴费。企业和缴费个人应当以货币形式全额缴纳社会保险费。个人应缴的部分由企业从其本人工资中代扣代缴。

步骤六　建立工资福利与保险台账

工资台账即工资的统计明细,是对公司人员工资的书面管理资料,由公司人力资源部门对人员的工资进行统计,为财务部门发放工资提供依据。

工资台账的内容包括人员的基本工资、年度分红、绩效工资、日常生活补贴、值班补贴、加班补贴等。

1. 建立工资台账

员工工资总额是重要的国情国力统计指标,是衡量员工生活水平和计算离退休金及有关费用的重要依据,是企业人工成本的主要组成部分,准确统计薪酬数据具有重要意义。企业月薪酬台账如表5.18所示。

表5.18　企业月薪酬台账

序号	姓名	工资代码	性别	计时工资	计件工资	奖金	津贴	补贴	加班加点工资	特殊情况下支付的工资
1										
2										
领取工资总人数				本月工资总额						

2. 建立福利台账

建立福利台账时,要将所有能用货币形式表示的福利支出信息包含在内,如由企业提供的带薪旅游支出、统筹医疗支出等。

3. 建立保险基金台账

根据国家规定,企业及个人均应缴纳各类社会保险基金。在建立保险基金台账时,要将企业所有的保险基金信息都包括在内。企业保险基金台账如表5.19所示。

表 5.19　企业保险基金台账

月份	姓名	基金账号	性别	养老保险		医疗保险		失业保险		工伤保险		就业保险		生育保险		总计
				企业	个人	企业	个人	企业	个人	企业	个人	企业	个人	企业	个人	
全年参保人数								全年总计								

知识网络图

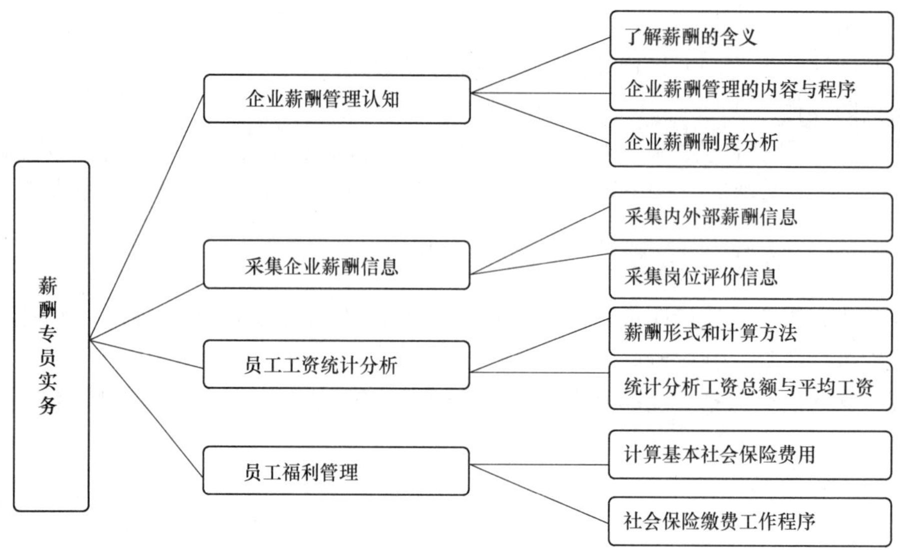

真题自测

一、单选题

1. 员工为企业提供劳动而得到的各种货币与实物报酬的总和称为(　　)。

A. 福利　　B. 薪酬　　C. 工资　　D. 薪资

2. 企业薪酬管理的目标,不包括(　　)。

A. 减少企业人工成本　　B. 肯定员工对企业的贡献

C. 增强企业产品的竞争力　　D. 谋求员工与企业的共同发展

3. (　　)用量化考核方法确定员工的实际工资。

A. 计时工资制　　B. 计件工资制　　C. 薪点工资制　　D. 结构工资制

4. 在计件工资制的组成部分中,(　　)是实行计件工资制的关键。

A. 计件单价　　B. 劳动定额　　C. 工作等级　　D. 工作物等级

5. 以下有关计件单价计算的方法,正确的是(　　)。

A. 工时单价×单位产品工时定额　　B. 工件单价×单位产品工时定额

C. 工件单价×工作产品工时定额　　D. 工时单价×单位产品产量定额

二、多选题

1. 间接薪酬包括(　　)。

A. 额外的津贴　B. 利润分成　C. 单身公寓
D. 免费午餐　E. 非工作日工资

2. 工资指导线的基本内容是(　　)。

A. 本年度经济增长预测　B. 工资指导线意见　C. 国内宏观市场形势简析
D. 企业工资增长分析　E. 本地区上一年度经济增长

3. 技术等级工资制由(　　)组成。

A. 工资等级　B. 工资登记表　C. 工资等级线
D. 技术等级标准　E. 工资标准

4. 用人单位可以代扣的劳动者工资包括(　　)。

A. 个人所得税　B. 其他依法需代扣的费用
C. 法院判决、裁定要求代扣的抚养费
D. 法院判决、裁定要求代扣的赡养费
E. 应由劳动者个人负担的各项社会保险费用

5. 根据《中华人民共和国个人所得税法》,须缴纳个人所得税的有(　　)。

A. 工资、薪金所得　B. 经营所得　C. 特许权使用费所得
D. 偶然所得　E. 财产租赁和转让所得

HR书架

《HR达人教你薪酬管理一本通》　邹善童

《HR达人教你薪酬管理一本通》,作者邹善童,曾任500强企业及上市公司薪酬福利经理、人力资源部经理等职务,现任某大型央企总部人力资源高级经理,具有深厚的人力资源理论基础及管理实践。

从事薪酬管理工作,不仅要了解薪酬、福利的问题,还要了解与薪酬、福利有关的考核、考勤、劳动关系等问题。

本书全面讲解了薪酬操作的核心技能以及辅助工具,第一章到第五章,从一位新人步入职场,了解薪酬管理工作到成为一名薪酬工作者所应具备的基础能力着手;第六章到第十章,每一章包含了薪酬管理工作中的一个方面,是从事薪酬管理工作所要求的核心能力;第十一章到第十四章,讲解了与薪酬工作有关的四项辅助技能,确保不同的读者可以从不同阶段阅读。

模块六　员工关系专员实务

学习目标

通过本模块的学习,掌握以下职业能力:

◎ 了解员工关系专员岗位职责;

◎ 了解劳动关系的调整与确立;

◎ 掌握劳动合同的订立和履行的基本程序和步骤;

◎ 掌握劳动合同变更、解除、终止的具体程序和要求;

◎ 掌握劳动合同管理的内容和程序;

◎ 掌握企业劳动安全卫生管理。

导入案例

扫码获取课程视频

北京车展业务员被气得心肌梗死算工伤吗?

最近朋友圈有一条比较火的新闻,就在不久前的五一北京车展,销售顾问接待了这么一位顾客。咨询过程中,销售顾问始终保持着高度的热情接待和细心服务,从早上车展开始一直谈到下午,终于让顾客同意买车,并且签订了合同,在交付定金的时候,顾客突然犹豫了,说要回家考虑。销售顾问当场心肌梗死晕倒在车展现场,最后被120急救车送去医院。在该事件刷爆朋友圈的同时,从人力资源管理师的专业视角又该怎么看呢?

首先,是否属于工伤要看造成的结果。根据现行《工伤保险条例》第十五条,职工有下列情形之一的,视同工伤:

(一)在工作时间和工作岗位,突发疾病死亡或者在48小时之内经抢救无效死亡的;

(二)在抢险救灾等维护国家利益、公共利益活动中受到伤害的;

(三)职工原在军队服役,因战、因公负伤致残,已取得革命伤残军人证,到用人单位后旧伤复发的。

职工有前款第(一)项、第(二)项情形的,按照本条例的有关规定享受工伤保险待遇;职工有前款第(三)项情形的,按照本条例的有关规定享受除一次性伤残补助金以外的工伤保险待遇。

由此可以得知,如果工作时突发心肌梗死被抢救回来了,那就不能算作工伤;如果工作时突发心肌梗死在48小时之内经抢救无效死亡的,那就算是工伤。

因为此则新闻没有后续,所以我们不知道这位销售顾问是否转危为安了。如果转危为安,按照《工伤保险条例》不属于工伤范畴。如果这位销售顾问不幸当场没有抢救回来或者是在48小时之内经抢救无效死亡,就算工伤。虽然我们对销售顾问新闻的后续不得而知,鉴于工作场所突发疾病认定工伤是以死亡为前提的，所以还是祝愿这位销售顾问平安吧。

其次，人力资源管理部门可采用现实的做法。虽然可以将法条规定给销售顾问及其家属解释说明，甚至可以让公司的法律顾问出面解释，但作为当事人及其家属是难以理解的，也是不容易服气的，总觉得应该“算工伤”，毕竟是“为公司工作时出的事”，解释说明不通，怎么办？以下做法更为现实。

1. 及时慰问。毕竟员工为工作而生病，人力资源部门及销售部相关人员应当第一时间到医院看望，送去领导的慰问、礼品及一定的安慰金，不管家属和当事人的情绪怎么激动，或者心理有什么不平，公司毕竟有礼在先、及时来看望了，心里总会宽松些，后面发生过激行为的可能性就会小些。

2. 医保流程。员工住院了，就需按照当地社保部门对医保的报销流程，准备相关资料，不能拖延，既需要告诉员工本人、家属，也需要向医院当值医生说明情况，还要吩咐公司负责医保报销的人员。

3. 工伤申请。人力资源部门可以代表公司向当事人、家属说明工伤认定的各种情形，如果家属和当事人不服，既可以由家属和当事人申请工伤认定，公司人力资源部门也可以申请认定。当然，只要员工及家属不服，人力资源部门就及时申请认定为好，如果领导问到为什么，可以详细解释。

如果侥幸能够认定为工伤，当然好，对公司也没多大损失；如果不能认定，就让社保部门的权威意见去说服员工和当事人吧，至少不要让公司领导或人力资源部门直面当事人。

（资料来源：www.hrloo.com/lrz/14308320.html）

[案例思考]

请根据上述案例及分析，谈谈你对员工关系管理的认识。

员工关系管理是人力资源部门的一项重要工作，做好员工关系管理，可以使员工在心理上获得一种满足感，对公司产生强烈的依赖性，有利于提高其工作的积极性和职业的忠诚度，产生长久服务公司的意愿。员工关系专员担负企业员工关系管理的重要职责。

职位预览

员工关系专员岗位说明书

一、基本岗位信息			
岗位名称	员工关系专员	所属部门	人力资源部
直接上级岗位	员工关系主管	直接下级岗位	无
晋升岗位	部门主管及大区经理	调岗方向	各部门专员、销售代表
岗位职责	1. 负责协助员工关系主管制订员工关系组工作计划； 2. 负责协助建立健全公司人事管理制度； 3. 负责员工离职手续办理、离职访谈及离职分析等工作； 4. 负责公司员工合同管理、社保办理等管理工作； 5. 负责统筹员工考勤管理、请休假手续办理等工作		

续表

二、工作关系

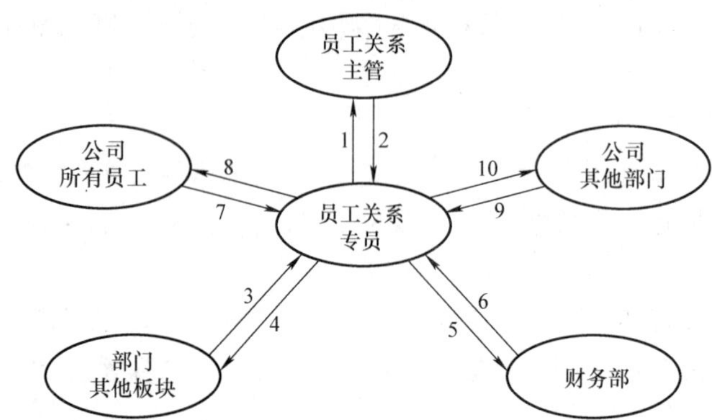

1. 及时汇报员工动态及其他工作;2. 根据工作需要发布工作指令并及时监督指导;3 和 5. 根据工作安排提交相关需求并及时反馈;4 和 6. 及时提供员工相关数据;7 和 9. 公司其他部门及所有员工根据部门或个人需要提交申请;8 和 10. 及时受理部门或个人需求申请并及时反馈

三、工作主要内容

工作事项	具体工作内容	频率	重要性
计划与总结	根据员工关系组工作计划,制订个人工作计划、工作总结	每月	40%
人事管理	负责协助建立健全人事关系、员工信息、合同管理、社保等管理制度及相应流程,并监督实施;负责员工档案管理工作	每日	60%
社保办理	负责员工社保办理、保险报销工作	每月	100%
考勤管理	负责统筹员工考勤管理、请休假手续办理等工作	每日	100%
离职管理	负责离职手续办理,与离职员工进行面谈,详细了解离职原因;负责根据员工离职访谈及公司外部用人信息,月度、季度、年度进行公司员工离职分析	每日	100%
企业文化建设	协助相关部门开展公司企业文化建设工作,营造良好的工作环境和氛围,促进内外部沟通渠道的有效性;协助相关部门开展员工活动组织工作	临时	40%
临时工作	及时完成上级领导交办的其他事项	临时	50%

四、关键考核指标

人事各种数据准确性、申请受理及时性

五、岗位任职要求

教育程度	大专及以上学历	工作经验	1 年相关工作经验
知识技能要求	人力资源相关专业毕业,具有独立开展员工关系管理等实操经验		
其他要求	无		

六、工作环境

工作环境	办公室	出差频率	无
职业危险因素	无		

任务一　劳动合同的订立和履行

【任务目标】

扫码获取课程视频

通过本任务的学习,学生应掌握以下职业能力:

(1)了解劳动关系和劳动法律关系的含义和特征;

(2)了解劳动关系的调整方式;

(3)掌握劳动合同订立和履行的基本程序和步骤。

【任务描述】

订立劳动合同是企业人力资源管理工作的一项重要内容,通过任务一的学习,了解劳动关系和劳动法律关系的含义,了解我国劳动关系的调整方式,掌握劳动合同的内容,熟悉订立和变更劳动合同的原则,掌握订立劳动合同的基本程序和步骤。

【步骤方法】

步骤一　劳动关系的调整方式

一、劳动关系与劳动法律关系

劳动关系是用人单位(雇主)与劳动者(雇员)之间在运用劳动者的劳动能力,实现劳动过程中所发生的关系。劳动关系定义的几个要点如下:

(1)市场经济体制下,人力资源的配置是通过劳动力市场来实现的;

(2)劳动关系领域中,劳动者通常被表述为雇员,用人单位被表述为雇主;

(3)劳动关系所反映的是劳动付出与工资的交换关系。

判断一个劳动者是否属于雇员的标准包括:其劳动是附属性劳动还是从属性劳动;主要劳动条件由他人提供;从事的劳动在雇主的业务范围之内;工作履行与绩效受到控制与评价。

劳动法律关系是劳动法律规范在调整劳动关系过程中所形成的雇员与雇主之间的权利义务关系。劳动关系与劳动法律关系的特征如表 6.1 所示。

表 6.1　劳动关系的特征与劳动法律关系的特征比较

劳动关系的特征	劳动法律关系的特征
1. 劳动关系的内容是劳动; 2. 劳动关系具有人身关系属性和财产属性相结合的特点; 3. 劳动关系具有平等性和隶属性的特点	1. 劳动法律关系是劳动关系的现实形态; 2. 劳动法律关系的内容是权利和义务; 3. 劳动法律关系是一种双务关系; 4. 劳动法律关系具有国家强制性

二、劳动关系的调整方式

劳动关系的调整方式依据调节手段不同主要分为七种,即通过劳动法律法规对劳动关系的调整,劳动合同规范的调整,集体合同规范的调整,民主管理制度(职工代表大会、职工大会)的调整,企业内部劳动规则(规章制度)的调整,劳动争议处理制度的调整和国家劳动监督检查制度的调整,具体内容如表 6.2 所示。

表 6.2　劳动关系调整方式具体内容

调整方式	含义	基本特点
劳动法律法规	调整劳动关系应当遵循的原则性规范、最低标准	体现国家意志
劳动合同	是劳动者与用人单位确立劳动关系、明确双方权利义务的协议	体现劳动关系当事人双方的意志
集体合同	集体双方代表根据劳动法律法规，就劳动报酬、工作时间、休息休假、劳动安全卫生、保险福利等事项，在平等协商一致的基础上签订的书面协议，由工会（没工会的由职工代表）代表全体职工与企业签订	体现劳动关系当事人双方团体的意志
民主管理制度	我国职工参与管理的形式主要是职工代表大会制度和平等协商制度。雇员参与管理：以被管理者的身份参与；参与的是企业内部管理事务；参与形式多种多样（组织、代表、岗位、个人）	是劳动者意志对企业意志的渗透和影响
企业内部劳动规则	是企业规章制度的组成部分，以企业为制定主体，以企业公开、正式的行政文件为表现形式，只在本企业范围内适用；是用人单位单方法律行为，制定程序有劳动者参与；是企业经营权与职工民主管理权相结合的产物	体现企业（雇主）的意志
劳动争议处理制度	劳动关系处于非正常状态下，经劳动关系当事人请求，由依法建立的处理机构——调解机构、仲裁机构依法进行调查、协调和处理的程序性规范。 调解：企业劳动争议调解委员会（职工、用人单位、工会代表），具有群众性、自治性、非强制性的特点 仲裁：劳动争议仲裁委员会（劳动行政部门、同级工会、用人单位的三方代表），是兼有司法性特征的劳动行政执法行为	是对劳动关系的社会性调整
劳动监督检查制度	是为了保证《劳动法》的贯彻执行，是关于法定监督检查主体的职权、监督检查的范围、监督检查的程序以及纠偏和处罚的行为规范。实施主体：县级以上各级人民政府劳动行政部门、有关部门、各级工会	具有保证劳动法体系全面实施的功能

三、人员招聘应遵守的法律规制

劳动就业是指有劳动能力和就业要求的人，参与某种社会劳动，并通过劳动获得报酬或经营收入的经济活动。简言之，凡是从事社会劳动并取得劳动报酬或经营收入的劳动者，即为就业者。

企业人员招聘遵循的基本原则包括以下内容。

1. 禁止任何形式的就业歧视

就业歧视的主要表现：录用歧视、职业歧视、工资收入歧视、人力资本投资歧视。在企业人员招聘中应禁止任何形式的就业歧视。

2. 禁止使用童工的原则

未满 18 周岁的公民属于未成年人，其中把未满 16 周岁就业的未成年人称为童工。国家严格禁止使用童工，主要内容包括以下四个方面。

（1）国家机关、社会团体、企事业单位、民办非企业单位或个体工商户均不得招用不满 16 周岁的未成年人。

（2）禁止任何单位或个人为不满 16 周岁的未成年人介绍就业。

（3）禁止不满 16 周岁的未成年人从事个体经营活动。

（4）不满 16 周岁的未成年人的父母或其他监护人应当保护其身心健康，保障其接受义务教育的权利，不得允许其被用人单位非法招用。

违反上述禁止性规定的用人单位视情节轻重要承担民事责任、行政责任，构成犯罪的要追究刑事责任。

文艺、体育单位经未成人父母或其他监护人同意，可以招用不满16周岁的专业文艺工作者、运动员。

3. 劳动关系稳定原则

劳动关系稳定原则也称就业保障原则性。劳动法律法规全面规定了建立、变更、解除、终止劳动关系的法定程序和法定条件。

4. 公平就业的原则

为保障实现就业环境公平公正，国家对因性别、生理、心理和具有其他某些社会经济特征的劳动者就业提供特殊就业保障。特殊就业保障的对象包括妇女、残疾人、退役军人、少数民族人员和农村进城就业的劳动者，具体内容包括以下几个方面内容。

(1)女性劳动者。妇女享有与男子平等的就业权利。用人单位在录用职工时，除国家规定的，为保护女职工的合法权益不适合妇女的工种或岗位外，不得以性别为由拒绝录用妇女或提高对妇女的录用标准。用人单位在与女职工建立劳动关系、订立劳动合同时，不得在劳动合同中规定限制女职工结婚、生育的内容。

(2)少数民族人员。用人单位招用人员，应依法对少数民族劳动者给予适当照顾。

(3)残疾人。用人单位招用人员，不得歧视残疾人。

(4)农村进城务工者。不得对农村劳动者进城就业设置歧视性限制。

(5)某些病原携带者。用人单位招用人员，不得以是传染病病原携带者为由拒绝录用。但是经医学鉴定传染病病原携带者在治愈前或排除传染嫌疑前，不得从事法律、行政法规和国务院卫生行政部门规定禁止从事的易使传染病扩散的工作。用人单位招用人员，除国家法律、行政法规和国务院卫生行政部门规定禁止乙肝病原携带者从事的工作外，不得强行将乙肝病毒血清学指标作为体检标准，体现公平就业原则。

案例分析

就业歧视引发的劳动争议案

某高校应届毕业生小王通过某报业集团招聘网站应聘日报记者一职，并很快收到报业集团的面试和笔试通知。在报业集团人事部工作人员的组织下，小王与其他应聘者一起，到某医院参加体检，体检内容包括乙肝五项。后报业集团人事部工作人员告知小王，报业集团不能与其签约，因为体检结果显示其为乙肝病毒携带者。

为了争取自己应得的工作权利，小王多次与人事部交涉，自己应聘的岗位根本不是法律限制从事的行业，不应被拒绝，但报业集团最终还是因为这个体检结果决定对其不予录用。为维护自己的权利，小王提出对报业集团的民事诉讼。

[案例评析]

乙肝病毒携带者享有平等工作的权利，完全能够正常地学习和工作。国家法律法规明确保护乙肝病毒携带者的权利，禁止用人单位在招用工过程中进行乙肝体检，不得以是传染病病原携带者为由拒绝录用，本案中报业集团的做法明显违背法律规定。法院判决被告报业集团向原告公开赔礼道歉，并赔偿原告物质与精神损失。

小提示

国家对下列企业、人员依法给予税收优惠

(1)吸纳符合国家规定条件的失业人员达到规定要求的企业。

(2)失业人员创办的中小企业。

(3)安置残疾人达到规定比例或集中使用残疾人的企业。

(4)从事个体经营符合国家规定条件的失业人员。

(5)从事个体经营残疾人。

步骤二　劳动合同的订立和履行

一、劳动合同的含义、特点和内容

劳动合同是劳动者与用人单位确立劳动关系、明确双方权利义务的协议。

专项协议与劳动合同有密切联系，专项协议是劳动关系当事人为明确劳动关系中特定权利义务，在平等自愿、协商一致、诚实信用的基础上所达成的契约。专项协议可在订立劳动合同的同时订立（如服务期限协议、保守企业商业秘密协议、竞业禁止协议、培训协议、补充保险协议、岗位协议书、聘任协议书等），也可在劳动合同的履行期间为满足主客观情况变化的需要而订立（如为适应企业劳动制度改革、结构调整及因企业经营状况变动或劳动者个人原因待岗和停职等而签订的有关社会保险费缴纳、待岗津贴等）。

1. 劳动合同的特点

(1)劳动合同的主体具有特定性。一方是自然人，即劳动者，年满16周岁以上，有就业要求，具有劳动行为能力人；另一方是法人或非法人经济组织，即用人单位，具有为劳动者提供符合国家规定的劳动或工作条件、支付劳动报酬、缴纳社会保险费，并能够以自己的名义承担相应的民事责任。

(2)劳动合同属于双务合同。劳动合同主体既是权利主体，又是义务主体，任何一方在自己未履行义务的情况下，无权要求对方履行义务。

(3)劳动合同当事人的法律地位平等，但在组织管理上具有隶属关系。劳动合同一经签订，劳动者在行使权利的同时也必须承担相应的义务，服从用人单位的领导和工作安排；同时，用人单位也有权利和义务对劳动者进行管理。

(4)劳动合同属于法定要式合同。要式合同是必须具备特定形式或履行一定手续才具有法律效力的合同。根据《劳动法》和《劳动合同法》的规定，劳动合同应当以书面形式订立、必须具备法定条款等。

2. 劳动合同的内容

劳动合同的内容是当事人双方经过平等协商所达成的关于权利义务的条款，包括法定条款和约定条款。企业为招聘雇员、协商相互之间的权利义务而提供的劳动合同文本必须依法具备法定条款。

法定条款是依据法律规定劳动合同双方当事人必须遵守的条款，不具备法定条款，劳动合同不能成立；约定条款是除法定条款以外，双方当事人可根据实际需要在协商一致的基础上，规定其他补充条款。约定条款的内容只要合法，就对当事人具有法律约束力。

（1）法定条款的主要内容如表 6.3 所示。

表 6.3　劳动合同法定条款主要内容

	条款	内容
法定条款	1. 用人单位的名称、住所和法定代表人或主要负责人	
	2. 劳动者的姓名、住址和居民身份证或其他有效身份证件号码	
	3. 劳动合同期限	分为有固定期限、无固定期限和以完成一定工作为期限的劳动合同
	4. 工作内容和工作地点	包括工种、岗位、工作地点和场所。关于工作数量、质量标准，若不宜具体规定，应做出原则性规定
	5. 工作时间和休息休假	如标准工作时间制度、不定时工作时间制度、综合计算工作时间制度等
	6. 劳动报酬	明确员工适用的工资制度，工资支付标准、支付时间、支付周期、计算办法，奖金、津贴获得条件和标准等。工资标准不得低于当地最低工资标准，也不得低于本单位集体合同规定的最低工资标准
	7. 社会保险	应明确双方当事人各自的社会保险缴费项目、标准和办法
	8. 劳动保护、劳动条件和职业危害防护	劳动保护是防止工伤事故和预防职业病发生所采取的技术措施和组织措施。劳动条件是为完成工作任务应由用人单位提供的、不得低于国家规定标准的必要条件，包括加班加点、工作班制、劳动工作条件、劳动工具、生产工艺流程、安全操作规程、安全卫生制度、健康检查、女工及未成年工特殊保护和伤亡事故处理制度
	9. 法律法规规定应当纳入劳动合同的其他事项	

小提示

应当订立无固定期限劳动合同的情况

无固定期限劳动合同是指用人单位与劳动者约定无确定终止时间的劳动合同。

有下列情形之一，劳动者提出或同意续订劳动合同，除劳动者提出订立固定期限劳动合同外，应当订立无固定期限劳动合同。

（1）劳动者在该用人单位连续工作满 10 年的。

（2）用人单位初次实行劳动合同制度或国有企业改制重新订立劳动合同时，劳动者在该用人单位连续工作满 10 年且距法定退休年龄不足 10 年的。

（3）连续订立两次固定期限劳动合同，且劳动者没有《劳动合同法》第 39 条和第 40 条第 1 项、第 2 项规定的情形，续订劳动合同的。

只要出现前述三种情形，劳动者主动提出续订劳动合同、或用人单位提出续订劳动合同劳动者同意的情况下，就应当订立无固定期限劳动合同。只要劳动者提出，用人单位就必须同意续订。如果用人单位提出，劳动者有权不同意。

案例分析

华为公司辞职门事件

2007年9月,华为公司内部通过鼓励员工辞职的方案。工作满8年的员工,由个人向公司提交一份辞职申请,在公司同意之后,再竞争上岗,与公司签订新的劳动合同,工作岗位基本不变,薪酬略有上升。所有自愿离职的员工都获得了华为公司相应的补偿,补偿方案为"N+1"模式。"N"为在华为公司工作的年限,例如某员工的月工资是9000元,他在华为公司工作了9年,那么他得到的最终赔偿数额就是9万元。由于老员工的收入相对较高,华为公司为他们辞职支付的补偿费,外界预测总计将超过10亿元。由此引发了近万名员工集体辞职的"华为公司辞职门"事件,被媒体称为可能成为中国人力资源管理史上的标志性事件。

[案例评析]

华为公司的操作方法,从《劳动合同法》角度看,确实有规避为10年工龄的员工签订无固定期限劳动合同之嫌,此类操作是否能实现规避无固定期限劳动合同的目的,有待商榷。

(2)约定条款的主要内容如表6.4所示。

表6.4 劳动合同约定条款主要内容

	条款	内容
约定条款	1. 试用期限	试用期是劳动者与用人单位为相互了解、选择而约定的考察期。在考察期内,用人单位考察劳动者是否符合录用条件,劳动者考察用人单位所介绍的劳动条件是否符合实际情况。 3个月 <劳动合同期限<1年的,试用期不得超过1个月;1年<劳动合同期限<3年的,试用期不得超过2个月;3年以上固定期限和无固定期限的劳动合同,试用期最长不得超过6个月。 同一用人单位与同一劳动者只能约定一次试用期。以完成一定工作任务为期限的劳动合同,或劳动合同期限不满3个月的,不得约定试用期。试用期包含在劳动合同的期限内。劳动合同仅约定试用期的,试用期不成立,该期限为劳动合同期限
	2. 培训	约定培训项目、条件、培训期间的工资待遇、培训费用的支付方法、服务期限等,可与劳动者订立协议约定服务期。违反服务期约定的,应按约定向用人单位支付违约金,数额不超过用人单位提供的培训费用。用人单位要求劳动者支付的违约金不得超过服务期尚未履行部分所应分摊的培训费用。用人单位与劳动者约定服务期的,不影响按照正常的工资调整机制提高劳动者在服务期期间的劳动报酬
	3. 保密事项	劳动过程涉及用人单位商业秘密的,当事人可以对有关保密事项加以明确规定,就保守商业秘密的具体内容、方式、时间等,与劳动者约定。可在劳动合同或保密协议中约定竞业限制条款,约定在解除或终止劳动合同后,在竞业限制期内按月给予经济补偿。劳动者违反竞业限制约定的,应当按照约定向用人单位支付违约金。竞业限制人员限于用人单位的高级管理人员、高级技术人员和其他负有保密义务的人。竞业限制期限不得超过2年
	4. 补充保险和福利待遇	协商确定补充养老、医疗等保险和适应企业特点的福利待遇。补充保险的建立依用人单位的经济承受能力而定,由用人单位自愿实行,国家不作强制的统一规定。补充保险的事项不作为合同的必备条款,由用人单位与劳动者自行约定。用人单位必须在参加基本保险且按时足额缴纳基本保险费的前提下,才能实行补充保险。福利待遇包括住房补贴、通信补贴、交通补贴、子女教育等
	5. 当事人协商约定的其他事项	约定内容只要不违反国家法律和行政法规的规定,均为合法有效,对当事人具有法律约束力

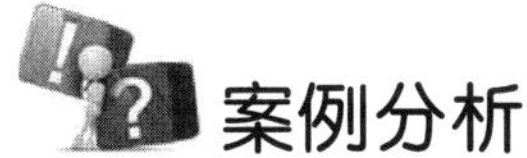

案例分析

仅约定试用期的劳动合同

刘先生于2010年10月到A公司工作,该公司未与其签订劳动合同。2010年12月,A公司与其签订试用人员协议书,约定试用期自2010年12月2日至2011年2月1日,月薪6000元。2011年2月1日试用期到期后,刘先生要求与A公司签订劳动合同,遭到拒绝。刘先生便于2011年5月26日提出离职,A公司表示同意,双方办理了有关离职手续。后刘先生于2011年6月向当地劳动争议仲裁委员会申请仲裁,要求A公司支付未签订劳动合同期间的2倍工资。A公司对仲裁不服诉讼到法院。

法院经审理后认为,因法律规定劳动合同仅约定试用期的,试用期不成立,该期限为劳动合同期限,故法院认定A公司与刘先生签订的为期2个月的试用人员协议书实际是期限为2个月的劳动合同。

劳动合同到期后,刘先生继续为A公司工作,A公司依法应当与刘先生签订劳动合同。因A公司未与刘先生签订劳动合同,依法应支付未签订劳动合同期间的2倍工资。

[案例评析]

依照《劳动合同法》的规定,劳动合同仅约定试用期的,试用期不成立,该期限为劳动合同期限。建立劳动关系,应当订立书面劳动合同。已建立劳动关系,未同时订立书面劳动合同的,应当自用工之日起一个月内订立书面劳动合同。用人单位自用工之日起超过一个月不满一年未与劳动者订立书面劳动合同的,应当向劳动者每月支付2倍的工资。法院的判决完全正确。

二、劳动合同订立的原则、程序及注意事项

合法、公平、平等自愿、协商一致、诚实信用原则是订立劳动合同的基本原则。遵循上述原则订立的劳动合同是合法有效的合同,当事人应当履行劳动合同约定的义务。该原则的基本内涵包括依法订立、平等自愿、协商一致。

第一,依法订立。订立劳动合同的主体合法,当事人具备法律法规规定的主体资格。用人单位依法成立,具有用工权利能力和行为能力;劳动者达到法定就业年龄,具有劳动权利能力和行为能力。订立劳动合同目的合法,劳动合同的内容合法,不得违反法律或行政法规的规定,当事人的权利、义务设定公平。订立的劳动合同形式合法,除全日制工等灵活用工方式外,劳动合同应当以书面形式订立。订立劳动合同的行为合法。当事人订立劳动合同的自主意志受法律保护,应是当事人真实意思表示的结果。

第二,平等自愿、协商一致。当事人在订立劳动合同时法律地位平等,具有平等的意思表示的权利。双方是否订立劳动合同应由其自主决定,不受强制,不得以强迫、欺诈、威胁等手段将自己的意愿强加于对方。劳动合同的各项条款经协商一致才能成立。

劳动合同的订立程序包括要约和承诺、相互协商、双方签约三个步骤。通常情况下,要约方为用人单位,通过招工简章、职业介绍机构的招聘登记等形式,提出要约邀请;求职者通过求

职信、求职登记等形式提出要约申请。

订立劳动合同的注意事项有以下三点。

(1)订立劳动合同与建立劳动关系。《劳动合同法》第10条规定,建立劳动关系应当订立书面劳动合同。已建立劳动关系,未同时订立书面劳动合同的,应当自用工之日起一个月内订立书面劳动合同。用人单位与劳动者在用工前订立劳动合同的,劳动关系自用工之日起建立。

(2)建立职工名册。用人单位自用工之日起即与劳动者建立劳动关系,用人单位应当建立职工名册备查,有利于劳动合同的管理,在解决劳动争议时,避免发生举证困难和难以证明双方劳动关系的存续情况;有利于统计就业率、失业率,也便于劳动行政部门行使劳动监察职责。

(3)不得扣押劳动者的居民身份证和其他证件,不得要求劳动者提供担保或以其他名义向劳动者收取财物。

三、无效劳动合同

劳动合同的效力即劳动合同依法具有约束劳动关系当事人双方乃至第三人的强制力。如果合同没有效力,就没有拘束力与强制力。根据《劳动法》的规定,无效劳动合同包括以下三个方面的内容。

(1)劳动合同主体不合法:劳动者不具有劳动权利能力和行为能力,或用人单位不具有用工权利能力和行为能力。

(2)劳动合同内容不合法:劳动合同条款违反法律或行政法规强制性规定。

(3)劳动合同订立程序不完备,意思表示不真实,采取欺诈、胁迫等手段或乘人之危,使对方在违背真实意思的情况下订立或变更劳动合同。

无效劳动合同自订立之日起就没有法律约束力。如果合同属于部分条款无效,其余部分仍有效,劳动合同的无效由劳动争议仲裁委员会或人民法院确认。劳动合同被确认无效,劳动者已付出劳动的,用人单位应当向劳动者支付劳动报酬。

案例分析

员工伪造学历证书导致劳动合同无效

甲公司人力资源部经理在仔细复查小赵学历证书等证件的复印件时,发现小赵的学历证书编号比其他员工提交的学历证书编号位数明显要短。人力资源部经理于是致电小赵学历证书上显示的某大学毕业生就业指导中心,经该大学毕业生就业指导中心及教务处查询,该大学查无此人。甲公司方知,小赵提供的学历证书是伪造的。

公司人事部经理向总经理汇报。公司向小赵下发书面决定:因小赵通过欺诈手段与甲公司订立劳动合同,性质恶劣,系无效劳动合同。即日起,小赵与公司不存在劳动关系,小赵须于当天办理好工作交接。以前发放的两个月工资就算了,但是两个月后近三个星期的工资,不予发放。

对此,小赵表示不接受,并坚持自己的学历证书是真实的,他依然如往常一样到公司上班。但到发工资时,其他员工均领到了相应的工资,唯独小赵没有。他去公司财务处理论,财务处告知,公司早就和他没有劳动关系了。

半个月后，小赵向某市劳动争议仲裁委员会提起劳动仲裁，要求甲公司与其恢复劳动关系，并支付所拖欠工资。

劳动仲裁期间，经对小赵的学历证书进行鉴定，确系伪造。劳动争议仲裁委员会认为，小赵与甲公司之间的劳动合同确因小赵实施欺诈所签订，因此该劳动合同无效，要求恢复劳动关系的请求不予支持。但对劳动合同无效有争议的，应当由劳动争议仲裁委员会或人民法院确认，甲公司应当向小赵支付所拖欠的全部工资。

[案例评析]

如果员工自己承认学历系伪造，公司可让该员工签字确认相关书面通知(通知中应有相关虚假学历的表述)，此时用人单位可以直接宣布劳动合同无效。

如果劳动者与用人单位对学历的真伪发生争议，用人单位不能直接宣布劳动合同无效或解除劳动合同，须经劳动争议仲裁机构或人民法院确认，方可认定。

另外，尽管劳动合同被确认无效，用人单位应当支付一定的报酬。《劳动合同法》明确规定，劳动合同被确认无效，劳动者已付出劳动的，用人单位应当向劳动者支付劳动报酬。劳动报酬的数额，参照本单位相同或相近岗位劳动者的劳动报酬确定。

小知识

什么是法人授权书?

用人单位的法定代表人与劳动者协商签订劳动合同的行为，不是法定代表个人的行为，而是法人组织的行为。用人单位的人力资源管理机构及其负责人具体实施的劳动合同、各类专项协议的协商、签订、解除、变更活动，是代理法人代表机关的活动，必须获得法人代表的授权方能进行。

法人授权书又叫代理证书，是委托授权的书面形式，是由法人代表机关制作的证明代理人的代理权及其权限范围的证明。法人授权书(代理证书)应包括代理人的姓名或名称、代理事项、权限范围、有效期、被代理人的签名盖章等。

作为法人的用人单位，其权利能力和行为能力由法人机关实现，法人机关分为意思机关(权利或决策机关)、执行机关(执行意思机关的决策)、代表机关(法定代表人)和监察机关(实施监督的机关)。

四、劳动合同的履行

劳动合同的履行是指劳动合同当事人双方按照劳动合同的规定，各自承担合同约定的义务和行使规定权利的法律行为。

劳动合同的履行遵循实际履行和全面履行的原则。实际履行的原则是指合同双方当事人应当按照合同规定的条款履行各自的义务，行使各自的权利。全面履行的原则是指劳动合同当事人必须履行劳动合同约定的全部条款和各自承担的全部义务。这两项原则是区别劳动合同是否履行的标准，也是确定违约性质、违约程度和违约责任的准则。

劳动合同的履行分为完全履行、不完全履行、延迟履行、不履行四种情形。

(1)完全履行是指劳动合同当事人双方按劳动合同约定的标的及数量、种类、质量、时间、地点、方式等,全面完成自己所承担的全部义务。

(2)不完全履行是指当事人只履行了合同规定的一部分内容,或当事人履行了合同义务,但履行不符合合同约定的条件。

(3)延迟履行是指劳动合同义务履行期已到,而合同当事人却没能按约定的时间履行义务。

(4)不履行是指合同履行期已到,一方当事人有能力履行而故意不履行。

五、劳动合同的续订

劳动合同期满前 30 日,用人单位应将《续订(终止)劳动合同意向通知书》送达劳动者,经协商有意续订劳动合同的,应在劳动合同期限届满前办理续订劳动合同的手续,续订劳动合同不得约定试用期。

依据《劳动合同法》的规定,劳动合同续订特别需要注意的情形如下。

(1)劳动者在用人单位连续工作满 10 年,续订劳动合同时,除劳动者提出订立固定期限劳动合同外,应当订立无固定期限劳动合同。

①连续工作满 10 年的起始时间,应当自用人单位用工之日起计算,包括《劳动合同法》施行前的工作年限。

②用人单位初次实行劳动合同制度或国有企业改制重新订立劳动合同时,劳动者在该用人单位连续工作满 10 年且距法定退休年龄不足 10 年的。

(2)连续订立两次固定期限劳动合同,且劳动者没有《劳动合同法》第 39 条和第 40 条第 1 项、第 2 项规定的情形,续订劳动合同时,除劳动者提出订立固定期限劳动合同外,应当订立无固定期限劳动合同。

扫描封底二维码获取《续订(终止)劳动合同意向通知书》。

技能练习

练习一 2010 年 10 月 8 日,于某通过招工考试被录用为某商场营业员,双方当事人签订劳动合同,约定聘用期 3 年,并明确试用期从 2010 年 10 月 10 日开始。于某上岗以后,工作表现不错,得到主管的一致好评。

2011 年 5 月初,该商场又从社会公开招聘女营业员 50 名。2011 年 7 月 7 日,商场同时以试用期不符合录用条件为由解聘了 30 名女营业员,于某也接到了商场人事部的解聘通知。当日下午,于某到商场人事部质询,人事部负责人出示了 2010 年 10 月招聘女营业员的广告,其中规定,应聘者身高应在 165 厘米以上。于某身高只有 160 厘米,但在笔试和面试时表现都非常出色,当时商场开业在即,怕一时找不到合适人选,因此决定录用于某为营业员。于某不服,向当地劳动争议仲裁委员会申诉,要求录用单位履行原劳动合同。

请问于某的请求能否得到法律支持?请结合本案例进行分析。

练习二　去年1月初，小张到某公司工作，双方未签订劳动合同，但双方约定小张每月工资为4 000元。1月底，该公司做出一项决定，从全体职工的工资中拿出20%作为绩效工资，如果在年底公司完成各项指标，公司将绩效工资一次性发放给职工本人，如果完不成指标，绩效工资将不予发放。从2月起，小张每月领到3 200元的工资，小张为此与公司多次协商未果。4月初小张决定诉诸法律以维护自己的合法权益。

请依据我国现行劳动法律法规，对本案件做出评析。

任务二　劳动合同的变更、解除和终止

扫码获取课程视频

【任务目标】

通过本任务的学习，学生应掌握以下职业能力：

（1）掌握劳动合同变更的条件；

（2）掌握劳动合同解除、终止的具体程序和要求。

【任务描述】

劳动合同签订后，由于一定事由的出现，可能会出现劳动合同的变更、解除和终止的情况，通过任务二的学习，掌握劳动合同变更的条件，掌握劳动合同解除、终止的具体程序和基本要求。

【步骤方法】

步骤一　劳动合同的变更

劳动合同的变更是指劳动合同双方当事人就已经订立的合同条款达成修改或补充的法律行为。通过权利义务关系的调整，使劳动合同适应变化发展的新情况，从而保证合同的继续履行。劳动合同的变更，仅限于劳动合同内容的变化，不是主体的变更。用人单位变更名称、法定代表人、主要负责人或投资人等事项，不影响劳动合同的履行。

劳动合同变更的条件包括以下两个方面的内容。

（1）订立劳动合同所依据的法律、行政法规、规章制度发生变化，应变更相关的内容。

（2）订立劳动合同所依据的客观情况发生重大变化，致使劳动合同无法履行，应变更相关的内容。客观情况包括：发生自然灾害或企业事故，企业调整生产任务，企业分立、合并、迁移厂址以及劳动者个人情况发生变化要求调整工作岗位或职务等。

需要注意的是，提出劳动合同变更的一方应提前书面通知对方，并平等协商一致方能变更合同。变更劳动合同应当采用书面形式，变更后的劳动合同文本由用人单位和劳动者各执一份。

案例分析

李某于2009年6月19日入职某公司，双方签订了劳动合同，约定李某在业务部担任工程师，合同期至2010年6月18日。2009年10月8日，该公司下发了《聘任书》，聘任李某为业务部经理，任期为一年。2009年，该公司制定《业务提成办法》，规定业务提成基数为合同总价款，提成比例为3%，并写入双方订立的合同。2010年1月，李某参加了该公司召开的例会，会议提出修改公司规章制度，并在2010年实行新的业务提成办法。2010年3月，该公司贴出《通告》，变更业务提成标准：提成基数为工程净利润，提成比例为5%～10%。

2010年5月，某公司根据新的业务提成办法，支付李某经手的业务提成3 000元。李某因不同意《通告》中的业务提成标准而未领取上述业务提成。2010年6月1日，该公司书面通知李某合同期满不再续约，李某于6月18日离职。李某离职前12个月的月平均工资为3 500元。2010年7月，李某向当地劳动争议仲裁委员会提出仲裁申请：一是业务提成按合同总价款3%的标准支付；二是该公司支付解除劳动合同的经济补偿金3 500元。

[案例评析]

李某的上述两条主张应得到劳动争议仲裁委员会的支持。

第一，订立和变更劳动合同都必须遵循平等、自愿、协商一致的原则，劳动合同的任何一方当事人都无权把自己的意志强加于对方，无权单方变更劳动合同。用人单位单方变更业务提成（属于劳动报酬）办法非法。用人单位的规章制度不能变更劳动合同的内容。故业务提成应按合同约定的办法即合同总价款3%的标准支付。

第二，本案中双方签订的劳动合同虽然到2010年6月18日期满，但合同期内，该公司以《聘任书》形式，调整李某的工作岗位和任职期限，李某未有异议，视为双方对劳动合同内容的变更。合同期应延续到聘任期满即2010年10月7日。2010年6月1日，该公司以合同期满为由，提出终止劳动关系，劳动者同意，应属于双方协商一致解除劳动合同。因解除劳动合同由用人单位提出，根据《劳动合同法》第46条和第47条规定，用人单位应依法支付解除劳动合同的经济补偿金。经济补偿金，按劳动者在本单位工作的年限，每满1年支付1个月工资的标准向劳动者支付。月工资是指劳动者在劳动合同解除或终止前12个月的平均工资。李某离职前12个月的月平均工资为3 500元，故公司应支付解除劳动合同的经济补偿金3 500元。

步骤二　劳动合同的解除

劳动合同的解除指劳动合同签订以后，尚未全部履行之前，由于一定事由的出现，提前终止劳动合同的法律行为。解除劳动合同必须符合法定条件，严格履行法定程序。

劳动合同的解除分为劳动合同的协议解除、劳动者单方解除劳动合同和用人单位单方解除劳动合同三种情况。

一、劳动合同的协议解除（约定解除）

依据《劳动法》的规定，经劳动合同当事人协商一致，劳动合同可以解除。

（1）双方协议解除劳动合同时，应提前书面通知对方。

（2）由用人单位提出解除劳动合同的，用人单位应根据劳动者在本单位的工作年限，发给经济补偿金。发放标准：每满一年发相当于一个月工资的经济补偿金，最多不超过12个月，工作时间不满一年的，按一年的标准发放。

二、劳动者单方解除劳动合同

劳动者单方解除劳动合同分为随时向用人单位提出解除劳动合同和提前通知用人单位解除劳动合同（辞职）两种情况，具体内容如表6.5所示。

表 6.5　劳动者单方解除劳动合同的两种情况

两种情况	相关条件及要求
1. 随时向用人单位提出解除劳动合同的法定条件(不承担赔偿责任)	1. 未按照劳动合同约定提供劳动保护或劳动条件的; 2. 未及时足额支付劳动报酬的; 3. 未依法为劳动者缴纳社会保险费的; 4. 用人单位的规章制度违反法律、法规的规定,损害劳动者权益的; 5. 因用人单位的原因,符合《劳动合同法》第 26 条第 1 款规定的情形致使劳动合同无效的。 6. 用人单位以暴力、威胁或者非法限制人身自由的手段强迫劳动的,或用人单位违章指挥、强令冒险作业危及劳动者人身安全的 劳动者可以立即解除劳动合同,不需事先告知用人单位
2. 提前通知用人单位解除劳动合同(辞职)	1. 劳动者提前 30 天以书面形式通知用人单位,可以解除劳动合同; 2. 劳动者在试用期内提前 3 天通知用人单位,可以解除劳动合同; 3. 提前通知用人单位解除劳动合同即是劳动者单方解除劳动合同的法定条件,又是程序规定; 4. 如果违反提前通知的规定解除劳动合同,对用人单位造成损失的,应承担赔偿责任,第三方招用未与原用人单位解除劳动合同的劳动者的,对原用人单位的损失承担连带赔偿责任

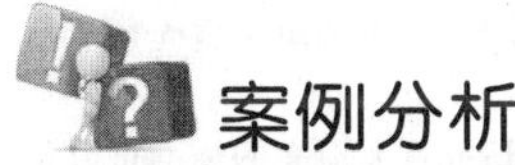

案例分析

2007 年 5 月 1 日,李某进入某证券公司上海某营业部工作,双方签订最后一份劳动合同期限自 2008 年 7 月 1 日起至 2011 年 6 月 30 日止,李某从事证券咨询工作。因李某与客户发生纠纷,遭到客户投诉,该证券营业部对李某做出从 2010 年 5 月 8 日起待岗,每月工资按照上海市最低生活保障标准发放的处理意见,社会保险费由营业部继续为李某缴纳。

2010 年 5 月 17 日,李某以快递方式将书面辞职报告提交营业部。营业部不同意李某的辞职。6 月 21 日,李某向区劳动争议仲裁委员会申请仲裁,要求办理解除劳动合同的手续。该仲裁委于同年 7 月 19 日裁决,由该营业部为李某办理劳动合同解除手续。

2010 年 8 月 3 日,该证券营业部因不服仲裁裁决起诉到法院,称 2010 年李某在担任证券咨询专家一职期间,私下接受委托替客户买卖股票,造成客户损失,导致客户投诉营业部要求解决。营业部认为,李某私下接受客户委托买卖股票的行为,违反了营业部的规章制度,给客户造成的损失应由李某自行解决。在纠纷未解决前,营业部不同意李某的辞职。还认为营业部依据公司内部规定,对李某处理属正当合理,表示不愿替李某办理劳动合同解除手续。

法院认为,李某于 2010 年 5 月 17 日将辞职报告书面提交给营业部,则自该日起满 30 日(即 2010 年 6 月 16 日)起,即产生双方间劳动合同解除的效力。营业部应在 15 日内,无条件为李某办妥解除劳动合同的手续。当然,倘若李某在履行与营业部的劳动合同过程中,存在过错或确实给营业部造成损失的,营业部完全可以依据劳动合同的约定、单位规章制度的约定,另行向李某提出赔偿的主张,但不能因此剥夺李某合法劳动的权利,因此法院做出了营业部败诉的判决。

[案例评析]

《劳动合同法》规定劳动者提前 30 日以书面形式通知用人单位,可以解除劳动合同。用人单位应当在解除或终止劳动合同时,出具解除或终止劳动合同的证明,并在 15 日内为劳动者办理档案和社会保险关系转移手续。《劳动合同法》赋予了劳动者单方解除劳动合同的权利，只要劳动者提前30日、以书面方式通知用人单位，即享有单方解除劳动合同的权利。法院的判决完全正确。

三、用人单位单方解除劳动合同

用人单位单方解除劳动合同分为三种情况：随时提出解除劳动合同并不承担经济补偿的情况；提前30天以书面形式通知或额外支付劳动者一个月工资后，承担经济补偿责任的情况；经济性裁员。具体内容如表6.6所示。

表6.6 用人单位单方解除劳动合同的三种情况

情况	主要条件	相关要求
随时提出解除劳动合同并不承担经济补偿的情况	1. 在试用期间被证明不符合录用条件的，这个条件仅在试用期间有效，且用人单位能够举证不符合录用条件； 2. 严重违反用人单位规章制度的； 3. 严重失职、营私舞弊，对用人单位造成重大损害的； 4. 劳动者同时与其他用人单位建立劳动关系，对完成本单位的工作任务造成严重影响，或者经用人单位提出，拒不改正的； 5. 劳动者以欺诈、胁迫的手段或乘人之危，使用人单位在违背真实意思的情况下订立或变更劳动合同致使劳动合同无效的； 6. 被依法追究刑事责任的	2至6条规定的情形均属于劳动者存在过失或主观过错，因而用人单位解除劳动合同可不承担经济补偿义务。应遵循的惯例： 从劳动者违纪行为到做出处理决定的时间间隔超过了处理时效，不能以此解除劳动合同； 劳动者涉嫌违法犯罪被限制人身自由且未被法院做出终审判决期间，不能解除劳动合同，用人单位也无须承担劳动合同规定的义务； 劳动者违纪或给用人单位造成重大损失的标准可以是法律法规规定的，也可以是用人单位经合法程序制定且公示的企业内部管理规则
提前30天以书面形式通知或额外支付劳动者一个月工资后，承担经济补偿责任的情况	1. 劳动者患病或者非因工负伤，医疗期满后，不能从事原工作也不能从事由用人单位另行安排的工作的； 2. 劳动者不能胜任工作，经过培训或者调整工作岗位，仍不能胜任工作的； 3. 劳动合同订立时所依据的客观情况发生重大变化，致使原劳动合同无法履行，经当事人协商不能就变更劳动合同达成协议的	用人单位解除劳动合同应提前通知，或者额外支付劳动者1个月工资后可解除劳动合同并支付经济补偿。 第一种情形还要视病情和劳动能力状况，发给一定的医疗补助费。 劳动者非因工致残和经医生或医疗机构认定患有难以治疗的疾病，医疗期满，应进行劳动能力鉴定，被鉴定为一至四级的，应退出劳动岗位，解除劳动关系，办理退休、退职手续
经济性裁员	需要裁减人员20人以上或裁减不足20人但占企业职工总数10%以上的，用人单位提前30日向工会或者全体员工说明情况，听取工会或者职工的意见，向劳动行政部门报告，可以裁减人员。 1. 依照企业破产法规定进行重整的。 2. 生产经营发生严重困难的。 3. 企业转产、重大技术革新或经营方式调整，经变更劳动合同后，仍需裁减人员的。 4. 其他因劳动合同订立时所依据的客观经济情况发生重大变化，致使劳动合同无法履行的	裁减人员时，应优先留用以下人员： 1. 与本单位订立较长期限的固定期限劳动合同的； 2. 与本单位订立无固定期限劳动合同的； 3. 家庭无其他就业人员，有需要扶养的老人或未成年人的。 用人单位依据本条规定裁减人员，在6个月内重新招用人员的，应当通知被裁减人员，在同等条件下优先招用被裁减人员
用人单位单方解除劳动合同的特别规定	自用工之日起1个月内，经用人单位书面通知后，劳动者不与用人单位订立书面劳动合同的，用人单位应当书面通知劳动者终止劳动关系，无须向劳动者支付经济补偿，但应依法向劳动者支付其实际工作时间的劳动报酬	

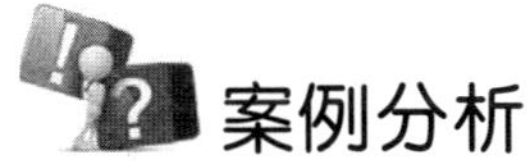

案例分析

2006年,某公司软件事业部分布在北京、上海和深圳的员工突然接到裁员通知,被要求4小时内离开公司,公司给予被裁员工"$N+1$"的经济补偿。

该公司裁员,一开始说是没有理由,后来说是经济性裁员,最后说是因软件事业部被撤销,劳动合同订立时的客观情况发生了重大变化而裁员。原属该推广部门的穆某于2006年5月被裁员,穆某认为公司裁员程序不适当,同时自己目前有2 000多股约百万元人民币期权被取消,遂向北京市劳动争议仲裁委员会提请仲裁,要求撤销该公司的裁员决定,与该公司恢复劳动关系。2006年7月,北京市劳动争议仲裁委员会在穆某和某公司劳动争议仲裁案中裁决某公司败诉。

[案例分析]

我国《劳动法》对用人单位单方解除劳动合同采用的是严格的法定主义,即用人单位必须符合法律规定的条件和程序,才可以不经劳动者同意,单方解除劳动合同,而并非只要用人单位提前一个月通知或支付解除劳动合同的代替通知金、经济补偿金等就可以解除。此外,如为经济性裁员,还需看是否符合经济效益的法定条件、工会意见及劳动局批报等手续。

此次某公司裁员,先是没有任何理由,显然是不合法的;后来主张属于经济性裁员,但又不符合经济性裁员的条件和程序;最后公司再以"客观情况发生了重大变化无法履行原先劳动合同"为理由,但又违反了"经当事人协商不能就变更劳动合同达成协议的"才能解除劳动合同的程序规定。因此,可以说该公司此次裁员是完全违反劳动法规定的。本案引起了社会各界的广泛关注,既是因为此次事件的社会影响较大,也是因为该公司所采取的裁员方式在实务中被很多企业所认可,而这种方式恰恰是没有法律依据的。

小提示

不得解除劳动合同的情况有哪些?

(1)从事接触职业病危害作业的劳动者未进行离岗前职业健康检查,或疑似职业病病人在诊断或医学观察期间的。

(2)在本单位患病或者因工负伤并被确认丧失或者部分丧失劳动能力的。

(3)患病或非因工负伤,在规定医疗期内的。

(4)女职工在孕期、产期、哺乳期的。

(5)在本单位连续工作满15年,且距法定退休年龄不足5年的。

(6)法律、行政法规规定的其他情形。

步骤三　劳动合同的终止

劳动合同的终止是指劳动合同关系的消灭,即劳动关系双方权利义务的失效。有下列情形之一的,劳动合同终止。

(1)劳动合同期满。

(2)劳动者开始依法享受基本养老保险待遇的。

(3)劳动者死亡,或被人民法院宣告死亡或者宣告失踪的。

(4)用人单位被依法宣告破产的。

(5)用人单位被吊销营业执照、责令关闭、撤销或用人单位决定提前解散的。

(6)法律、行政法规规定的其他情形。

应当注意,劳动合同期满,有不得解除劳动合同的具体条件之一的,劳动合同应当续延至相应的情形消失时终止:①从事接触职业病危害作业的劳动者未进行离岗前职业健康检查,或疑似职业病病人在诊断或医学观察期间的;②在本单位患病或者因工负伤并被确认丧失或者部分丧失劳动能力的;③患病或非因工负伤,在规定医疗期内的;④女职工在孕期、产期、哺乳期的。丧失或部分丧失劳动能力劳动者的劳动合同的终止,应执照国家有关工伤保险的规定执行。

案例分析

邓小姐是商场的售货员,丈夫是个个体户。一天中午,丈夫给正在商场上班的邓小姐打去电话:"我今天晚上为了一笔生意,要请几个客人到饭店去吃饭,饭后还得请他们游泳。你得帮我买四条游泳裤送到饭店来。"下班时,邓小姐趁别的售货员不注意,悄悄从柜台里拿出几条游泳裤装进自己的手提包,带出了商场。

酒席期间,客户因贪杯醉倒,原定的游泳计划只好取消了。第二天上班时,邓小姐把手提包里原封未动的游泳裤又带回了商场,准备趁人不注意时放回原处。但是就在她把游泳裤从手提包里拿出往柜台里放时,被本柜台的组长发现了。商场领导得知此事后,非常重视,认为邓小姐的行为属于商场规章制度里规定的"私自将商品拿出商场"的行为。按规定此行为属严重违纪,应当给予其解除劳动合同的处罚。邓小姐在承认了错误以后,却坚持认为商场不能与自己解除劳动合同,原因是她现在怀有身孕,属于特殊保护时期。

[案例评析]

商场有权依法与邓小姐解除劳动合同。《劳动合同法》第 42 条规定,劳动者有下列情形之一的,用人单位不得依照本法第 40 条、第 41 条的规定解除劳动合同:①从事接触职业病危害作业的劳动者未进行离岗前职业健康检查,或者疑似职业病病人在诊断或者医学观察期间的;②在本单位患职业病或者因工负伤并被确认丧失或者部分丧失劳动能力的;③患病或者非因工负伤,在规定的医疗期内的;④女职工在孕期、产期、哺乳期的;⑤在本单位连续工作满 15 年,且距法定退休年龄不足 5 年的;⑥法律、行政法规规定的其他情形。也就是说,如果劳动者存在孕期、产期、哺乳期等特殊情形,用人单位不能依据《劳动合同法》第 40 条、第 41 条的规定与其解除劳动合同。但是如果该劳动者有过错,存在《劳动合同法》第 39 条所规定的情形,用人单位也有权解除劳动合同。

在本案中,邓小姐虽处在孕期,但其严重违反了商场的规章制度,依据《劳动合同法》第 39 条规定,商场有权立即与其解除劳动合同,而且不用支付经济补偿金,即法律对劳动者特殊保护是有限度的。

步骤四　解除或终止劳动合同的经济补偿

一、用人单位支付经济补偿的条件

为促使用人单位谨慎选择单方解除劳动合同的行为，促进劳动关系的稳定，《劳动法》规定，解除或终止劳动合同时，用人单位应依法承担经济补偿义务的情况如下。

(1)劳动者因用人单位的原因被迫单方解除劳动合同的。

(2)除劳动者提出动议与用人单位协议解除劳动合同以及因《劳动合同法》第 39 条所规定的条件外，用人单位单方解除劳动合同的。

(3)除用人单位维持或提高劳动合同约定条件续订劳动合同，劳动者不同意续订的情形外，终止固定期限劳动合同的以及以完成一定工作任务为期限的劳动合同因任务完成而终止的。

(4)劳动合同因用人单位主体资格丧失而终止的以及法律、法规规定的其他情形。

二、经济补偿金的标准

经济补偿金按劳动者在本单位工作的年限，每满 1 年支付 1 个月工资的标准向劳动者支付。6 个月以上不满 1 年的，按 1 年计算；不满 6 个月的，向劳动者支付半个月工资的经济补偿。这里所称的月工资是指劳动者在劳动合同解除或终止前 12 个月的平均工资。劳动者月工资高于用人单位所在直辖市、设区的市级人民政府公布的本地区上年度职工月平均工资 3 倍的，向其支付经济补偿的标准按职工月平均工资 3 倍的数额支付，向其支付经济补偿的年限最高不超过 12 年。

三、应注意的事项

(1)征求工会意见。用人单位单方解除劳动合同，应当事先将理由通知工会，应当研究工会的意见，并将处理结果书面通知工会。如果用人单位违反有关征求工会意见的程序性规定，解除或终止劳动合同，劳动者要求继续履行劳动合同的，用人单位应当继续履行；劳动者不要求继续履行劳动合同或者劳动合同已经不能履行的，用人单位应当依法向劳动者支付赔偿金。

(2)办理档案和社会保险关系转移手续。用人单位应当在解除或终止劳动合同时一次付清劳动者工资，出具解除或终止劳动合同的证明，并在 15 日内为劳动者办理档案和社会保险关系转移手续。劳动者应按照双方约定，办理工作交接。用人单位依照规定应当向劳动者支付经济补偿的，在办结工作交接时支付。用人单位对已经解除或终止劳动合同的文本，至少保存 2 年备查。

步骤五　劳动合同管理

从广义上讲，劳动合同管理是司法机关、劳动保障行政机关、用人单位、工会组织以及用人单位内部行政和工会组织，在各自的职责范围内，根据法律、法规和政策的要求，对劳动合同进行管理。从狭义上讲，仅指用人单位内部的劳动合同管理。

用人单位内部的劳动合同管理是人力资源管理的有机组成部分和组织劳动过程的必要手

段，主要内容包括：制定内部劳动合同制度及实施细则，组织落实劳动合同的订立、变更、解除与终止，监督劳动合同的履行，劳动合同文档的管理，参与调解劳动合同争议等。

一、建立劳动合同台账

劳动合同台账是企业劳动合同管理的一项重要的基础工作，应准确记录报告期内各类合同变动的情况，并及时准确地汇总、登录、装订成册，妥善分类保管。台账种类的确定与记录必须坚持简明、准确、及时和稳定的原则。

劳动合同管理台账一般包括以下内容。

(1)员工登记表，全面反映员工本人的基本情况。

(2)劳动合同台账，全面反映员工合同签订、续订、变更等情况。

(3)员工统计表，按一定员工序号全面记录员工个人情况。

(4)岗位(专项)协议台账。

(5)医疗期台账，准确、全面记录员工患病或非因工负伤的治疗与休假情况。

(6)员工培训台账，反映员工培训类别、时间、费用及企业需要了解的其他情况。

(7)终止或解除劳动合同后员工去向台账。

(8)其他必要的台账。

二、管理劳动合同文档

劳动合同实行分类管理，按一定标准将劳动合同划分与归类，类别划分标准须符合企业实际，划分标志的选择要目的明确，做到方便检索、及时反馈。

劳动合同类别划分的方法有以下三种。

(1)按照劳动合同期限进行分类，分为无固定期限、有固定期限、以完成一定工作为期限和处于试用期合同。在有固定期限合同中，还可进一步划分为距离合同终止日期一年以内和一年以上合同两类。该分类目的在于正确处理劳动合同的续订、终止、试用期考察、企业人力资源规划及保障企业的商业秘密等人力资源管理工作服务。

(2)按照工作岗位分类，分为一般工作岗位和特殊工作岗位。特殊工作岗位需要加强“特种作业人员操作证”等资格证书检验、专业技术培训等管理工作。该分类有利于对从事特种作业人员的动态管理工作。

(3)按员工在本单位的工作期限分类。员工的工作期限包括社会工龄和本单位工龄两类，工作期限的长度与各类社会保险和员工福利待遇有直接关系。

三、特殊岗位资格证书制度

我国《劳动法》规定，国家确定职业分类，对规定的职业制定职业技能标准，实行职业资格证书制度。职业分类具有目的性、社会性、稳定性、规范性和群体性的特点，是以工作性质的同一性为基本原则，对职业进行系统划分与归类。我国职业分类按职业大类、中类、小类和细类4个层次进行，细类是职业划分最基本的类别，也就是职业。

1. 企业特殊岗位的种类

企业特殊岗位分为6种，包括：高低压电力设备安装、运行、检修；电梯设备维修操作；金属焊接、气割设备操作;场地运输机械设备操作(叉车、电瓶车);起重机械设备操作、制冷系统设备操作。

2. 一般岗位和特殊岗位资格证书制度

执行国家特殊岗位资格证书制度,主要采用两种形式。

(1)一般职业资格证书制度。为提高劳动者素质和能力,我国实施技术等级考核和技术资格考评制度,各级劳动行政部门给考核合格的劳动者核发《技师合格证书》《技术等级证书》《岗位合格证书》《特种作业人员操作证》。这些证书是劳动者职业技能水平的证明,也是劳动者就业的有效证件。

(2)特殊岗位资格证书制度。在特殊岗位或准备在该种岗位工作的劳动者,必须进行专门的、达到一定时间标准的理论与实际操作培训,通过地区的劳动行政部门或会同行业主管部门组织的资格考试,考试合格并获得特种作业资格,方能上岗工作。

技能练习

练习一 2014年初,张某应聘到ABC公司,双方签订了一份为期5年的协议,双方约定张某在服务期内不得以任何借口离开公司,如因私脱离公司,应按其本人工资收入的300%支付违约金,并赔偿经济损失8万元。此后,ABC公司为张某办理了人才引进等相关手续,并支付代理招聘服务费8000元。当年7月16日,张某正式进入ABC公司工作,双方于张某入职当天签订了劳动期限从2014年7月16日起至2019年7月15日止,试用期5个月的合同,并约定任何一方违反合同,给对方造成损失的,必须给予赔偿。同时,双方同意原来签订的协议自行终止。之后,ABC公司为张某缴纳了2014年2月1日签订协议起的社会保险费,并代缴了张某个人应承担的2380元费用。2015年2月1日,张某向公司递交辞职报告,未获批准。此后,张某一直工作至2015年7月2日,ABC公司支付其工资至该年7月底。2015年8月,张某向公司递交了请假条,就一直未上班。ABC公司多次通知其上班未果,于2015年9月1日向当地劳动争议仲裁委员会申请仲裁,要求张某支付违约金6260元,赔偿损失8万元,并返还代缴的社会保险费中张某个人应承担的部分。

请结合相关法律法规对本案件进行分析。

练习二 2012年方某被某工厂招收为合同制工人,合同期为3年。劳动合同到期后,又续签了3年的劳动合同,合同期至2018年4月止。在合同期间,方某表现良好,但性格耿直,因工作问题与班组和车间的领导多次发生争吵,人际关系紧张。2017年10月方某休产假90天,因身体不好又请了一个月病假后,为照顾小孩再次请事假3个月,厂方不同意,方某将假条放在单位就走了。厂方通知方某必须上班,否则按旷工处理,并扣发了其工资和福利待遇。方某在接到通知10天后才到厂里说明情况。方某称家里无人照看小孩,一时又找不到保姆,希望厂方予以照顾,待其找到保姆后再上班,这段时间可以不发工资。但厂方不予批准,决定解除与方某的劳动合同。方某不服,向当地劳动争议仲裁委员会申诉,要求给予公正的裁决。

请问该工厂的行为是否正当合法?为什么?

任务三　劳动安全卫生管理

【任务目标】

扫码获取课程视频

通过本任务的学习,学生应掌握以下职业能力:

(1)掌握劳动安全技术规程;

(2)掌握劳动安全卫生管理制度及卫生规程;

(3)掌握女职工与未成年工的特殊保护制度。

【任务描述】

企业劳动安全管理的首要任务是全面掌握国家规定的相关规程和标准,掌握国家对用人单位在劳动安全卫生方面的要求。通过任务三的学习,掌握劳动安全技术规程的主要内容,掌握劳动安全卫生管理制度及卫生规程,掌握女职工与未成年工的特殊保护制度的内容和要求。

【步骤方法】

步骤一　了解劳动安全技术规程和卫生规程

国家的职业安全卫生法律规范一般属于强行性法律规范,具有必须严格执行的法律约束力。企业职业安全卫生标准的制定不得低于国家规定的标准,国家劳动安全卫生标准是最低标准。企业在劳动安全卫生保护方面的根本任务是执行国家标准。

一、劳动安全技术规程

劳动安全技术规程是国家为了防止和消除在生产过程中的伤亡事故,保障劳动者的生命安全和减轻繁重体力劳动以及防止生产设备遭到破坏而制定的法律规范。

劳动安全技术规程主要内容包括以下几个方面。

1. 工厂安全技术规程

(1)厂房、建筑物和道路的安全措施以及坚固、防火、防爆措施。

(2)工作场所、爆炸危险场所的安全技术措施。

(3)机器设备的安全措施。

(4)电气设备的安全措施。

(5)动力锅炉、压力容器的安全装置。

2. 矿山安全规程

矿山安全规程包括矿山设计、矿山开采、作业场所的安全要求。

3. 建筑安装工程安全技术规程

建筑安装工程安全技术规程包括建筑安装施工的一般安全要求,施工现场、脚手架、土石方工程、机电设备、防护用品发放等,严格执行安全帽、安全标志、高处作业等国家标准。

二、劳动卫生规程

劳动卫生规程是国家为了保护劳动者在生产过程中的健康,防止和消除职业危害而制定的各种法律规范和技术标准的总和。

劳动卫生规程主要内容包括以下几个方面:

(1)防止有毒有害物质危害;

(2)防止粉尘危害;
(3)防止噪声和强光刺激;
(4)防止电磁辐射危害;
(5)防暑降温和防冻取暖;
(6)通风和照明;
(7)个人防护用品和生产辅助设施;
(8)职业病防治。

步骤二　了解劳动安全卫生管理制度

国家为了保护劳动者在生产过程中的安全健康,根据生产的客观规律和生产实践经验科学总结,规定了企业必须执行的劳动安全卫生管理制度。为了防止重大劳动安全卫生事故的发生,企业必须全面完善并严格执行各项劳动安全卫生管理制度。

劳动安全卫生管理制度包括9种,具体如表6.7所示。

表6.7　劳动安全卫生管理制度

制度名称	含义	备注
安全生产责任制度	从企业组织体系上规定企业各类人员的劳动安全卫生责任,使各层次的安全卫生责任与管理责任、生产责任统一	企业法定代表人对本单位安全卫生负全面责任
安全技术措施计划管理制度	企业编制以改善劳动条件,防止和消除伤亡事故和职业病为目的的技术措施计划的管理制度	包括安全技术措施、劳动卫生措施、辅助性设施建设、改善措施及劳动安全卫生宣传教育措施等。专款专用,专户储存
安全生产教育制度	企业对劳动者进行安全技术知识、安全技术法制观念的教育、培训和考核制度	是防止发生工伤事故的重要措施
安全生产检查制度	劳动部门、产业主管部门、用人单位、工会组织对劳动安全卫生法律、法规、制度实施依法进行监督检查的制度	
重大事故隐患管理制度	对企业可能导致重大人身伤亡或重大经济损失,潜伏于作业场所、设备设施及生产管理行为中的安全缺陷进行预防、报告、整改的规定	要点:重大事故隐患分类;重大事故隐患报告;重大事故隐患预防与整改措施;劳动行政部门、企业主管部门对整改完成情况的检查验收
安全卫生认证制度	对劳动安全卫生的各种制约因素是否符合劳动安全卫生要求进行审查,对符合要求者正式认可、允许进入生产过程的制度;被国家纳入认证范围的对象,实行强制认证	要点:有关人员资格认证,如特种作业人员资格认证;有关单位、机构的劳动安全卫生资格认证,如矿山安全资格认证;与劳动安全卫生联系密切的物质技术产品质量认证等
伤亡事故报告和处理制度	国家制定的对劳动者在劳动生产过程中发生的和生产有关的伤亡事故报告、登记、调查、处理、统计和分析的规定	包括:企业职工伤亡事故分类;伤亡事故报告;伤亡事故调查;伤亡事故处理
个人劳动安全卫生防护用品管理制度	1. 国家关于劳动安全卫生防护用品的国家标准和行业标准制定,生产特种个人劳动防护用品的企业生产许可证颁发,质量检验检测规定; 2. 企业内部有关个人劳动防护用品的购置、发放等规定,包括发放制度、检查修理制度、相关教育培训制度	
劳动者健康检查制度	1. 员工招聘健康检查; 2. 企业员工定期体检,发现疾病及时治疗以及预防职业病的发生	

知识窗

什么是职业危害?

职业危害是职业危害因素对劳动者人身造成的有害后果,可表现为急性伤害,如劳动安全卫生事故;也可表现为慢性伤害,如各类职业病。潜在的职业危害因素转变为职业伤害必须具有一定的诱发和激发条件,主要有劳动条件的不良状态、劳动组织的不完善、人的错误管理行为与操作行为、人们对自然规律认识不足、防护手段和方法欠缺等。

步骤三　执行女职工劳动保护制度

一、女职工劳动保护制度的内容

1. 确定女职工禁忌从事的劳动范围

用人单位应当将本单位属于女职工禁忌从事的劳动范围的岗位书面告知女职工。

2. 怀孕、生育、哺乳期保护

用人单位不得因女职工怀孕、生育、哺乳降低其工资、予以辞退、与其解除劳动合同或聘用合同。女职工在孕期不能适应原劳动的,用人单位应当根据医疗机构的证明,予以减轻劳动量或安排其他能够适应的劳动。

3. 产假保护

女职工生育享受 98 天产假,其中产前可以休假 15 天;难产的,增加产假 15 天;生育多胞胎的,每多生育 1 个婴儿,增加产假 15 天。

女职工产假期间的生育津贴,已经参加生育保险的,按用人单位上年度职工月平均工资的标准由生育保险基金支付;未参加生育保险的,按照女职工产假前工资的标准由用人单位支付。

4. 哺乳期劳动时间

哺乳未满 1 周岁婴儿的女职工,用人单位不得延长劳动时间或安排夜班劳动。用人单位应当每天的劳动时间内为哺乳期女职工安排 1 小时哺乳时间。

5. 女职工特殊保护设施

女职工比较多的用人单位,应根据女职工的需要,建立女职工卫生室、孕妇休息室、哺乳室等设施。

6. 在劳动场所的劳动保护

在劳动场所,用人单位应当预防和制止对女职工的性骚扰。

案例分析

案例一　朱某是某图片社的职工,2010 年 9 月生育一女。产假期满后,由于要哺乳小孩,直到“五一”节前，朱某都能每日只工作7小时。但“五一”节后突然大幅增加的业务量让经理有些不知所措，由于图片社人手少，经理不得不要求所有职工都要加班。朱某因需要有更多时间照顾小孩，不同意经理的安排，坚持每天只上7个小时的班，拒绝加班和上夜班。经理见无法安排朱某加班，就对其做出了扣发工资的处理。朱某于是去本地区劳动保障监察部门投诉，请求依法处理图片社的违法行为。该区劳动保障监察部门经过调查后，依据《劳动保障监察条例》第23条的规定，对图片社安排女职工在哺乳未满1周岁的婴儿期间延长其工作时间的行为，做出了责令改正并处罚款的决定。

[案例评析]

该区劳动保障监察部门对女职工朱某的投诉所进行的处理完全正确。

为保护女职工哺乳期间的合法权益，《劳动法》第63条规定：“不得安排女职工在哺乳未满1周岁的婴儿期间从事国家规定的第三级体力劳动强度的劳动和哺乳期禁忌从事的其他劳动，不得安排其延长工作时间和夜班劳动。”《女职工劳动保护特别规定》第9条再次强调：“对哺乳未满1周岁婴儿的女职工，用人单位不得延长劳动时间或者安排夜班劳动。用人单位应当在每天的劳动时间内为哺乳期女职工安排1小时哺乳时间；女职工生育多胞胎的，每多哺乳1个婴儿每天增加1小时哺乳时间。”用人单位在安排女职工延长工作时间或夜班劳动时，应考虑女职工是否存在国家规定不得延长工作时间或夜班劳动的情形，否则就要承担相应的法律责任。

案例二　2010年春节后的一天，某公司的女职工林某到医院检查，医生出具的检查结果表明，林某已怀孕7个月。为此，医生建议林某停止夜班劳动，并在工作时间内安排中间休息，以免影响胎儿健康。从医院回来后，林某持医院的检查证明，向公司要求停止安排其每3天1次的夜班劳动，并允许其在工作过程中离岗休息，被公司拒绝，而且提出要么继续上夜班，要么就要扣发工资、奖金甚至安排下岗。林某认为该公司的这种做法不合情理，并属于违法行为，因此找到劳动保障监察机构投诉，请求制止公司安排其夜班劳动的行为。

劳动保障监察大队经调查确认，林某反映的问题属实。但是公司却向劳动保障监察人员诉苦说，最近该公司的产品市场需求量比较大，林某所在的车间任务最重，因此实行每3天上1个夜班，同时由于车间女职工较多，不能安排林某只上白班。劳动保障监察大队对公司申辩的理由未予采纳，并依据《劳动保障监察条例》第23条的规定，对公司安排怀孕7个月以上的女职工夜班劳动的行为，做出责令改正并处罚款的决定。

[案例评析]

为保护女职工怀孕期间的合法权益，《女职工劳动保护特别规定》第6条规定：“女职工在孕期不能适应原劳动的，用人单位应当根据医疗机构的证明，予以减轻劳动量或者安排其他能够适应的劳动。对怀孕7个月以上的女职工，用人单位不得延长劳动时间或者安排夜班劳动，并应当在劳动时间内安排一定的休息时间。”

如果企业违反上述规定，《劳动保障监察条例》规定了应负的法律责任：安排怀孕7个月以上的女职工夜班劳动或者延长其工作时间的，由劳动保障行政部门责令改正，按照受侵害的劳动者每人1 000元以下500元以上的标准计算，处以罚款。劳动保障监察大队对公司进行的调查处理完全正确。

步骤四 执行未成年工特殊保护制度

未成年工是指年满16周岁、未满18周岁的劳动者。未成年工的特殊保护内容包括以下五个方面。

(1)最低就业年龄规定。我国最低就业年龄为16周岁,某些特殊行业招用16周岁以下的少年,必须经劳动部门批准。

(2)禁忌劳动范围。不得安排从事过重、有毒有害的劳动或危险作业。

(3)实行定期健康检查。用人单位应在安排工作岗位之前、工作满1年、年满18周岁且距前一次体检时间已超过半年三个时间节点对未成年工定期进行健康检查。

(4)未成年工实行登记制度。用人单位招收使用未成年工,除符合一般用工要求外,还须向所在地的县级以上劳动行政部门办理登记。未成年工须持"未成年工登记证"上岗。

(5)未成年工必须在上岗前进行职业安全卫生教育、培训。

知识窗

体力劳动强度分为哪几级?

(1)第一级体力劳动。劳动强度指数<15。劳动时间率为61%,净劳动时间为293分钟,相当于轻劳动。

(2)第二级体力劳动。劳动强度指数15~20。劳动时间率为67%,净劳动时间为320分钟,相当于中等强度劳动。

(3)第三级体力劳动。劳动强度指数20~25。劳动时间率为73%,净劳动时间为350分钟,相当于重强度劳动。

(4)第四级体力劳动。劳动强度指数>25。劳动时间率为77%,净劳动时间为370分钟,相当于"很重"强度劳动。

步骤五 了解劳动保障监察

一、劳动保障监察的事项

劳动保障监察是指劳动和社会保障行政部门依法对各类用人单位和劳动服务机构遵守劳动法律、法规、规章的情况进行监督检查,并对违法行为依法予以处理的具体行政执法行为。

劳动保障监察的执法主体是县级以上劳动行政部门或受其委托符合监察执法条件的组织。监察的对象包括企业和个体工商户以及职业介绍机构、职业技能培训机构和职业技能考核鉴定机构执行各项劳动法律制度的情况。劳动保障监察遵循公正、公开、高效、便民的原则。

劳动行政部门实施劳动保障监察的事项有以下几方面的内容。

(1)用人单位制定内部劳动保障规章制度的情况。

(2)用人单位与劳动者订立劳动合同的情况。

(3)用人单位遵守禁止使用童工规定的情况。

(4)用人单位遵守女职工和未成年工特殊劳动保护规定的情况。

(5)用人单位遵守工作时间和休息休假规定的情况。

(6)用人单位支付劳动者工资和执行最低工资标准的情况。

(7)用人单位参加各项社会保险和缴纳社会保险费的情况。

(8)职业介绍机构、职业技能培训机构和职业技能考核鉴定机构遵守国家有关规定的情况。

(9)法律、法规规定的其他劳动保障监察事项。

二、劳动保障监察人员及用人单位的权利

1. 劳动保障监察人员的权利

(1)实地调查权。根据工作需要进入用人单位及其劳动场所进行实地检查,任何单位和个人不得拒绝。

(2)询问权。下达《劳动保障监察询问通知书》,向用人单位管理人员和劳动者询问有关情况。

(3)书面调查权。下达《劳动保障监察指令书》,要求有关单位和个人在限定的期限内就有关问题做出书面解释和说明。

(4)查阅或复制资料权。有权查阅、复制被检查单位的有关资料,如职工名册、用工笔记本、职工考勤本、工资发放表、内部规章制度等。

(5)处理权。对事实清楚、证据确凿、可以当场处理的违反劳动保障法律、法规或规章的行为有权当场予以纠正。

2. 用人单位的权利

用人单位执行劳动法律制度情况是劳动保障监察的对象,依法享有以下权利。

(1)拒绝权。劳动行政主管部门在进行劳动保障监察时,执法人员少于两人,且不向当事人或有关人员出示证件,用人单位有权拒绝监察。

(2)申辩权。对劳动行政部门做出的行政处罚决定,有陈述和申辩的权利。

(3)听证权。当事人对劳动行政部门做出的停产停业、吊销许可证或数额较大的罚款,有要求劳动行政部门举行听证的权利。应在劳动行政部门告知对其处罚决定后3日内向劳动行政部门提出。

(4)复议权。对劳动行政部门做出的行政处罚不服的,可向上一级劳动行政主管部门申请复议。

(5)行政诉讼权。对劳动行政主管部门做出的行政处罚不服的,有向法院提起诉讼的权利。

(6)赔偿权。因劳动行政部门违法给予行政处罚,致使当事人受到损害,当事人有权要求劳动行政部门给予赔偿。

三、劳动保障监察的程序和方式

劳动保障监察分为日常监察和立案监察。监察方式有:进入用人单位的劳动场所进行检查,就调查、检查事项询问有关人员,要求用人单位提供与调查事项有关的文件资料,采取记录、录音、录像等方式收集有关情况和资料,委托会计师事务所对用人单位工资支付、缴纳社会保险费的情况进行审计,法律、法规规定可以由劳动保障行政部门采取的其他调查、检查措施。

四、对违法违规行为的处理

劳动保障行政部门对事实清楚、证据确凿、可以当场处理的违反劳动保障法律、法规或规章的行为有权当场予以纠正。

劳动保障行政部门对违反劳动保障法律、法规或规章行为的调查,应当自立案之日起60个工作日内完成;对情况复杂的,经劳动保障行政部门负责人批准,可以延长30个工作日。

对违法违规行为的处理有以下三个方面的内容。

(1)对依法应当受到行政处罚的,依法做出行政处罚决定。

(2)对应当改正未改正的,依法责令改正或做出相应的行政处理决定。

(3)对情节轻微且已改正的,撤销立案。

案例分析

王某2009年5月到当地一家民营服装加工厂从事服装缝纫工作,由于生产任务需要,工厂经常要求工人加班。可是几个月下来,月底结算的工资加上加班费也只有800多元,刚刚达到当地的最低工资标准。王某找到工厂劳资管理人员询问,劳资管理人员的答复是:“工厂发给工人的工资没有低于国家规定的最低工资标准,没有违反劳动法律规定。”王某又到当地劳动保障监察机构咨询。劳动保障监察机构经过调查,认定该厂在工资支付上每月支付工人的工资低于最低工资标准,于是依法责令其限期补发劳动者工资,并支付赔偿金。

[案例评析]

为了维护劳动者取得劳动报酬的合法权益,国家建立了最低工资制度。2004年,劳动和社会保障部制定发布了《最低工资规定》,进一步保护劳动者依法取得最低劳动报酬的权益。《最低工资规定》第12条规定,在劳动者提供正常劳动的情况下,用人单位应支付给劳动者的工资在剔除下列各项以后,不得低于当地最低工资标准:①延长工作时间工资,②中班、夜班、高温、低温、井下、有毒有害等特殊工作环境、条件下的津贴;③法律、法规和国家规定的劳动者福利待遇等。也就是说用人单位支付给劳动者的工资必须是在剔除以上各项的情况下不低于当地的最低工资标准,否则就要承担法律责任。《劳动保障监察条例》第26条规定:用人单位支付劳动者的工资低于当地最低工资标准的,由劳动保障行政部门责令限期支付劳动者工资低于当地最低工资标准的差额;逾期不支付的,责令用人单位按照应付金额50%以上1倍以下的标准计算,向劳动者加付赔偿金。

本案中,王某所在服装加工厂支付给工人的工资虽然在总数上不低于当地的最低工资标准,但是其中包含了工人的加班工资,而加班工资是不应计算在内的,所以该服装加工厂违反了国家最低工资制度的规定，故当地劳动保障监察机构依法责令其限期补发王某工资，并责令其向王某支付赔偿金是完全正确的。

知识网络图

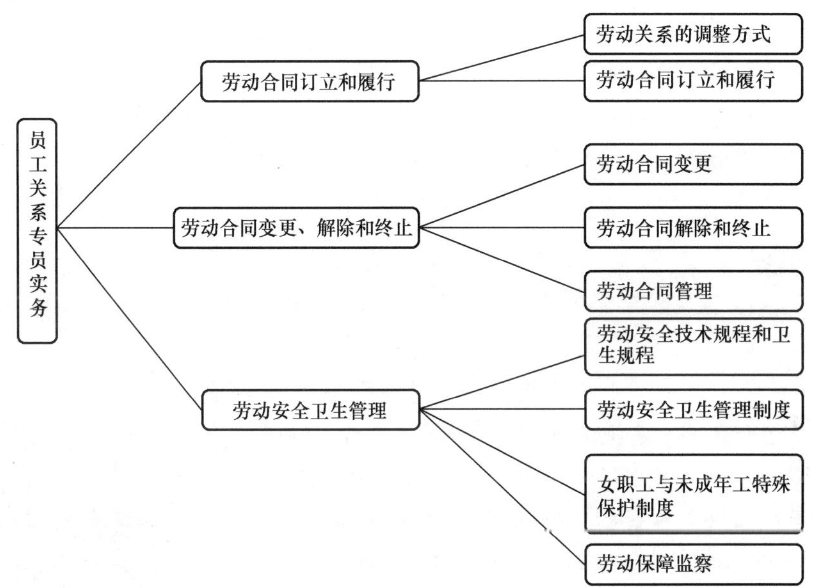

真题自测

一、单选题

1.（　　）不属于劳动合同的法定条款内容。

A. 社会保险　B. 劳动保护和劳动条件　C. 保密事项　D. 劳动纪律

2. 小张与某单位签订了 5 年期的劳动合同，其试用期最长不超过（　　）

A. 1 个月　B. 3 个月　C. 6 个月　D. 1 年

3. 下列对劳动合同变更的表述，不正确的是（　　）

A. 可以变更合同的内容　B. 可以变更合同的主体

C. 提出变更合同的一方应提前书面通知对方

D. 双方当事人平等协商一致后方能变更合同

4. 我国职业分类按照（　　）个层次进行。

A. 3　B. 4　C. 5　D. 6

二、多选题

1.（　　）属于劳动合同的约定条款。

A. 试用期限　B. 工作内容　C. 变更、解除合同

D. 第二职业条款　E. 劳动保护和劳动条件

2. 如果合同属于部分条款无效，其余部分仍然有效，劳动合同的无效由（　　）确认。

A. 双方当事人协商　B. 企业上级主管部门　C. 工会或职代会
D. 劳动争议仲裁委员会　E. 人民法院

3. (　　)情形属于自然终止劳动合同。
A. 不可抗力导致劳动合同无法履行　B. 劳动关系主体一方消灭
C. 定期劳动合同到期　D. 劳动者退休
E. 劳动合同主体一方毁约

4. 劳动合同的法定条款应明确规定劳动报酬条款,并在该条款中明确(　　)。
A. 工资支付标准　B. 工资支付时间　C. 工资支付周期
D. 工资计算办法　E. 企业操作定额

HR 书架

《人力资源总监管理手册》　任康磊

本书作者任康磊,曾任世界500强、国内大型A股上市公司HRD,工业和信息化部质量公共服务平台专家,亚太人才资本研究院专家特聘讲师,国家一级人力资源管理师,国家职业生涯规划师,大学生实习就业指导师。拥有十余年人力资源管理实战经验和一万人次以上人才招募经验,专注于解决实操问题。

本书以人力资源管理的六大模块为逻辑线,主要讲解了如何在企业中"活下去"、人力资源管理的价值在哪里、持续的人才供应才能"玩下去"、像产业化生产一样量产人才、把人与组织的利益绑在一起、要平衡财聚人散和财散人聚、尽力维护人才与组织的关系、一定要做人力资源量化管理等内容。在实践的层面,以人力资源总监的视角,从"认知"和"应用"两个角度展开,详细介绍了人力资源管理的各个环节和重点,并且提供给读者一些不一样的方法、技巧及实践中容易忽略的细节要点。

附录一　中华人民共和国劳动法

（1994 年 7 月 5 日第八届全国人民代表大会常务委员会第八次会议通过）
（2009 年 8 月 27 日第十一届全国人民代表大会常务委员会第十次会议修正）

第一章　总　则

第一条　为了保护劳动者的合法权益，调整劳动关系，建立和维护适应社会主义市场经济的劳动制度，促进经济发展和社会进步，根据宪法，制定本法。

第二条　在中华人民共和国境内的企业、个体经济组织（以下统称用人单位）和与之形成劳动关系的劳动者，适用本法。

国家机关、事业组织、社会团体和与之建立劳动合同关系的劳动者，依照本法执行。

第三条　劳动者享有平等就业和选择职业的权利、取得劳动报酬的权利、休息休假的权利、获得劳动安全卫生保护的权利、接受职业技能培训的权利、享受社会保险和福利的权利、提请劳动争议处理的权利以及法律规定的其他劳动权利。

劳动者应当完成劳动任务，提高职业技能，执行劳动安全卫生规程，遵守劳动纪律和职业道德。

第四条　用人单位应当依法建立和完善规章制度，保障劳动者享有劳动权利和履行劳动义务。

第五条　国家采取各种措施，促进劳动就业，发展职业教育，制定劳动标准，调节社会收入，完善社会保险，协调劳动关系，逐步提高劳动者的生活水平。

第六条　国家提倡劳动者参加社会义务劳动，开展劳动竞赛和合理化建议活动，鼓励和保护劳动者进行科学研究、技术革新和发明创造，表彰和奖励劳动模范和先进工作者。

第七条　劳动者有权依法参加和组织工会。

工会代表和维护劳动者的合法权益，依法独立自主地开展活动。

第八条　劳动者依照法律规定，通过职工大会、职工代表大会或者其他形式，参与民主管理或者就保护劳动者合法权益与用人单位进行平等协商。

第九条　国务院劳动行政部门主管全国劳动工作。

县级以上地方人民政府劳动行政部门主管本行政区域内的劳动工作。

第二章　促进就业

第十条　国家通过促进经济和社会发展，创造就业条件，扩大就业机会。

国家鼓励企业、事业组织、社会团体在法律、行政法规规定的范围内兴办产业或者拓展经营，增加就业。

国家支持劳动者自愿组织起来就业和从事个体经营实现就业。

第十一条　地方各级人民政府应当采取措施，发展多种类型的职业介绍机构，提供就业服务。

第十二条　劳动者就业,不因民族、种族、性别、宗教信仰不同而受歧视。

第十三条　妇女享有与男子平等的就业权利。在录用职工时,除国家规定的不适合妇女的工种或者岗位外,不得以性别为由拒绝录用妇女或者提高对妇女的录用标准。

第十四条　残疾人、少数民族人员、退出现役的军人的就业,法律、法规有特别规定的,从其规定。

第十五条　禁止用人单位招用未满十六周岁的未成年人。

文艺、体育和特种工艺单位招用未满十六周岁的未成年人,必须依照国家有关规定,履行审批手续,并保障其接受义务教育的权利。

第三章　劳动合同和集体合同

第十六条　劳动合同是劳动者与用人单位确立劳动关系、明确双方权利和义务的协议。

建立劳动关系应当订立劳动合同。

第十七条　订立和变更劳动合同,应当遵循平等自愿、协商一致的原则,不得违反法律、行政法规的规定。

劳动合同依法订立即具有法律约束力,当事人必须履行劳动合同规定的义务。

第十八条　下列劳动合同无效:

(一)违反法律、行政法规的劳动合同;

(二)采取欺诈、威胁等手段订立的劳动合同。

无效的劳动合同,从订立的时候起,就没有法律约束力。确认劳动合同部分无效的,如果不影响其余部分的效力,其余部分仍然有效。

劳动合同的无效,由劳动争议仲裁委员会或者人民法院确认。

第十九条　劳动合同应当以书面形式订立,并具备以下条款:

(一)劳动合同期限;

(二)工作内容;

(三)劳动保护和劳动条件;

(四)劳动报酬;

(五)劳动纪律;

(六)劳动合同终止的条件;

(七)违反劳动合同的责任。

劳动合同除前款规定的必备条款外,当事人可以协商约定其他内容。

第二十条　劳动合同的期限分为有固定期限、无固定期限和以完成一定的工作为期限。

劳动者在同一用人单位连续工作满十年以上,当事人双方同意续延劳动合同的,如果劳动者提出订立无固定期限的劳动合同,应当订立无固定期限的劳动合同。

第二十一条　劳动合同可以约定试用期。试用期最长不得超过六个月。

第二十二条　劳动合同当事人可以在劳动合同中约定保守用人单位商业秘密的有关事项。

第二十三条　劳动合同期满或者当事人约定的劳动合同终止条件出现,劳动合同即行终止。

第二十四条　经劳动合同当事人协商一致,劳动合同可以解除。

第二十五条　劳动者有下列情形之一的,用人单位可以解除劳动合同:

(一)在试用期间被证明不符合录用条件的;

(二)严重违反劳动纪律或者用人单位规章制度的;

(三)严重失职,营私舞弊,对用人单位利益造成重大损害的;

(四)被依法追究刑事责任的。

第二十六条　有下列情形之一的,用人单位可以解除劳动合同,但是应当提前三十日以书面形式通知劳动者本人:

(一)劳动者患病或者非因工负伤,医疗期满后,不能从事原工作也不能从事由用人单位另行安排的工作的;

(二)劳动者不能胜任工作,经过培训或者调整工作岗位,仍不能胜任工作的;

(三)劳动合同订立时所依据的客观情况发生重大变化,致使原劳动合同无法履行,经当事人协商不能就变更劳动合同达成协议的。

第二十七条　用人单位濒临破产进行法定整顿期间或者生产经营状况发生严重困难,确需裁减人员的,应当提前三十日向工会或者全体职工说明情况,听取工会或者职工的意见,经向劳动行政部门报告后,可以裁减人员。

用人单位依据本条规定裁减人员,在六个月内录用人员的,应当优先录用被裁减的人员。

第二十八条　用人单位依据本法第二十四条、第二十六条、第二十七条的规定解除劳动合同的,应当依照国家有关规定给予经济补偿。

第二十九条　劳动者有下列情形之一的,用人单位不得依据本法第二十六条、第二十七条的规定解除劳动合同:

(一)患职业病或者因工负伤并被确认丧失或者部分丧失劳动能力的;

(二)患病或者负伤,在规定的医疗期内的;

(三)女职工在孕期、产期、哺乳期内的;

(四)法律、行政法规规定的其他情形。

第三十条　用人单位解除劳动合同,工会认为不适当的,有权提出意见。如果用人单位违反法律、法规或者劳动合同,工会有权要求重新处理;劳动者申请仲裁或者提起诉讼的,工会应当依法给予支持和帮助。

第三十一条　劳动者解除劳动合同,应当提前三十日以书面形式通知用人单位。

第三十二条　有下列情形之一的,劳动者可以随时通知用人单位解除劳动合同:

(一)在试用期内的;

(二)用人单位以暴力、威胁或者非法限制人身自由的手段强迫劳动的;

(三)用人单位未按照劳动合同约定支付劳动报酬或者提供劳动条件的。

第三十三条　企业职工一方与企业可以就劳动报酬、工作时间、休息休假、劳动安全卫生、保险福利等事项,签订集体合同。集体合同草案应当提交职工代表大会或者全体职工讨论通过。

集体合同由工会代表职工与企业签订;没有建立工会的企业,由职工推举的代表与企业签订。

第三十四条　集体合同签订后应当报送劳动行政部门;劳动行政部门自收到集体合同文

本之日起十五日内未提出异议的,集体合同即行生效。

第三十五条　依法签订的集体合同对企业和企业全体职工具有约束力。职工个人与企业订立的劳动合同中劳动条件和劳动报酬等标准不得低于集体合同的规定。

第四章　工作时间和休息休假

第三十六条　国家实行劳动者每日工作时间不超过八小时、平均每周工作时间不超过四十四小时的工时制度。

第三十七条　对实行计件工作的劳动者,用人单位应当根据本法第三十六条规定的工时制度合理确定其劳动定额和计件报酬标准。

第三十八条　用人单位应当保证劳动者每周至少休息一日。

第三十九条　企业因生产特点不能实行本法第三十六条、第三十八条规定的,经劳动行政部门批准,可以实行其他工作和休息办法。

第四十条　用人单位在下列节日期间应当依法安排劳动者休假:

(一)元旦;

(二)春节;

(三)国际劳动节;

(四)国庆节;

(五)法律、法规规定的其他休假节日。

第四十一条　用人单位由于生产经营需要,经与工会和劳动者协商后可以延长工作时间,一般每日不得超过一小时;因特殊原因需要延长工作时间的,在保障劳动者身体健康的条件下延长工作时间每日不得超过三小时,但是每月不得超过三十六小时。

第四十二条　有下列情形之一的,延长工作时间不受本法第四十一条的限制:

(一)发生自然灾害、事故或者因其他原因,威胁劳动者生命健康和财产安全,需要紧急处理的;

(二)生产设备、交通运输线路、公共设施发生故障,影响生产和公众利益,必须及时抢修的;

(三)法律、行政法规规定的其他情形。

第四十三条　用人单位不得违反本法规定延长劳动者的工作时间。

第四十四条　有下列情形之一的,用人单位应当按照下列标准支付高于劳动者正常工作时间工资的工资报酬:

(一)安排劳动者延长工作时间的,支付不低于工资的百分之一百五十的工资报酬;

(二)休息日安排劳动者工作又不能安排补休的,支付不低于工资的百分之二百的工资报酬;

(三)法定休假日安排劳动者工作的,支付不低于工资的百分之三百的工资报酬。

第四十五条　国家实行带薪年休假制度。

劳动者连续工作一年以上的,享受带薪年休假。具体办法由国务院规定。

第五章　工　资

第四十六条　工资分配应当遵循按劳分配原则,实行同工同酬。

工资水平在经济发展的基础上逐步提高。国家对工资总量实行宏观调控。

第四十七条　用人单位根据本单位的生产经营特点和经济效益，依法自主确定本单位的工资分配方式和工资水平。

第四十八条　国家实行最低工资保障制度。最低工资的具体标准由省、自治区、直辖市人民政府规定，报国务院备案。

用人单位支付劳动者的工资不得低于当地最低工资标准。

第四十九条　确定和调整最低工资标准应当综合参考下列因素：

（一）劳动者本人及平均赡养人口的最低生活费用；

（二）社会平均工资水平；

（三）劳动生产率；

（四）就业状况；

（五）地区之间经济发展水平的差异。

第五十条　工资应当以货币形式按月支付给劳动者本人。不得克扣或者无故拖欠劳动者的工资。

第五十一条　劳动者在法定休假日和婚丧假期间以及依法参加社会活动期间，用人单位应当依法支付工资。

第六章　劳动安全卫生

第五十二条　用人单位必须建立、健全劳动安全卫生制度，严格执行国家劳动安全卫生规程和标准，对劳动者进行劳动安全卫生教育，防止劳动过程中的事故，减少职业危害。

第五十三条　劳动安全卫生设施必须符合国家规定的标准。

新建、改建、扩建工程的劳动安全卫生设施必须与主体工程同时设计、同时施工、同时投入生产和使用。

第五十四条　用人单位必须为劳动者提供符合国家规定的劳动安全卫生条件和必要的劳动防护用品，对从事有职业危害作业的劳动者应当定期进行健康检查。

第五十五条　从事特种作业的劳动者必须经过专门培训并取得特种作业资格。

第五十六条　劳动者在劳动过程中必须严格遵守安全操作规程。

劳动者对用人单位管理人员违章指挥、强令冒险作业，有权拒绝执行；对危害生命安全和身体健康的行为，有权提出批评、检举和控告。

第五十七条　国家建立伤亡事故和职业病统计报告和处理制度。县级以上各级人民政府劳动行政部门、有关部门和用人单位应当依法对劳动者在劳动过程中发生的伤亡事故和劳动者的职业病状况，进行统计、报告和处理。

第七章　女职工和未成年工特殊保护

第五十八条　国家对女职工和未成年工实行特殊劳动保护。

未成年工是指年满十六周岁未满十八周岁的劳动者。

第五十九条　禁止安排女职工从事矿山井下、国家规定的第四级体力劳动强度的劳动和其他禁忌从事的劳动。

第六十条　不得安排女职工在经期从事高处、低温、冷水作业和国家规定的第三级体力劳动强度的劳动。

第六十一条　不得安排女职工在怀孕期间从事国家规定的第三级体力劳动强度的劳动和孕期禁忌从事的劳动。对怀孕七个月以上的女职工,不得安排其延长工作时间和夜班劳动。

第六十二条　女职工生育享受不少于九十天的产假。

第六十三条　不得安排女职工在哺乳未满一周岁的婴儿期间从事国家规定的第三级体力劳动强度的劳动和哺乳期禁忌从事的其他劳动,不得安排其延长工作时间和夜班劳动。

第六十四条　不得安排未成年工从事矿山井下、有毒有害、国家规定的第四级体力劳动强度的劳动和其他禁忌从事的劳动。

第六十五条　用人单位应当对未成年工定期进行健康检查。

第八章　职业培训

第六十六条　国家通过各种途径,采取各种措施,发展职业培训事业,开发劳动者的职业技能,提高劳动者素质,增强劳动者的就业能力和工作能力。

第六十七条　各级人民政府应当把发展职业培训纳入社会经济发展的规划,鼓励和支持有条件的企业、事业组织、社会团体和个人进行各种形式的职业培训。

第六十八条　用人单位应当建立职业培训制度,按照国家规定提取和使用职业培训经费,根据本单位实际,有计划地对劳动者进行职业培训。

从事技术工种的劳动者,上岗前必须经过培训。

第六十九条　国家确定职业分类,对规定的职业制定职业技能标准,实行职业资格证书制度,由经过政府批准的考核鉴定机构负责对劳动者实施职业技能考核鉴定。

第九章　社会保险和福利

第七十条　国家发展社会保险事业,建立社会保险制度,设立社会保险基金,使劳动者在年老、患病、工伤、失业、生育等情况下获得帮助和补偿。

第七十一条　社会保险水平应当与社会经济发展水平和社会承受能力相适应。

第七十二条　社会保险基金按照保险类型确定资金来源,逐步实行社会统筹。用人单位和劳动者必须依法参加社会保险,缴纳社会保险费。

第七十三条　劳动者在下列情形下,依法享受社会保险待遇:

(一)退休;

(二)患病、负伤;

(三)因工伤残或者患职业病;

(四)失业;

(五)生育。

劳动者死亡后,其遗属依法享受遗属津贴。

劳动者享受社会保险待遇的条件和标准由法律、法规规定。

劳动者享受的社会保险金必须按时足额支付。

第七十四条　社会保险基金经办机构依照法律规定收支、管理和运营社会保险基金,并负有使社会保险基金保值增值的责任。

社会保险基金监督机构依照法律规定,对社会保险基金的收支、管理和运营实施监督。

社会保险基金经办机构和社会保险基金监督机构的设立和职能由法律规定。

任何组织和个人不得挪用社会保险基金。

第七十五条　国家鼓励用人单位根据本单位实际情况为劳动者建立补充保险。

国家提倡劳动者个人进行储蓄性保险。

第七十六条　国家发展社会福利事业，兴建公共福利设施，为劳动者休息、休养和疗养提供条件。

用人单位应当创造条件，改善集体福利，提高劳动者的福利待遇。

第十章　劳动争议

第七十七条　用人单位与劳动者发生劳动争议，当事人可以依法申请调解、仲裁、提起诉讼，也可以协商解决。

调解原则适用于仲裁和诉讼程序。

第七十八条　解决劳动争议，应当根据合法、公正、及时处理的原则，依法维护劳动争议当事人的合法权益。

第七十九条　劳动争议发生后，当事人可以向本单位劳动争议调解委员会申请调解；调解不成，当事人一方要求仲裁的，可以向劳动争议仲裁委员会申请仲裁。当事人一方也可以直接向劳动争议仲裁委员会申请仲裁。对仲裁裁决不服的，可以向人民法院提起诉讼。

第八十条　在用人单位内，可以设立劳动争议调解委员会。劳动争议调解委员会由职工代表、用人单位代表和工会代表组成。劳动争议调解委员会主任由工会代表担任。

劳动争议经调解达成协议的，当事人应当履行。

第八十一条　劳动争议仲裁委员会由劳动行政部门代表、同级工会代表、用人单位方面的代表组成。劳动争议仲裁委员会主任由劳动行政部门代表担任。

第八十二条　提出仲裁要求的一方应当自劳动争议发生之日起六十日内向劳动争议仲裁委员会提出书面申请。仲裁裁决一般应在收到仲裁申请的六十日内作出。对仲裁裁决无异议的，当事人必须履行。

第八十三条　劳动争议当事人对仲裁裁决不服的，可以自收到仲裁裁决书之日起十五日内向人民法院提起诉讼。一方当事人在法定期限内不起诉又不履行仲裁裁决的，另一方当事人可以申请人民法院强制执行。

第八十四条　因签订集体合同发生争议，当事人协商解决不成的，当地人民政府劳动行政部门可以组织有关各方协调处理。

因履行集体合同发生争议，当事人协商解决不成的，可以向劳动争议仲裁委员会申请仲裁；对仲裁裁决不服的，可以自收到仲裁裁决书之日起十五日内向人民法院提起诉讼。

第十一章　监督检查

第八十五条　县级以上各级人民政府劳动行政部门依法对用人单位遵守劳动法律、法规的情况进行监督检查，对违反劳动法律、法规的行为有权制止，并责令改正。

第八十六条　县级以上各级人民政府劳动行政部门监督检查人员执行公务，有权进入用人单位了解执行劳动法律、法规的情况，查阅必要的资料，并对劳动场所进行检查。

县级以上各级人民政府劳动行政部门监督检查人员执行公务，必须出示证件，秉公执法并遵守有关规定。

第八十七条　县级以上各级人民政府有关部门在各自职责范围内,对用人单位遵守劳动法律、法规的情况进行监督。

第八十八条　各级工会依法维护劳动者的合法权益,对用人单位遵守劳动法律、法规的情况进行监督。

任何组织和个人对于违反劳动法律、法规的行为有权检举和控告。

第十二章　法律责任

第八十九条　用人单位制定的劳动规章制度违反法律、法规规定的,由劳动行政部门给予警告,责令改正;对劳动者造成损害的,应当承担赔偿责任。

第九十条　用人单位违反本法规定,延长劳动者工作时间的,由劳动行政部门给予警告,责令改正,并可以处以罚款。

第九十一条　用人单位有下列侵害劳动者合法权益情形之一的,由劳动行政部门责令支付劳动者的工资报酬、经济补偿,并可以责令支付赔偿金:

(一)克扣或者无故拖欠劳动者工资的;

(二)拒不支付劳动者延长工作时间工资报酬的;

(三)低于当地最低工资标准支付劳动者工资的;

(四)解除劳动合同后,未依照本法规定给予劳动者经济补偿的。

第九十二条　用人单位的劳动安全设施和劳动卫生条件不符合国家规定或者未向劳动者提供必要的劳动防护用品和劳动保护设施的,由劳动行政部门或者有关部门责令改正,可以处以罚款;情节严重的,提请县级以上人民政府决定责令停产整顿;对事故隐患不采取措施,致使发生重大事故,造成劳动者生命和财产损失的,对责任人员依照刑法有关规定追究刑事责任。

第九十三条　用人单位强令劳动者违章冒险作业,发生重大伤亡事故,造成严重后果的,对责任人员依法追究刑事责任。

第九十四条　用人单位非法招用未满十六周岁的未成年人的,由劳动行政部门责令改正,处以罚款;情节严重的,由工商行政管理部门吊销营业执照。

第九十五条　用人单位违反本法对女职工和未成年工的保护规定,侵害其合法权益的,由劳动行政部门责令改正,处以罚款;对女职工或者未成年工造成损害的,应当承担赔偿责任。

第九十六条　用人单位有下列行为之一,由公安机关对责任人员处以十五日以下拘留、罚款或者警告;构成犯罪的,对责任人员依法追究刑事责任:

(一)以暴力、威胁或者非法限制人身自由的手段强迫劳动的;

(二)侮辱、体罚、殴打、非法搜查和拘禁劳动者的。

第九十七条　由于用人单位的原因订立的无效合同,对劳动者造成损害的,应当承担赔偿责任。

第九十八条　用人单位违反本法规定的条件解除劳动合同或者故意拖延不订立劳动合同的,由劳动行政部门责令改正;对劳动者造成损害的,应当承担赔偿责任。

第九十九条　用人单位招用尚未解除劳动合同的劳动者,对原用人单位造成经济损失的,该用人单位应当依法承担连带赔偿责任。

第一百条　用人单位无故不缴纳社会保险费的,由劳动行政部门责令其限期缴纳,逾期不缴的，可以加收滞纳金。

第一百零一条　用人单位无理阻挠劳动行政部门、有关部门及其工作人员行使监督检查权，打击报复举报人员的，由劳动行政部门或者有关部门处以罚款；构成犯罪的，对责任人员依法追究刑事责任。

第一百零二条　劳动者违反本法规定的条件解除劳动合同或者违反劳动合同中约定的保密事项，对用人单位造成经济损失的，应当依法承担赔偿责任。

第一百零三条　劳动行政部门或者有关部门的工作人员滥用职权、玩忽职守、徇私舞弊，构成犯罪的，依法追究刑事责任；不构成犯罪的，给予行政处分。

第一百零四条　国家工作人员和社会保险基金经办机构的工作人员挪用社会保险基金，构成犯罪的，依法追究刑事责任。

第一百零五条　违反本法规定侵害劳动者合法权益，其他法律、法规已规定处罚的，依照该法律、行政法规的规定处罚。

第十三章　附　则

第一百零六条　省、自治区、直辖市人民政府根据本法和本地区的实际情况，规定劳动合同制度的实施步骤，报国务院备案。

第一百零七条　本法自 1995 年 1 月 1 日起施行。

附录二　中华人民共和国劳动合同法

（2007 年 6 月 29 日第十届全国人民代表大会常务委员会第二十八次会议通过）
（2012 年 12 月 28 日第十一届全国人民代表大会常务委员会第三十次会议修订）

第一章　总　则

第一条　为了完善劳动合同制度，明确劳动合同双方当事人的权利和义务，保护劳动者的合法权益，构建和发展和谐稳定的劳动关系，制定本法。

第二条　中华人民共和国境内的企业、个体经济组织、民办非企业单位等组织（以下称用人单位）与劳动者建立劳动关系，订立、履行、变更、解除或者终止劳动合同，适用本法。

国家机关、事业单位、社会团体和与其建立劳动关系的劳动者，订立、履行、变更、解除或者终止劳动合同，依照本法执行。

第三条　订立劳动合同，应当遵循合法、公平、平等自愿、协商一致、诚实信用的原则。

依法订立的劳动合同具有约束力，用人单位与劳动者应当履行劳动合同约定的义务。

第四条　用人单位应当依法建立和完善劳动规章制度，保障劳动者享有劳动权利、履行劳动义务。

用人单位在制定、修改或者决定有关劳动报酬、工作时间、休息休假、劳动安全卫生、保险福利、职工培训、劳动纪律以及劳动定额管理等直接涉及劳动者切身利益的规章制度或者重大事项时，应当经职工代表大会或者全体职工讨论，提出方案和意见，与工会或者职工代表平等协商确定。

在规章制度和重大事项决定实施过程中，工会或者职工认为不适当的，有权向用人单位提出，通过协商予以修改完善。

用人单位应当将直接涉及劳动者切身利益的规章制度和重大事项决定公示，或者告知劳动者。

第五条　县级以上人民政府劳动行政部门会同工会和企业方面代表，建立健全协调劳动关系三方机制，共同研究解决有关劳动关系的重大问题。

第六条　工会应当帮助、指导劳动者与用人单位依法订立和履行劳动合同，并与用人单位建立集体协商机制，维护劳动者的合法权益。

第二章　劳动合同的订立

第七条　用人单位自用工之日起即与劳动者建立劳动关系。用人单位应当建立职工名册备查。

第八条　用人单位招用劳动者时，应当如实告知劳动者工作内容、工作条件、工作地点、职业危害、安全生产状况、劳动报酬，以及劳动者要求了解的其他情况；用人单位有权了解劳动者与劳动合同直接相关的基本情况，劳动者应当如实说明。

第九条　用人单位招用劳动者，不得扣押劳动者的居民身份证和其他证件，不得要求劳动者提供担保或者以其他名义向劳动者收取财物。

第十条　建立劳动关系，应当订立书面劳动合同。

已建立劳动关系，未同时订立书面劳动合同的，应当自用工之日起一个月内订立书面劳动合同。

用人单位与劳动者在用工前订立劳动合同的，劳动关系自用工之日起建立。

第十一条　用人单位未在用工的同时订立书面劳动合同，与劳动者约定的劳动报酬不明确的，新招用的劳动者的劳动报酬按照集体合同规定的标准执行；没有集体合同或者集体合同未规定的，实行同工同酬。

第十二条　劳动合同分为固定期限劳动合同、无固定期限劳动合同和以完成一定工作任务为期限的劳动合同。

第十三条　固定期限劳动合同，是指用人单位与劳动者约定合同终止时间的劳动合同。

用人单位与劳动者协商一致，可以订立固定期限劳动合同。

第十四条　无固定期限劳动合同，是指用人单位与劳动者约定无确定终止时间的劳动合同。

用人单位与劳动者协商一致，可以订立无固定期限劳动合同。有下列情形之一，劳动者提出或者同意续订、订立劳动合同的，除劳动者提出订立固定期限劳动合同外，应当订立无固定期限劳动合同：

（一）劳动者在该用人单位连续工作满十年的；

（二）用人单位初次实行劳动合同制度或者国有企业改制重新订立劳动合同时，劳动者在该用人单位连续工作满十年且距法定退休年龄不足十年的；

（三）连续订立二次固定期限劳动合同，且劳动者没有本法第三十九条和第四十条第一项、第二项规定的情形，续订劳动合同的。

用人单位自用工之日起满一年不与劳动者订立书面劳动合同的，视为用人单位与劳动者已订立无固定期限劳动合同。

第十五条　以完成一定工作任务为期限的劳动合同，是指用人单位与劳动者约定以某项工作的完成为合同期限的劳动合同。

用人单位与劳动者协商一致，可以订立以完成一定工作任务为期限的劳动合同。

第十六条　劳动合同由用人单位与劳动者协商一致，并经用人单位与劳动者在劳动合同文本上签字或者盖章生效。

劳动合同文本由用人单位和劳动者各执一份。

第十七条　劳动合同应当具备以下条款：

（一）用人单位的名称、住所和法定代表人或者主要负责人；

（二）劳动者的姓名、住址和居民身份证或者其他有效身份证件号码；

（三）劳动合同期限；

（四）工作内容和工作地点；

（五）工作时间和休息休假；

（六）劳动报酬；

（七）社会保险；

（八）劳动保护、劳动条件和职业危害防护；

（九）法律、法规规定应当纳入劳动合同的其他事项。

劳动合同除前款规定的必备条款外，用人单位与劳动者可以约定试用期、培训、保守秘密、补充保险和福利待遇等其他事项。

第十八条　劳动合同对劳动报酬和劳动条件等标准约定不明确，引发争议的，用人单位与劳动者可以重新协商；协商不成的，适用集体合同规定；没有集体合同或者集体合同未规定劳动报酬的，实行同工同酬；没有集体合同或者集体合同未规定劳动条件等标准的，适用国家有关规定。

第十九条　劳动合同期限三个月以上不满一年的，试用期不得超过一个月；劳动合同期限一年以上不满三年的，试用期不得超过二个月；三年以上固定期限和无固定期限的劳动合同，试用期不得超过六个月。

同一用人单位与同一劳动者只能约定一次试用期。

以完成一定工作任务为期限的劳动合同或者劳动合同期限不满三个月的，不得约定试用期。

试用期包含在劳动合同期限内。劳动合同仅约定试用期的，试用期不成立，该期限为劳动合同期限。

第二十条　劳动者在试用期的工资不得低于本单位相同岗位最低档工资或者劳动合同约定工资的百分之八十，并不得低于用人单位所在地的最低工资标准。

第二十一条　在试用期中，除劳动者有本法第三十九条和第四十条第一项、第二项规定的情形外，用人单位不得解除劳动合同。用人单位在试用期解除劳动合同的，应当向劳动者说明理由。

第二十二条　用人单位为劳动者提供专项培训费用，对其进行专业技术培训的，可以与该劳动者订立协议，约定服务期。

劳动者违反服务期约定的，应当按照约定向用人单位支付违约金。违约金的数额不得超过用人单位提供的培训费用。用人单位要求劳动者支付的违约金不得超过服务期尚未履行部分所应分摊的培训费用。

用人单位与劳动者约定服务期的，不影响按照正常的工资调整机制提高劳动者在服务期期间的劳动报酬。

第二十三条　用人单位与劳动者可以在劳动合同中约定保守用人单位的商业秘密和与知识产权相关的保密事项。

对负有保密义务的劳动者，用人单位可以在劳动合同或者保密协议中与劳动者约定竞业限制条款，并约定在解除或者终止劳动合同后，在竞业限制期限内按月给予劳动者经济补偿。劳动者违反竞业限制约定的，应当按照约定向用人单位支付违约金。

第二十四条　竞业限制的人员限于用人单位的高级管理人员、高级技术人员和其他负有保密义务的人员。竞业限制的范围、地域、期限由用人单位与劳动者约定，竞业限制的约定不得违反法律、法规的规定。

在解除或者终止劳动合同后，前款规定的人员到与本单位生产或者经营同类产品、从事同类业务的有竞争关系的其他用人单位，或者自己开业生产或者经营同类产品、从事同类业务的竞业限制期限，不得超过二年。

第二十五条　除本法第二十二条和第二十三条规定的情形外，用人单位不得与劳动者约定由劳动者承担违约金。

第二十六条　下列劳动合同无效或者部分无效：

（一）以欺诈、胁迫的手段或者乘人之危，使对方在违背真实意思的情况下订立或者变更劳动合同的；

（二）用人单位免除自己的法定责任、排除劳动者权利的；

（三）违反法律、行政法规强制性规定的。

对劳动合同的无效或者部分无效有争议的，由劳动争议仲裁机构或者人民法院确认。

第二十七条　劳动合同部分无效，不影响其他部分效力的，其他部分仍然有效。

第二十八条　劳动合同被确认无效，劳动者已付出劳动的，用人单位应当向劳动者支付劳动报酬。劳动报酬的数额，参照本单位相同或者相近岗位劳动者的劳动报酬确定。

第三章　劳动合同的履行和变更

第二十九条　用人单位与劳动者应当按照劳动合同的约定，全面履行各自的义务。

第三十条　用人单位应当按照劳动合同约定和国家规定，向劳动者及时足额支付劳动报酬。

用人单位拖欠或者未足额支付劳动报酬的，劳动者可以依法向当地人民法院申请支付令，人民法院应当依法发出支付令。

第三十一条　用人单位应当严格执行劳动定额标准，不得强迫或者变相强迫劳动者加班。用人单位安排加班的，应当按照国家有关规定向劳动者支付加班费。

第三十二条　劳动者拒绝用人单位管理人员违章指挥、强令冒险作业的，不视为违反劳动合同。

劳动者对危害生命安全和身体健康的劳动条件，有权对用人单位提出批评、检举和控告。

第三十三条　用人单位变更名称、法定代表人、主要负责人或者投资人等事项，不影响劳动合同的履行。

第三十四条　用人单位发生合并或者分立等情况，原劳动合同继续有效，劳动合同由承继其权利和义务的用人单位继续履行。

第三十五条　用人单位与劳动者协商一致，可以变更劳动合同约定的内容。变更劳动合同，应当采用书面形式。

变更后的劳动合同文本由用人单位和劳动者各执一份。

第四章　劳动合同的解除和终止

第三十六条　用人单位与劳动者协商一致，可以解除劳动合同。

第三十七条　劳动者提前三十日以书面形式通知用人单位，可以解除劳动合同。劳动者在试用期内提前三日通知用人单位，可以解除劳动合同。

第三十八条　用人单位有下列情形之一的，劳动者可以解除劳动合同：

（一）未按照劳动合同约定提供劳动保护或者劳动条件的；

（二）未及时足额支付劳动报酬的；

（三）未依法为劳动者缴纳社会保险费的；

（四）用人单位的规章制度违反法律、法规的规定，损害劳动者权益的；

（五）因本法第二十六条第一款规定的情形致使劳动合同无效的；

（六）法律、行政法规规定劳动者可以解除劳动合同的其他情形。

用人单位以暴力、威胁或者非法限制人身自由的手段强迫劳动者劳动的，或者用人单位违章指挥、强令冒险作业危及劳动者人身安全的，劳动者可以立即解除劳动合同，不需事先告知用人单位。

第三十九条　劳动者有下列情形之一的，用人单位可以解除劳动合同：

（一）在试用期间被证明不符合录用条件的；

（二）严重违反用人单位的规章制度的；

（三）严重失职，营私舞弊，给用人单位造成重大损害的；

（四）劳动者同时与其他用人单位建立劳动关系，对完成本单位的工作任务造成严重影响，或者经用人单位提出，拒不改正的；

（五）因本法第二十六条第一款第一项规定的情形致使劳动合同无效的；

（六）被依法追究刑事责任的。

第四十条　有下列情形之一的，用人单位提前三十日以书面形式通知劳动者本人或者额外支付劳动者一个月工资后，可以解除劳动合同：

（一）劳动者患病或者非因工负伤，在规定的医疗期满后不能从事原工作，也不能从事由用人单位另行安排的工作的；

（二）劳动者不能胜任工作，经过培训或者调整工作岗位，仍不能胜任工作的；

（三）劳动合同订立时所依据的客观情况发生重大变化，致使劳动合同无法履行，经用人单位与劳动者协商，未能就变更劳动合同内容达成协议的。

第四十一条　有下列情形之一，需要裁减人员二十人以上或者裁减不足二十人但占企业职工总数百分之十以上的，用人单位提前三十日向工会或者全体职工说明情况，听取工会或者职工的意见后，裁减人员方案经向劳动行政部门报告，可以裁减人员：

（一）依照企业破产法规定进行重整的；

（二）生产经营发生严重困难的；

（三）企业转产、重大技术革新或者经营方式调整，经变更劳动合同后，仍需裁减人员的；

（四）其他因劳动合同订立时所依据的客观经济情况发生重大变化，致使劳动合同无法履行的。

裁减人员时，应当优先留用下列人员：

（一）与本单位订立较长期限的固定期限劳动合同的；

（二）与本单位订立无固定期限劳动合同的；

（三）家庭无其他就业人员，有需要扶养的老人或者未成年人的。

用人单位依照本条第一款规定裁减人员，在六个月内重新招用人员的，应当通知被裁减的人员，并在同等条件下优先招用被裁减的人员。

第四十二条　劳动者有下列情形之一的，用人单位不得依照本法第四十条、第四十一条的规定解除劳动合同：

（一）从事接触职业病危害作业的劳动者未进行离岗前职业健康检查，或者疑似职业病病人在诊断或者医学观察期间的；

（二）在本单位患职业病或者因工负伤并被确认丧失或者部分丧失劳动能力的；

（三）患病或者非因工负伤，在规定的医疗期内的；

（四）女职工在孕期、产期、哺乳期的；

（五）在本单位连续工作满十五年，且距法定退休年龄不足五年的；

（六）法律、行政法规规定的其他情形。

第四十三条　用人单位单方解除劳动合同，应当事先将理由通知工会。用人单位违反法律、行政法规规定或者劳动合同约定的，工会有权要求用人单位纠正。用人单位应当研究工会的意见，并将处理结果书面通知工会。

第四十四条　有下列情形之一的，劳动合同终止：

（一）劳动合同期满的；

（二）劳动者开始依法享受基本养老保险待遇的；

（三）劳动者死亡，或者被人民法院宣告死亡或者宣告失踪的；

（四）用人单位被依法宣告破产的；

（五）用人单位被吊销营业执照、责令关闭、撤销或者用人单位决定提前解散的；

（六）法律、行政法规规定的其他情形。

第四十五条　劳动合同期满，有本法第四十二条规定情形之一的，劳动合同应当续延至相应的情形消失时终止。但是，本法第四十二条第二项规定丧失或者部分丧失劳动能力劳动者的劳动合同的终止，按照国家有关工伤保险的规定执行。

第四十六条　有下列情形之一的，用人单位应当向劳动者支付经济补偿：

（一）劳动者依照本法第三十八条规定解除劳动合同的；

（二）用人单位依照本法第三十六条规定向劳动者提出解除劳动合同并与劳动者协商一致解除劳动合同的；

（三）用人单位依照本法第四十条规定解除劳动合同的；

（四）用人单位依照本法第四十一条第一款规定解除劳动合同的；

（五）除用人单位维持或者提高劳动合同约定条件续订劳动合同，劳动者不同意续订的情形外，依照本法第四十四条第一项规定终止固定期限劳动合同的；

（六）依照本法第四十四条第四项、第五项规定终止劳动合同的；

（七）法律、行政法规规定的其他情形。

第四十七条　经济补偿按劳动者在本单位工作的年限，每满一年支付一个月工资的标准向劳动者支付。六个月以上不满一年的，按一年计算；不满六个月的，向劳动者支付半个月工资的经济补偿。

劳动者月工资高于用人单位所在直辖市、设区的市级人民政府公布的本地区上年度职工月平均工资三倍的，向其支付经济补偿的标准按职工月平均工资三倍的数额支付，向其支付经济补偿的年限最高不超过十二年。

本条所称月工资是指劳动者在劳动合同解除或者终止前十二个月的平均工资。

第四十八条　用人单位违反本法规定解除或者终止劳动合同，劳动者要求继续履行劳动合同的，用人单位应当继续履行；劳动者不要求继续履行劳动合同或者劳动合同已经不能继续履行的，用人单位应当依照本法第八十七条规定支付赔偿金。

第四十九条　国家采取措施，建立健全劳动者社会保险关系跨地区转移接续制度。

第五十条　用人单位应当在解除或者终止劳动合同时出具解除或者终止劳动合同的证明，并在十五日内为劳动者办理档案和社会保险关系转移手续。

劳动者应当按照双方约定，办理工作交接。用人单位依照本法有关规定应当向劳动者支付经济补偿的，在办结工作交接时支付。

用人单位对已经解除或者终止的劳动合同的文本，至少保存二年备查。

第五章　特别规定

第一节　集体合同

第五十一条　企业职工一方与用人单位通过平等协商，可以就劳动报酬、工作时间、休息休假、劳动安全卫生、保险福利等事项订立集体合同。集体合同草案应当提交职工代表大会或者全体职工讨论通过。

集体合同由工会代表企业职工一方与用人单位订立；尚未建立工会的用人单位，由上级工会指导劳动者推举的代表与用人单位订立。

第五十二条　企业职工一方与用人单位可以订立劳动安全卫生、女职工权益保护、工资调整机制等专项集体合同。

第五十三条　在县级以下区域内，建筑业、采矿业、餐饮服务业等行业可以由工会与企业方面代表订立行业性集体合同，或者订立区域性集体合同。

第五十四条　集体合同订立后，应当报送劳动行政部门；劳动行政部门自收到集体合同文本之日起十五日内未提出异议的，集体合同即行生效。

依法订立的集体合同对用人单位和劳动者具有约束力。行业性、区域性集体合同对当地本行业、本区域的用人单位和劳动者具有约束力。

第五十五条　集体合同中劳动报酬和劳动条件等标准不得低于当地人民政府规定的最低标准；用人单位与劳动者订立的劳动合同中劳动报酬和劳动条件等标准不得低于集体合同规定的标准。

第五十六条　用人单位违反集体合同，侵犯职工劳动权益的，工会可以依法要求用人单位承担责任；因履行集体合同发生争议，经协商解决不成的，工会可以依法申请仲裁、提起诉讼。

第二节　劳务派遣

第五十七条　劳务派遣单位应当依照公司法的有关规定设立，注册资本不得少于五十万元。

第五十八条　劳务派遣单位是本法所称用人单位，应当履行用人单位对劳动者的义务。劳务派遣单位与被派遣劳动者订立的劳动合同，除应当载明本法第十七条规定的事项外，还应当载明被派遣劳动者的用工单位以及派遣期限、工作岗位等情况。

劳务派遣单位应当与被派遣劳动者订立二年以上的固定期限劳动合同，按月支付劳动报酬；被派遣劳动者在无工作期间，劳务派遣单位应当按照所在地人民政府规定的最低工资标准，向其按月支付报酬。

第五十九条　劳务派遣单位派遣劳动者应当与接受以劳务派遣形式用工的单位（以下称用工单位）订立劳务派遣协议。劳务派遣协议应当约定派遣岗位和人员数量、派遣期限、劳动报酬和社会保险费的数额与支付方式以及违反协议的责任。

用工单位应当根据工作岗位的实际需要与劳务派遣单位确定派遣期限，不得将连续用工期限分割订立数个短期劳务派遣协议。

第六十条　劳务派遣单位应当将劳务派遣协议的内容告知被派遣劳动者。

劳务派遣单位不得克扣用工单位按照劳务派遣协议支付给被派遣劳动者的劳动报酬。

劳务派遣单位和用工单位不得向被派遣劳动者收取费用。

第六十一条　劳务派遣单位跨地区派遣劳动者的,被派遣劳动者享有的劳动报酬和劳动条件,按照用工单位所在地的标准执行。

第六十二条　用工单位应当履行下列义务:

(一)执行国家劳动标准,提供相应的劳动条件和劳动保护;

(二)告知被派遣劳动者的工作要求和劳动报酬;

(三)支付加班费、绩效奖金,提供与工作岗位相关的福利待遇;

(四)对在岗被派遣劳动者进行工作岗位所必需的培训;

(五)连续用工的,实行正常的工资调整机制。

用工单位不得将被派遣劳动者再派遣到其他用人单位。

第六十三条　被派遣劳动者享有与用工单位的劳动者同工同酬的权利。用工单位无同类岗位劳动者的,参照用工单位所在地相同或者相近岗位劳动者的劳动报酬确定。

第六十四条　被派遣劳动者有权在劳务派遣单位或者用工单位依法参加或者组织工会,维护自身的合法权益。

第六十五条　被派遣劳动者可以依照本法第三十六条、第三十八条的规定与劳务派遣单位解除劳动合同。

被派遣劳动者有本法第三十九条和第四十条第一项、第二项规定情形的,用工单位可以将劳动者退回劳务派遣单位,劳务派遣单位依照本法有关规定,可以与劳动者解除劳动合同。

第六十六条　劳务派遣一般在临时性、辅助性或者替代性的工作岗位上实施。

第六十七条　用人单位不得设立劳务派遣单位向本单位或者所属单位派遣劳动者。

第三节　非全日制用工

第六十八条　非全日制用工,是指以小时计酬为主,劳动者在同一用人单位一般平均每日工作时间不超过四小时,每周工作时间累计不超过二十四小时的用工形式。

第六十九条　非全日制用工双方当事人可以订立口头协议。

从事非全日制用工的劳动者可以与一个或者一个以上用人单位订立劳动合同;但是,后订立的劳动合同不得影响先订立的劳动合同的履行。

第七十条　非全日制用工双方当事人不得约定试用期。

第七十一条　非全日制用工双方当事人任何一方都可以随时通知对方终止用工。终止用工,用人单位不向劳动者支付经济补偿。

第七十二条　非全日制用工小时计酬标准不得低于用人单位所在地人民政府规定的最低小时工资标准。

非全日制用工劳动报酬结算支付周期最长不得超过十五日。

第六章　监督检查

第七十三条　国务院劳动行政部门负责全国劳动合同制度实施的监督管理。

县级以上地方人民政府劳动行政部门负责本行政区域内劳动合同制度实施的监督管理。

县级以上各级人民政府劳动行政部门在劳动合同制度实施的监督管理工作中,应当听取工会、企业方面代表以及有关行业主管部门的意见。

第七十四条　县级以上地方人民政府劳动行政部门依法对下列实施劳动合同制度的情况进行监督检查:

(一)用人单位制定直接涉及劳动者切身利益的规章制度及其执行的情况;

(二)用人单位与劳动者订立和解除劳动合同的情况;

(三)劳务派遣单位和用工单位遵守劳务派遣有关规定的情况;

(四)用人单位遵守国家关于劳动者工作时间和休息休假规定的情况;

(五)用人单位支付劳动合同约定的劳动报酬和执行最低工资标准的情况;

(六)用人单位参加各项社会保险和缴纳社会保险费的情况;

(七)法律、法规规定的其他劳动监察事项。

第七十五条　县级以上地方人民政府劳动行政部门实施监督检查时,有权查阅与劳动合同、集体合同有关的材料,有权对劳动场所进行实地检查,用人单位和劳动者都应当如实提供有关情况和材料。

劳动行政部门的工作人员进行监督检查,应当出示证件,依法行使职权,文明执法。

第七十六条　县级以上人民政府建设、卫生、安全生产监督管理等有关主管部门在各自职责范围内,对用人单位执行劳动合同制度的情况进行监督管理。

第七十七条　劳动者合法权益受到侵害的,有权要求有关部门依法处理,或者依法申请仲裁、提起诉讼。

第七十八条　工会依法维护劳动者的合法权益,对用人单位履行劳动合同、集体合同的情况进行监督。用人单位违反劳动法律、法规和劳动合同、集体合同的,工会有权提出意见或者要求纠正;劳动者申请仲裁、提起诉讼的,工会依法给予支持和帮助。

第七十九条　任何组织或者个人对违反本法的行为都有权举报,县级以上人民政府劳动行政部门应当及时核实、处理,并对举报有功人员给予奖励。

第七章　法律责任

第八十条　用人单位直接涉及劳动者切身利益的规章制度违反法律、法规规定的,由劳动行政部门责令改正,给予警告;给劳动者造成损害的,应当承担赔偿责任。

第八十一条　用人单位提供的劳动合同文本未载明本法规定的劳动合同必备条款或者用人单位未将劳动合同文本交付劳动者的,由劳动行政部门责令改正;给劳动者造成损害的,应当承担赔偿责任。

第八十二条　用人单位自用工之日起超过一个月不满一年未与劳动者订立书面劳动合同的,应当向劳动者每月支付二倍的工资。

用人单位违反本法规定不与劳动者订立无固定期限劳动合同的,自应当订立无固定期限劳动合同之日起向劳动者每月支付二倍的工资。

第八十三条　用人单位违反本法规定与劳动者约定试用期的,由劳动行政部门责令改正;违法约定的试用期已经履行的,由用人单位以劳动者试用期满月工资为标准,按已经履行的超过法定试用期的期间向劳动者支付赔偿金。

第八十四条　用人单位违反本法规定,扣押劳动者居民身份证等证件的,由劳动行政部门责令限期退还劳动者本人,并依照有关法律规定给予处罚。

用人单位违反本法规定,以担保或者其他名义向劳动者收取财物的,由劳动行政部门责令限期退还劳动者本人,并以每人五百元以上二千元以下的标准处以罚款;给劳动者造成损害的,应当承担赔偿责任。

劳动者依法解除或者终止劳动合同,用人单位扣押劳动者档案或者其他物品的,依照前款规定处罚。

第八十五条　用人单位有下列情形之一的,由劳动行政部门责令限期支付劳动报酬、加班费或者经济补偿;劳动报酬低于当地最低工资标准的,应当支付其差额部分;逾期不支付的,责令用人单位按应付金额百分之五十以上百分之一百以下的标准向劳动者加付赔偿金:

(一)未按照劳动合同的约定或者国家规定及时足额支付劳动者劳动报酬的;

(二)低于当地最低工资标准支付劳动者工资的;

(三)安排加班不支付加班费的;

(四)解除或者终止劳动合同,未依照本法规定向劳动者支付经济补偿的。

第八十六条　劳动合同依照本法第二十六条规定被确认无效,给对方造成损害的,有过错的一方应当承担赔偿责任。

第八十七条　用人单位违反本法规定解除或者终止劳动合同的,应当依照本法第四十七条规定的经济补偿标准的二倍向劳动者支付赔偿金。

第八十八条　用人单位有下列情形之一的,依法给予行政处罚;构成犯罪的,依法追究刑事责任;给劳动者造成损害的,应当承担赔偿责任:

(一)以暴力、威胁或者非法限制人身自由的手段强迫劳动的;

(二)违章指挥或者强令冒险作业危及劳动者人身安全的;

(三)侮辱、体罚、殴打、非法搜查或者拘禁劳动者的;

(四)劳动条件恶劣、环境污染严重,给劳动者身心健康造成严重损害的。

第八十九条　用人单位违反本法规定未向劳动者出具解除或者终止劳动合同的书面证明,由劳动行政部门责令改正;给劳动者造成损害的,应当承担赔偿责任。

第九十条　劳动者违反本法规定解除劳动合同,或者违反劳动合同中约定的保密义务或者竞业限制,给用人单位造成损失的,应当承担赔偿责任。

第九十一条　用人单位招用与其他用人单位尚未解除或者终止劳动合同的劳动者,给其他用人单位造成损失的,应当承担连带赔偿责任。

第九十二条　劳务派遣单位违反本法规定的,由劳动行政部门和其他有关主管部门责令改正;情节严重的,以每人一千元以上五千元以下的标准处以罚款,并由工商行政管理部门吊销营业执照;给被派遣劳动者造成损害的,劳务派遣单位与用工单位承担连带赔偿责任。

第九十三条　对不具备合法经营资格的用人单位的违法犯罪行为,依法追究法律责任;劳动者已经付出劳动的,该单位或者其出资人应当依照本法有关规定向劳动者支付劳动报酬、经济补偿、赔偿金;给劳动者造成损害的,应当承担赔偿责任。

第九十四条　个人承包经营违反本法规定招用劳动者,给劳动者造成损害的,发包的组织与个人承包经营者承担连带赔偿责任。

第九十五条　劳动行政部门和其他有关主管部门及其工作人员玩忽职守、不履行法定职责,或者违法行使职权,给劳动者或者用人单位造成损害的,应当承担赔偿责任;对直接负责的主管人员和其他直接责任人员，依法给予行政处分；构成犯罪的，依法追究刑事责任。

第八章　附　则

第九十六条　事业单位与实行聘用制的工作人员订立、履行、变更、解除或者终止劳动合同，法律、行政法规或者国务院另有规定的，依照其规定；未作规定的，依照本法有关规定执行。

第九十七条　本法施行前已依法订立且在本法施行之日存续的劳动合同，继续履行；本法第十四条第二款第三项规定连续订立固定期限劳动合同的次数，自本法施行后续订固定期限劳动合同时开始计算。

本法施行前已建立劳动关系，尚未订立书面劳动合同的，应当自本法施行之日起一个月内订立。

本法施行之日存续的劳动合同在本法施行后解除或者终止，依照本法第四十六条规定应当支付经济补偿的，经济补偿年限自本法施行之日起计算；本法施行前按照当时有关规定，用人单位应当向劳动者支付经济补偿的，按照当时有关规定执行。

第九十八条　本法自 2008 年 1 月 1 日起施行。

参 考 文 献

[1]中国就业培训技术指导中心. 企业人力资源管理师(四级)[M]. 3 版. 北京:中国劳动社会保障出版社,2014.

[2]中国就业培训技术指导中心. 企业人力资源管理师(三级)[M]. 3 版. 北京:中国劳动社会保障出版社,2014.

[3]彭剑锋. 人力资源管理概论[M]. 2 版. 上海:复旦大学出版社,2011.

[4]廖泉文. 招聘与录用[M]. 3 版. 北京:中国人民大学出版社,2015.

[5]刘昕. 人力资源管理[M]. 2 版. 北京:中国人民大学出版社,2015.

[6]加里·德斯勒. 人力资源管理[M]. 14 版. 刘昕,译,北京:中国人民大学出版社,2017.

[7]贺清君. 招聘管理从入门到精通[M]. 北京:清华大学出版社,2015.

[8]孙宗虎,刘娜. 招聘、面试与录用管理实务手册[M]. 4 版. 北京:人民邮电出版社,2017.

[9]张明辉. 人力资源规划:结合业务量的测算分析[M]. 北京:清华大学出版社,2017.

[10]远鸣. 把招聘做到极致[M]. 北京:中华工商联合出版社,2014.

[11]潘平. 老 HRD 手把手教你做培训[M]. 北京:中国法制出版社,2015.

[12]罗伊·波洛克,安德鲁·杰斐逊,卡尔霍恩·威克. 将培训转化为商业结果[M]. 3 版. 学习项目与版权课程研究院,译. 北京:电子工业出版社,2017.

[13]胡劲松. 绩效管理从入门到精通[M]. 北京:清华大学出版社,2015.

[14]闫轶卿. 薪酬管理从入门到精通[M]. 北京:清华大学出版社,2015.

[15]王小刚. 企业薪酬管理最佳实践[M]. 北京:中国经济出版社,2011.

[16]程延园. 员工关系管理[M]. 上海:复旦大学出版社,2004.

[17]任康磊. 人力资源总监管理手册[M]. 北京:人民邮电出版社,2018.

[18]黄志伟. 华为人力资源管理[M]. 苏州:古吴轩出版社,2017.

[19]黄卫伟. 以奋斗者为本:华为人力资源管理纲要[M]. 北京:中信出版社,2014.

[20]彭剑峰,云鹏. 海尔能否重生:人与组织关系的颠覆与重构[M]. 杭州:浙江大学出版社,2015.

[21]李志勇. 人力资源管理从新手到总监:高频案例解答精选[M]. 北京:北京时代华文书局,2017.